Abtprimas

NOTKER WOLF

Von den Mönchen lernen

Abtprimas
NOTKER WOLF

mit Martin Zöller

Von den Mönchen lernen

Mit Bildern von Hans-Günther Kaufmann

PATTLOCH

Bibliografische Information: Deutsche Nationalbibliothek
Die Deutsche Nationalbibliothek verzeichnet diese Publikation in der Deutschen Nationalbibliografie; detaillierte bibliografische Daten sind im Internet über http://dnb.d-nb.de abrufbar.

Umschlaggestaltung: ZERO Werbeagentur, München
Umschlagfoto: Hans-Günther Kaufmann, Miesbach
Alle Fotos: Hans-Günther Kaufmann, Miesbach
Redaktion: Katrin Krips-Schmidt, Berlin
Lektorat: Michael Schönberger
Gestaltung und Herstellung: Hartmut Czauderna
Reproduktion: Repro Ludwig, Zell am See
Druck und Bindung: GGP Media GmbH, Pößneck
Printed in Germany
ISBN 978-3-629-02179-3

Bitte besuchen Sie uns im Internet:
www.pattloch.de

2 4 5 3 1

Inhalt

Vorwort

Es freut mich, dass Sie gerade dieses Buch in die Hand genommen haben, und ich hoffe, Sie werden nicht enttäuscht: Sie werden mit diesem Buch weder »Spanisch in 24 Stunden« lernen noch »Glücklich sein in einer Woche«; und Sie werden auch nicht erfahren, welche Städte, Kneipen und Strände Sie bis zu Ihrem Tod gesehen haben müssen. Stattdessen wird Ihnen ein in die Jahre gekommener Mönch und Abt aus seinem Leben und von einer Mönchsregel erzählen, in der wenig von Party, aber viel vom Gebet und wenig von Sex, aber viel von Liebe zu Gott die Rede ist.

Ich bin nicht der erste Mönch, der auf die Idee kommt, unsere alte Mönchsregel freizulegen und neu zu ergründen. Nein, es gibt sogar sehr viele Bücher über das Leben der Mönche und viele schöne Bildbände – aber selten gehen diese Bücher über Äußerlichkeiten hinaus. Nein, die Mönche haben keine hohen Mauern um ihre Klöster, damit sie bis ans Ende der Zeiten ihre Ruhe haben, die Mauern dienten zum Schutz; und unsere Mönchsgewänder haben nicht deshalb Kapuzen, damit wir uns immer und überall von der Außenwelt abschotten können, sondern sie sind eigentlich ein simpler Regenschutz.

Dieses Buch wird Ihnen sicher auch im Alltag helfen, aber es bleibt nicht dabei stehen. Denn mein wichtigster Tipp ist nicht: Stehen Sie morgens um fünf Uhr auf, wie es die Mönche tun. Sondern: Seien Sie neugierig auf das Wesentliche im Leben, und seien Sie offen für Gott. Denn unser Herz, so hat der Kirchenvater Augustinus geschrieben, kommt erst dann zur Ruhe, wenn es bei Gott angelangt ist. Ich hoffe, damit auch eher dem gerecht zu werden, was Benedikt wollte, als er die Regel zusammenstellte: Benedikt hat keinen Wellness-Ratgeber geschrieben, sondern einen Routenplaner auf dem Weg zu Gott.

Täglich überfordern uns die Zahlen getöteter oder in Booten übers Meer gekommener Menschen – die Insel Lampedusa in Italien wird geradezu überschwemmt. Wir sehen das alles, aber wir nehmen es nicht wahr, lassen es nicht bis in unser Herz kommen. Wir können nicht die Probleme der Welt lösen, aber wir sind eher in der Lage dazu, wenn wir in jedem Menschen wieder das Abbild Gottes erkennen. Wenn Sie später einmal krank sind, möchten Sie dann von einem kürzlich in Japan erprobten Pflegeroboter behandelt werden? Ist es ein Beispiel von Weltläufigkeit, wenn immer weniger Politiker noch sagen: »So wahr mir Gott helfe«, oder schlummert darin nicht der Dünkel der Allmacht? Und können wir friedlich mit Muslimen zusammenleben, wenn wir gar nicht mehr verstehen, wie man so tief gläubig sein kann? Wenn wir unseren liebenden Gott vergessen, werden wir nicht frei, sondern unmenschlich.

Benedikt war kein Hellseher, und er hat unsere Probleme im 21. Jahrhundert nicht vorhersehen können. Manches in der Regel wird Ihnen gegen den Strich gehen, etwa wenn von »Gehorsam« die Rede ist. Doch ich bitte Sie, lassen Sie sich darauf ein, Benedikt richtig zu verstehen. Nicht umsonst schreibt er am Anfang: »Höre auf die Worte des Vaters, und neige das Ohr deines Herzens.«

Die Benediktregel hat sich seit 1500 Jahren bewährt, und derzeit leben 25 000 Benediktiner und Benediktinerinnen weltweit nach ihr. Neigen wir gemeinsam das Ohr, suchen wir und entdecken wir, was wir von den Mönchen – natürlich auch von den Nonnen und Schwestern – lernen können.

Wenn Sie sich das Titelblatt anschauen, dann sehe ich dort sehr beschwörend aus, als wollte ich sagen: »Mensch, macht euch das Leben nicht so schwer, macht's wie ich.« Aber auch die Mönche lernen, seit Jahrhunderten – und wir haben immer noch Fragen. Ich sehe mich weniger als Lehrer denn als einen Suchenden unter Suchenden. Nur wer Fragen hat und den Aufbruch wagt, der wird zu sich, zu Gott und zu den anderen Menschen finden.

Rom, im Frühjahr 2009
Notker Wolf OSB, Abtprimas

ICH: Bei sich wohnen

Aufbrechen und loslassen

Die Welt der zu vielen Möglichkeiten

Es gibt zwei Produkte der vergangenen zehn Jahre, die mich besonders verstören. Das eine sind Kaffeebecher, an denen sich jeden Morgen in den Bahnhöfen dieser Welt Tausende Menschen zunächst die Hände und dann den Mund verbrennen, mit den Bechern durch die Gegend laufen, telefonieren und dann wieder einen Schluck nehmen und so tun, als wäre das ein besonders schöner Beginn des Tages. Die andere Erfindung sah ich kürzlich in einer Werbung. Dort wurde ein Gerät angepriesen, das einem Muskeln schenkt, ohne dass man sich dafür bewegen muss. Dabei legt man zwei Sensoren auf die eigene »Problemzone«, und durch Stromstöße werden dabei die Muskeln bewegt. In der Werbung sah man Männer, die fernsehen, und Frauen, die telefonieren.

Beunruhigend an den beiden Erfindungen finde ich nicht die Gefahr für den Körper – verbrannte Zunge oder Muskelkater –, sondern dass man alles gleichzeitig machen soll: Kaffee »genießen«, laufen, telefonieren; Sport treiben, fernsehen, telefonieren. Tausende weitere und viel bessere Beispiele gibt es, mit denen uns die Werbung oder wir uns selbst einreden, was wir alles leisten müssen, am besten natürlich alles gleichzeitig. Den Druck geben Eltern schon an ihre Kinder weiter, die sie sorgenvoll anschauen, wenn sie überlegen, ob sie sie in einen englischsprachigen Kindergarten schicken sollten, nun ja, wegen des Lebenslaufes. Längst gibt es nicht mehr nur ein Land der unbegrenzten Möglichkeiten, sondern wir sind bereits eine Welt der unbegrenzten Möglichkeiten, die uns an jeder Straßenecke anzuschreien scheint: Dies und das und jenes musst oder kannst du machen, um besser, schöner, erfolgreicher, intelligenter und glücklicher zu werden – wann machst du es endlich? Der Wahn der absoluten Machbarkeit macht uns verrückt.

Doch natürlich gibt es auch längst eine Gegenbewegung. Der Markt des Alles-Habens und Alles-Machens hat einen Markt des Entspannens und Zu-sich-Findens hervorgebracht. Wir trinken sündteure Joghurts, die uns ausgleichen sollen; wir machen Wellness-Kuren und »schalten einfach mal ab« und »lassen die Seele baumeln« und »finden wieder ganz zu uns«; Müsliriegel, Schaumbäder und Buddha-Figuren am Spielfeldrand des FC Bayern München entspannen oder vernebeln uns die Sinne. Auch das kann zur Sucht werden, ständig nach Entspannung zu suchen und sie doch nicht zu finden: Das ist dann der sogenannte »Freizeitstress«. Wenn jemand »Freizeitstress hat«, heißt das, abgesehen von den Lasten seiner Arbeit, empfindet er auch noch das Leben nach der Arbeit, die Stunden der Zerstreuung oder der Muße, nur noch als Last. Wie kann man dann überhaupt jemals zur Ruhe kommen?

Leider sind übertriebener Stress und Entspannung auf Knopfdruck kein Nullsummenspiel – das eine gleicht das andere nicht aus, also jagen wir weiter nach unserer Mitte. Es wird Sie nicht überraschen, dass ich als Mönch und Priester sage, ich bin überzeugt davon, dass wir über uns hinausschauen müssen, um zur Mitte zu finden, hinaus aus unserem Alltag zu Gott. Wenn wir einsehen, dass wir nicht alles vermögen, und uns mit dem zufriedengeben, was unser Leben uns schenkt, dann sind wir dem ach so ersehnten »inneren Gleichgewicht« am nächsten. Um es mit dem Titel eines Buches zu sagen: »Es muss doch mehr als das alles geben!«

Fast immer, wenn ich mein Heimatkloster Sankt Ottilien in Oberbayern oder andere Klöster auf der ganzen Welt besuche, dann sitzen da bei den Mönchen auch Männer – und bei den Nonnen Frauen – jeden Alters, die nicht unsere schwarze Ordenskleidung tragen. Sie wollten mal raus, sagen sie dann, aussteigen auf Zeit, zu sich selber finden. Manager sind darunter, Studentinnen, Handwerker, Künstler. Die Welt sei ihnen zu schnell geworden, der Stress zu groß, sie hätten gar nicht mehr gewusst, wo ihnen der Kopf steht, sagen sie. Sie wären griesgrämig und übelgelaunt durch die Welt gelaufen und hätten sich umso mehr in die Arbeit gestürzt.

Nun sitzen sie im Chor der Kirche und im Speisesaal, leben unseren Rhythmus und entdecken, dass sie hier hinter der Enge der Mauern gar nichts vermissen von der zurückgelassenen weiten Welt der unzähligen Möglichkeiten – im Gegenteil.

Die vermeintliche Enge des Klosters ist für sie zur Weite geworden, weil sie hier endlich suchen können, was das Geheimnis des Lebens ausmacht – und nicht nur mit dem Arbeits- und Freizeitstress des nächsten Tages beschäftigt sind.

Am Anfang steht das Suchen

Wenn man etwas im Internet sucht, dann benutzt man eine Suchmaschine. Wenn man in den Bergen ist und den weiteren Weg durch die Felsen sucht, benutzt man ein Fernglas. Aber was können wir benutzen, um in unserem Leben einen Sinn zu finden?

Früher hat man sich darüber keine Gedanken gemacht – die Religion, in meinem Fall der katholische Glaube, gehörte zum Leben dazu. Die Bauern arbeiteten auf dem Feld und legten um zwölf Uhr, wenn die Glocken läuteten, ihr Werkzeug zur Seite und beteten den »Engel des Herrn«. Das ganze Leben war vom Glauben umfangen. Und insofern war es für mich auch kein besonders revolutionärer Schritt, als ich mich nach gutkatholischer Erziehung zu Hause und im Internat dazu entschied, ins Kloster einzutreten und Mönch zu werden. Natürlich habe ich auch mit mir gehadert – aber ein Kloster war damals noch nicht eine komplett andere Welt, sondern nur eine, in der man den Glauben und den Sinn noch etwas eindringlicher suchte als draußen vor den Mauern.

Ich bin letztlich im Kloster gelandet, weil ich eines Tages auf dem Dachboden meiner Eltern herumstöberte, ich war damals vierzehneinhalb Jahre alt. Da fiel mir eine Nummer der »Katholischen Missionen«, einer Zeitschrift über die Verbreitung des Glaubens in der Welt, in die Hand. Ich blätterte darin, dann begann ich zu lesen: »Das Leben des Pierre Chanel«. Da war von einer Insel die Rede, die hieß Futuna, lag Tausende Kilometer nördlich von Neuseeland, Tausende östlich von Australien, in der fernen Südsee, im Nirgendwo. Ich las weiter: Pierre Chanel habe die Einwohner bekehren wollen, doch Häuptling Niuliki tötete ihn. Nach seinem gewaltsamen Tod aber ließen sich die Inselbewohner taufen – im Tod des Missionars war ihnen ein Licht aufgegangen. »Christus braucht dich«, dachte ich, »das gibt meinem Leben einen Sinn. Wenn ich für Gott arbeite, brauche ich nie auf irdischen Erfolg zu schauen.«

Ich versteckte das Heft eine Woche unter meinem Kopfkissen und las in den folgenden Tagen die Geschichte immer wieder. Nach einer Woche habe ich es meiner Mutter gesagt, ein paar Tage später meinem Pfarrer: »Wohin soll ich gehen?«, fragte ich ihn und dachte an die Südsee. Er schaute mich von oben bis unten an und sagte: »So, wie ich dich kenne, gehörst du nach Sankt Ottilien – zu den Missionsbenediktinern.«

Recht hatte er. Das Kloster im bayerischen Voralpenland war die Antwort auf mein Suchen und meine Liebe zum Gottesdienst, zur Musik und zum Leben in Gemeinschaft. Natürlich habe ich oft noch darüber nachgedacht, ob ich den Schritt wagen sollte. Aber letztlich bin ich froh, mich früh entschieden zu haben.

Heute sehe ich, dass Menschen in drastischerer Weise ihr Leben zu verändern suchen, manchmal schon mit einem esoterischen Wochenendseminar, nachdem man das ganze Leben plötzlich in Frage stellt. Kürzlich erzählte mir ein Bekannter, der Freund seiner Tochter habe nach einem esoterischen Seminar sein Leben radikal verändern wollen und aus heiterem Himmel die Beziehung zu ihr beendet. Pfingstgemeinden predigen in Südamerika die Umkehr, machen Teufelsaustreibungen und verwandeln so manchen Alkoholiker in das andere Extrem, in einen radikal tugendhaften Nichttrinker.

Ich glaube, solche Sinnangebote stürzen vor allem auf Menschen ein, die lange ohne Glaubenskompass in der Welt umherliefen, die nie irgendeinen Glauben hatten, vielleicht weil die Eltern meinten, ihr Kind solle später einmal »selbst entscheiden können«. Wie viele Kinder sitzen heute »konfessionslos« in ihren Schulklassen und wachsen bindungslos und ohne Leitbild auf? Ich glaube, unsere

Welt war gesünder, als der Glaube noch selbstverständlich und nicht so verkopft war.

Glauben ist ein lebenslanges Suchen, das man mit Geduld beginnen sollte, nicht in der Gruppe beim Wochenendseminar, sondern in der Einsamkeit: Moses zog 40 Tage durch die Wüste auf der Suche nach dem gelobten Land, Jesus ging, »vom Geist getrieben«, 40 Tage in die Wüste, selbst Mohammed zog von Mekka nach Medina durch die Wüste. Die Wüste, das Nichts, das Zurücklassen von Bindungen und Einflüssen, die Einsamkeit, ist Voraussetzung dafür, zu sich selbst zu finden. Als die ersten Mönche die Wüste aufsuchten, wollten sie durch die Einsamkeit und das Schweigen frei werden von Sünden, um »Ruhe zu finden für die Seelen«, wie Matthäus einmal schreibt. Auch der Abt Arsenios war gewiss als kaiserlicher Hofbeamter ein geschäftiger Mann, bis er der Überlieferung nach einmal eine Stimme hörte, die sprach: »Arsenios! Zieh dich zurück! Sei still! Werde ruhig!« Die äußere Ruhe sollte innere Bewegung ermöglichen.

Auch ein gewisser Benedictus aus der Stadt Nursia, dem heutigen Norcia (200 Kilometer von Rom entfernt), suchte Herzensruhe im Rom des Jahres 495. Als er im Alter von 18, wie Papst Gregor der Große berichtet, das sicher nicht unangenehme Studentenleben in Rom hinter sich ließ und in die Einsamkeit zog, hätte niemand geglaubt, dass aus dem Mann einmal der »Patron Europas« und »Vater des Abendlandes«, der »heilige Benedikt von Nursia« werden könnte. Doch er zog los, ging ostwärts und suchte sich eine Höhle in einer Bergschlucht am Aniene beim heutigen Subiaco. Er wollte einsam sein, in harter Askese der Welt entsagen und das suchen, was ihm wirklich wichtig war – Gott.

Es war eine eigenwillige, aber nicht einzigartige Entscheidung: Es gibt immer eine Gegenbewegung, wenn sich die Welt zu sehr beschleunigt. Noch heute erinnern die Namen von Ordensgemeinschaften, die sich »Silvestriner« nennen, daran, dass sie einst »Wäldler« waren, und der der »Vallombrosaner«, dass sie es vorzogen, im schattigen Tal zu leben, abseits der sie umgebenden Welt.

Auch andere Kulturen glauben, dass höhere Erkenntnis nur der erlangen kann, der die Einsamkeit sucht. Egal, ob ich in Indien, Thailand, China oder Japan war, die Klöster und die Mönche, die ich besuchte, lebten ähnlich wie westliche Mönche, zurückgezogen von der äußeren Welt. Die Jainas ziehen sich, wenn sie ganz den Weg der Vollkommenheit beschreiten wollen, in die Wälder Nordwestindiens zurück. Dort wandern sie nackt umher und sind der äußeren Welt und ihren Ablenkungen völlig entzogen. Sie entledigen sich buchstäblich aller Dinge, um von allen Begierden innerlich und äußerlich freizuwerden.

Auch die hinduistischen Gurus sind als Wandermönche unterwegs, es sei denn, sie lassen sich nieder und gründen einen Aschram zur Aufnahme von Schülern. In Japan bauen die Zenmönche, die ich besonders gut kennengelernt habe, Klöster, und manches an ihrem Leben erinnerte mich an unseres. Auch sie suchen den fernen Ort, brauchen Ruhe zum Zazen, zum meditativen Sitzen. Auch sie glauben, dass erst das wesentlich andere Leben zur Mitte des Lebens führen kann.

»Sucht, dann werdet ihr finden, klopft an, dann wird euch geöffnet. Denn wer bittet, der empfängt; wer sucht, der findet; und wer anklopft, dem wird geöffnet.« Dieses Wort Jesu ist kaum zu erfassen, und doch erlebe ich immer wieder seine Bestätigung in meinem Leben. So schrieb mir erst kürzlich ein bayerischer Fliesenleger, er sei, von Arbeit und Anforderungen angespannt, einige Tage in ein Kloster gegangen. Dort habe er nicht nur einen neuen Blick auf Gott und die Welt gewonnen, sondern auch auf seine Alltagsprobleme.

Das Suchen öffnet für die Welt und für Gott. Deshalb hält Benedikt in seiner Regel auch das Suchen für das wichtigste Aufnahmekriterium: »Man achte genau darauf, ob der Novize wirklich Gott sucht«, schreibt er. Darauf kommt es ihm an: Er wollte weder Eliteklöster und nur vielversprechende junge Leute zusammenrufen, noch wollte er einen Ort für Faulenzer etablieren, die es in der normalen Welt nicht schafften. Für ihn war das einzige Kriterium die Suche nach Gott.

Diese Suche kann ein Leben lang dauern. Sagen Sie niemals nie, schließlich, so schreibt Benedikt, »(…) sind uns die Tage dieses Lebens als Frist gewährt, damit wir uns von unseren Fehlern bessern«. Diese Umkehr kann sehr spät kommen, aber es lohnt immer. So schmerzhaft es ist, die gewohnte Umgebung, andere Menschen, seinen Tageslauf loszulassen: Man wird reich beschenkt. Denn es stimmt vor allem bei der Begegnung mit Gott: Jedem Anfang – ich würde auch sagen –, jedem Neuanfang liegt ein Zauber inne, wie es Hermann Hesse geschrieben hat.

Verzichten und neu bei Gott ankern

Ich glaube, ich kann mit Ihrer Zustimmung rechnen, wenn ich den moralischen Wert einer Veranstaltung bezweifle, bei der es alljährlich in Amerika darum geht, wer die meisten Hotdogs verschlingen kann. Allerdings muss ich zugeben, dass auch ich als Kind meine Grenzen der Nahrungsmittelaufnahme auslotete. Im Internat aßen wir manches Mal um die Wette. Einmal siegte ich mit 23 Tomaten, einmal mit elf Knödeln. Aber zu meiner Entschuldigung: Ich war ein heranwachsender Jugendlicher.

Auch wenn wir Hotdog-Verschling-Wettbewerbe entrüstet von uns weisen, können auch wir doch manchmal nicht genug haben. Denn essen, trinken und leben wir nicht auch bis zum »Satt«werden? Wenn ich am Flughafen sehe, was die Leute unkontrolliert an der Bar futtern! Immer wieder erstaunlich! Kürzlich saß einer vor mir, es war erschreckend, wie wahllos er seine Pizzen verschlang, gleich mehrere, ohne Maß und ohne besondere Auswahl.

Das Kloster ist demgegenüber ein ganz anderer Ort: Wir verzichten auf vieles freiwillig und erwarten mehr als einen vollen Magen. Als jungem Novizen war mir das nicht immer so klar, vor allem an Weihnachten, als ich mit mir haderte, gerade freiwillig darauf zu verzichten, zu Hause bei meinen Eltern und meiner Schwester zu sein, miteinander zu essen, zu spielen und zu singen. Heute verzichte ich gern auf Weihnachtstrubel und verbringe den Heiligen Abend bis zur Christmette allein. Ich verzichte und erhalte in diesen schönsten Stunden des ganzen Jahres doch viel mehr.

Das Verzichten als Wert zu erkennen, das ist die erste große Hürde, wenn man ins Kloster eintritt. Als Mönch bindet man sich an drei Gelübde, die wohl schon zu Benedikts Lebzeiten dem »normalen« Menschen schwer verständlich waren: »Beständigkeit«, »klösterlicher Lebenswandel« und »Gehorsam« heißen unsere Gelübde, ganz zu schweigen von »Keuschheit« und »Armut«, die selbstverständlich dazugehören. Klingt nicht »Gehorsam« nach

Unterwerfung, Fremdbestimmung, Ende der Freiheit? Nein, ich finde, richtig verstanden und praktiziert, befreit er uns davon, selbstverliebt um uns selbst zu kreisen. Ist nicht Armut bewundernswert, aber völlig weltfremd? Nein, auch sie befreit uns von Raffgier und Hetze. In meiner Klosterjugend ging das so weit, dass wir zu allem nur »unser« sagen durften. Das änderte sich in den sechziger Jahren. Einmal lag unser früherer Erzabt Suso mit Grippe im Bett, und ich wollte ihn fragen, ob ich mit zwei Freunden einen Ausflug mit »unserem« Wagen machen dürfte – worauf er schmunzelnd sagte: »Hmm, zu allem sagen Sie jetzt ›mein‹. Nur zu meinem Wagen sagen Sie ›unser‹ Wagen!«

Und schließlich »Keuschheit«? Macht es einen nicht psychisch krank, wenn er seine Triebe im Zaum hält? Gegenfrage: Hat uns der Sex nicht längst versklavt? Hemmungslosen Sex, Kondomautomaten in Schulen, Pille und Abtreibung halten wir für Freiheit. Dabei sind wir so abhängig, dass wir Autounfälle produzieren, nur weil wir, durch scharfe Werbeplakate abgelenkt, nicht mehr nach vorne gucken.

Wir Mönche verzichten auf das, was so menschlich ist, dass es uns von einem Mehr an Menschlichkeit trennt, und gewinnen das Größte. Wir lassen die vermeintliche Freiheit des »Alles ist möglich« hinter uns und finden die echte Freiheit hinter hohen Mauern. Aber Mönche sind keine Helden und keine Masochisten. Kürzlich las ich ein Zitat eines Mönches, der sagte: »Wir wollen unsere Seele retten, nicht mehr und nicht weniger.«

Während die Gelübde uns ein Leben lang binden und nicht »verhandelbar« sind, ist das große Gebot der Demut ein täglicher Kampf – gerade auch für mich, der ich ständig in der Weltgeschichte unterwegs bin und überall als Abtprimas ehrerbietig empfangen werde. Doch Benedikt nimmt die Demut sehr ernst: Nur dann können wir bei Gott ankern, wenn wir die Selbstüberschätzung hinter uns lassen. Demut heißt, sich zu bescheiden auf das, was man ist, nicht auf das, was man hat; nicht dauernd zu kämpfen und zu murren, sondern anzunehmen; nicht zu fordern, sondern zu geben. Demut ist das »Ja« dazu, dass Gott uns geschaffen hat. Schließlich haben wir nicht den Zeitpunkt bestimmt, an dem wir auf die Welt kommen. Der demütige Mensch stellt vor allem sein Leben in den Dienst Gottes und ist zufrieden, was der uns schenkt. Benedikt beschreibt die Demut als Leiter zum Himmel, also zum vollendeten Glück: Wer demütig ist, so Benedikt, geht die Leiter einen Schritt hinauf – wer sich nicht demütig verhält, geht einen Schritt hinunter. Hinauf geht man mit »Gottesfurcht«, was uns noch leicht erscheint; schwerer erscheint schon Benedikts Forderung, »falsche Brüder« auszuhalten und sie gar zu »segnen«; oder ist nicht die siebte Stufe kaum erfüllbar? »Der Mönch erklärt nicht nur mit dem Mund, er sei niedriger und geringer als alle, sondern glaubt dies auch aus tiefstem Herzen.« Ist das nicht das genaue Gegenteil von dem, was die Schönen und Reichen dieser Welt von sich denken? Ich glaube, wir sind so wenig demütig, dass wir die Himmelsleiter Stufe für Stufe hinuntersteigen. – Wer will schon noch von den katholischen Spaßverderbern hören, Verzicht sei etwas Lohnenswertes? Eine Werbung für Eis, die mir da in den Sinn kommt, dreht sogar die katholischen Mahnungen komplett um und wirbt damit, wovor die Kirche warnt: Sieben Eissorten gibt es da, sie heißen nach den sieben Hauptsünden, umgangssprachlich Todsünden genannt: »Wollust«

heißt ein Eis, das andere »Völlerei«, dazu sieht man hübsche Frauen. Die Sünde, die man früher meiden wollte, weil man wusste, dass sie weitere Sünden nach sich zieht – so die Wollust ganz gewiss den Egoismus –, diese Sünden sind heute das Erstrebenswerte geworden. Aus Benedikts Empfehlung für Mönche, »die Sünde zu meiden«, ist ein »Mach alles, was du willst« geworden. Ist es da ein Wunder, dass junge Männer alles tun wollen, nur nicht sich den weltfremden Regeln der Kirche anschließen?

Jeder Mönch denkt irgendwann darüber nach, ob er stark genug sein wird. Bekannt sind die Versuchungen des heiligen Antonius. Matthias Grünewald hat sie auf dem Isenheimer Altar als Tiere dargestellt, die den Heiligen von allen Seiten anfallen. Alle möglichen Tiere zerren und beißen da nach ihm, und aus seinem Gesicht spricht die ganze Verzweiflung.

Viele heute übermenschlich erscheinende Heilige hatten mit sehr menschlichen Begierden zu kämpfen: Dem jungen Benedikt in der Höhle von Subiaco kam eine hübsche Mädchengestalt in Erinnerung. Er entflammte so sehr in Begierde nach ihr, dass er sich in Verzweiflung in die Dornen stürzte. Überall könnte man sich heute in die Dornen stürzen. Selbst wenn man nur nachschauen will, wie das Wetter in Rom oder sonst irgendwo wird, erscheinen schon wieder zweideutige Anzeigen mit auf dem Bildschirm. Wir sind nirgends mehr gefeit vor pornographischen Attacken – sie sind Opium für jene Menschen, die auf der Suche nach dem Wesentlichen sind. Ich glaube nicht, dass es der Sinn der sogenannten sexuellen Befreiung gewesen sein soll, uns nur noch auf tierische Wesen mit einem übersteigerten, alles andere ausblendenden Sexualtrieb zu reduzieren. Das Alles-Dürfen wird uns als die große Freiheit suggeriert – doch es verengt uns, bindet uns erst recht an unsere Triebe und macht uns unfrei.

Der Wahlspruch der Globalisierungsgegner lautet: »Eine andere Welt ist möglich«, manch einer träumt schon wieder vom Kommunismus. Wir Benediktiner zeigen schon seit 1500 Jahren, dass eine andere Welt möglich ist, doch sie fordert vor allem Verzicht. Wer einmal zu uns ins Kloster kommt oder in seinem Alltag versucht, neu bei Gott zu ankern und nach Wesentlicherem im Leben zu suchen, der kann sich von all den Bedürfnissen erholen, die uns die Werbung einredet.

Eine andere Zeit leben

Die Endlichkeit der Zeit im Christentum

Wenn Gott heute noch eine weitere Welt erschaffen würde, er könnte sich gar nicht leisten, den siebten Tag freizunehmen, schließlich müsste er sich bei einem Blick auf die Erde wie ein Faulenzer vorkommen: Immer mehr wird die Sonntagsruhe in Frage gestellt, und ausgehend von Tankstellen, Flughäfen und Bahnhofshallen zieht sich der Duft von »auch sonntags ofenfrischen Brötchen« und einer »24/7«, der »Sieben Tage in der Woche 24 Stunden lang geöffnet«-Zivilisation, durch die Straßen unserer Städte.

Beim Begriff »Zeit« stelle ich mir eine gemächlich fallende Feder vor, die sich drehen und winden kann, doch ich habe den Eindruck, viele fühlen sich von der Zeit nur noch erschlagen wie von einem schweren Stein. Fortschrittsbalken in unseren Köpfen jagen uns wie ein Computerprogramm von Erledigung zu Erledigung. Doch haben wir ja nur zu Ende gedacht, was Jesus uns vormachte. Denn schließlich heilte er einen Mann mit einer abgestorbenen Hand eben genau am Sabbat, an dem gläubigen Juden eigentlich gar keine aktive Tätigkeit erlaubt ist. Doch Jesus tat es, da er meinte, Gutes dürfe, ja müsse man am Sabbat tun.

Wenn die Pharisäer schon damals nach Lukas eine »unsinnige Wut« packte, wie wären sie wohl mit einem Bäcker umgegangen, der am Sabbat »ofenfrische Brötchen« anbietet? Nach Benedikt sollte der Sonntag frei sein für die geistliche Lesung, in Ausnahmefällen darf ein Bruder auch arbeiten, damit er auf keinen Fall »müßiggeht«. Der Unterschied ist bemerkenswert: Sonntag soll »Gutes« getan werden, oder man soll sich bilden und den Blick weiten; von »Shoppen« ist nicht die Rede. Sonntagsöffnungen sind für unsere körperliche und seelische Gesundheit ein süßes Gift: Wir fühlen uns frei und das Gift schläfert nicht ein, sondern es putscht uns noch zusätzlich auf. Immer mehr, immer schneller.

Als Abt habe ich erstmals erfahren, was Zeit und was Stress ist. Ich muss so viele Dinge gleichzeitig machen, iranische Philosophen kommen als Gäste, ein holländischer Managementtrainer will meinen Segen, ein nordkoreanisches Krankenhaus hat eine Frage, Handwerkerfirmen klingeln wegen der Vertragsgespräche. Solche Tage fange ich dann trotzdem in aller Ruhe an. »Nichts ist so wichtig wie der heutige Tag«, hat Johann Wolfgang von Goethe geschrieben. Genauso versuche ich, dass nichts mir so wichtig ist wie der eine Brief, das eine Gespräch, die eine

Begegnung. Wenn wir den Moment, die Gegenwart, das Heute gut und erfüllt leben, dann brauchen wir uns um das Morgen nicht zu sorgen. Vergangenheit ist wichtig! Zukunft ist wichtig! Aber leben tun wir in der Gegenwart.

Der Glaube an die Zeitlichkeit unseres irdischen Lebens ist ein Pfeiler des christlichen Glaubens, mit ganz praktischen Folgen: Gläubige Hindus können bangen, ob sie als ein anderes Wesen nach ihrem Tod die Erde besiedeln werden, wir haben dagegen nur einen Fahrschein für die Achterbahn des Lebens mit Talfahrten und Loopings. Weil die Zeit zu Ende geht, folgen wir der Horaz'schen Empfehlung »carpe diem«, »pflücken«, also nutzen den Tag und die Tage unseres Lebens. Doch weil die Zeit nicht nur zum Ende, sondern auch zu Gott, zum Jüngsten Gericht führt, sollten wir auch unser Leben verantwortlich führen. Doch längst leben wir nach dem Motto: Nach uns die Sintflut! Für viele ist »carpe diem« offenbar nur noch ein: Mach, soviel du kannst – mit dem Ergebnis, dass die Vielfalt des Gemachten und Erledigten den wunderbaren einzelnen Moment überdeckt, so wie Dutzende schmückende Blumen die eine einzelne wunderschöne Rose im Blumenstrauß. Und anstatt dass sich jeder von uns verantwortlich fühlt für die Welt, flüchten wir uns in das Gefühl, ein Zufallsprodukt und als solches – wie praktisch – auch weniger verantwortlich für das zu sein, was nach uns kommt. Wenn ich mich als Zufall der Evolution betrachte und nicht glaube, dass ich in einem Jenseits Rechenschaft ablegen muss, welche Verantwortung soll ich dann auf Erden noch übernehmen?

Die Kirche hatte es immer schon mit der Zeit, auch wenn die Pfarrer nicht selten überziehen: Ich meine den Gottesdienst. Die frühe Kirche und später Benedikt haben ihre Kalender nach bestehenden Festen und dem Rhythmus der Natur bestimmt. So feiern die Christen unabhängig von den Jahreszeiten das ganze Jahr in einem Rhythmus des Neuentstehens bis zur Vergänglichkeit. Am 25. März feiern wir Maria Verkündigung, vom 24. bis 26. Dezember die Geburt von Jesus Christus, an Ostern seinen Tod und seine Auferstehung. So wie unser Tag sind auch alle Jahre von christlicher Zeitmessung umfangen. Als Mönche gehen wir noch weiter, Benedikt gab uns einen präzisen Tages- und Lebensrhythmus. Aber wir klammern uns nicht an die irdische Zeit, im Gegenteil, wir schätzen sie gering. Es gibt Klöster, in denen geradezu gefeiert wird, wenn ein Bruder verstorben ist – ist er doch schon an jenem Ziel angelangt, zu dem wir alle streben. Ein Renaissancepapst ließ sich einen offenen Sarg in sein Arbeitszimmer stellen, um stets daran gemahnt zu werden, wie vergänglich das Dasein auf dieser Welt ist.

Dem himmlischen Ziel zuzustreben, aber gleichzeitig nicht vergessen werden, das war für viele Päpste kein Widerspruch. Julius II. ließ sich mit seinem Grabmahl quasi als Mittelpunkt der Zeit inszenieren, liegend auf einem Polster, unter ihm sitzend der Moses des Michelangelo als Stifter des jüdischen Glaubens an einen Gott. Diktatoren lassen sich Standbilder aufrichten in der kindlichen Hoffnung, so kraftvoll und herrschend möge man ihn in Erinnerung halten. Seit der Erfindung der Fotografie können wir die Zeit bannen, den Verfall aufhalten, an der Gegenwart und der Vergangenheit uns festklammern.

Wenn ich heute an Touristenattraktionen in Rom vorbeikomme, sehe ich, dass die Menschen die Wirklichkeit oft nur noch durch eine Videokamera oder durch einen

Fotoapparat sehen; sie wollen die Zeit aufhalten, um sich später sagen zu können: Ich war hier, ich habe die Zeit genutzt. Doch es kommt nicht darauf an, was wir »gemacht« haben in unserer Zeit, sondern wer wir gewesen sind. Ein Mönchsvater schrieb im vierten Jahrhundert: »Was maßlos oder unzeitig ist, hält nicht an; und was kurzlebig ist, schadet mehr, als dass es nützt.«

Die Mönche leben nach dem strengen Rhythmus einer Regel, und keiner hielt sich strenger an sie als ihr Verfasser Benedikt. Doch Gregor der Große berichtet uns in seiner Erzählung vom Leben des heiligen Benedikt von einer Begebenheit, die uns mahnt, gelassen zu sein, nicht immer die Zeit kontrollieren zu wollen, selbst als strenger Mönch. Gregor erzählt uns davon, dass sich Benedikt nur einmal im Jahr mit seiner Schwester Scholastika traf; einmal verbrachten sie »den ganzen Tag im Lob Gottes und im geistlichen Gespräch«. Dann wollte Benedikt abreisen, doch Scholastika betete derart inständig zu Gott, dass sich daraufhin so ein gewaltiger Wolkenbruch erhob, dass Benedikt bei der Schwester ausharren musste. Da er das Haus nicht verlassen konnte, blieb er. »So konnten sie die ganze Nacht durchwachen, in heiligen Gesprächen ihre Erfahrungen über das geistliche Leben austauschen und sich gegenseitig stärken«, schreibt Gregor.

Auch wenn wir keinen Wolkenbruch herbeibeten können, so lehrt uns die Geschichte doch etwas: Letztlich ist es die Liebe, die zählt. Das muss man auch erwägen, wenn inmitten von allem Stress spontan Besuch kommt. Eine klare Handreichung gibt es nicht – letztlich müssen Notwendigkeit und Liebe den Maßstab geben. Wir sollten die Zeit nicht einsperren, sondern das eigene Leben auch dem Unvorhersehbaren öffnen.

Eine Struktur im Tageslauf bringt eine Struktur ins Leben

Manchmal beneide ich meinen Vater, er war Schneider. Denn er hatte einen so schön geregelten Tagesablauf, von dem selbst Mönche oder vor allem ich auf meinen vielen Reisen nur träumen können. Jeden Tag, außer am Samstag und Sonntag, arbeitete er von sieben bis zwölf Uhr in einer Kleiderfabrik. Dann radelte er mit dem Fahrrad zu uns nach Hause, wir aßen zu Mittag, er las die Zeitung und hielt ein kurzes Mittagsschläfchen. Dann kehrte er zur Arbeit zurück und hatte um 17 Uhr Feierabend. Wir gingen dann in den Wald Holz holen, suchten Beeren, er pflanzte im Garten Gemüse, und ich freute mich schon auf das gemeinsame Abendessen mit ihm, meiner Mutter und meiner Schwester. Besonders an lange Sommerabende erinnere ich mich gerne zurück. Es war eine Idylle, wie sie viele heute nicht mehr haben. Allein die Erinnerung daran beruhigt mich. Für mich ist es ein Idealbild, nicht konservativ, sondern zeitlos. Wir haben viel geredet, über die Schule, die Arbeit, über die Familie und Verwandte und immer wieder auch über die Lokalpolitik.

Nicht nur zu Hause erlebte ich einen wohltuenden Rhythmus, bei dem ich wusste, wann mein Vater nach Hause käme. Auch in der Schule bildete nie die Arbeit den Rahmen für das Leben, sondern das Leben und der Glaube den Rahmen für die Arbeit. Bereits um halb sechs standen wir auf und hatten schon, bis die Schule begann, Gottesdienst, Frühsport und eine kurze Studierzeit hinter uns. Nachmittags dasselbe: Sport, Hausaufgaben, Abendessen, Unterhaltung, Spiele, dann noch mal ein Abendstudium, ein Abschlussgebet und schließlich Schlafenszeit. Ich gewöhnte mich gerne an diese feste Ordnung, und bis heute gibt sie mir Kraft: Wenn man im benediktinischen Rhythmus lebt, dann führt einen dies nicht nur zur Mitte des Lebens, zu Gott, sondern auch zu sich selbst.

Die Benediktregel ist voller genauer Anweisungen, wie der Tag der Mönche strukturiert sein soll. Benedikt belässt es nicht nur dabei, zu sagen, die Mönche sollten sich nach der »geheiligten Siebenzahl« siebenmal am Tag in der Kirche versammeln und die Psalmen sprechen oder singen, zu Laudes, Prim, Terz, Sext, Non, Vesper und Komplet. Nein, er nimmt es ganz genau und meint etwa, die Mönche sollten vom ersten November bis Ostern zur »achten Stunde der Nacht aufstehen«, da dies »vernünftiger Überlegung« entspreche; oder wenn er vorgibt, an allen Sonntagen würden »die Cantica, die Laudes, Prim, Terz, Sext und Non mit Halleluja gesungen, die Vesper aber mit Antiphonen«. Heute gestaltet jedes Kloster seinen Tageslauf selbst, den jeweiligen Arbeitsbedingungen angepasst. Mir ist das mittägliche Chorgebet besonders wichtig, das in willkommener Art und Weise den Tag unterbricht. Dann kann ich zwischen all den Besprechungen zurück zu Gott finden und merken: Es gibt auch Wichtigeres. Genauso am Abend: Da singen wir um halb neun das Schlussgebet des Tages. So komme ich dann später mit einem geistigen Anstoß, nicht mit Gedanken an den noch so stressigen nächsten Tag ins Bett.

Man griffe zu kurz, würde man Benedikt nur als besonders innovativen Zeitplaner betrachten; nein, die strengen Gebetszeiten kommen aus dem Glauben: Er glaubte wirklich daran, dass die Mönche nur so gottgerecht leben könnten. Das Ziel ist für Benedikt immer Gott, die strengen Gebetszeiten der Weg zu ihm. Nur für ihn sind sie da, nicht für den Biorhythmus der Mönche, nicht, weil es besonders »spirituell« wäre, morgens früh zu beten. Dies hätte Benedikt eher als Verstoß gegen die Demut verstanden. Gott kommt immer vor allem, so wie »ora« auch vor »labora« steht. Für Benedikt sind deshalb die Gebetszeiten nicht verhandel- und verschiebbar: »Hört man das Zeichen zum Gottesdienst, lege man sofort alles aus der Hand (...) Dem Gottesdienst soll nichts vorgezogen werden.« Jede Verspätung betrachtet er als Hochmut und empfiehlt dem Abt, zu spät kommende Mönche deshalb zu bestrafen: Sie sollen alleine essen, sie sollen ausgeschlossen, ja sie sollen gar gezüchtigt werden. Die Pünktlichkeit in Teilen der abendländischen Kultur geht auf diese Strenge der Mönche zurück.

Der zeitlichen Ordnung entspricht die Ordnung des Raumes. Ist beides noch heute ein tägliches Problem für Eltern, die versuchen, ihre Kinder aus dem Bett zu kriegen und ihr Zimmer aufräumen zu lassen, so war dies in den Wirren der Völkerwanderungszeit genauso zum Scheitern verurteilt. Heute empfehlen Lebenshilfebücher zerstreuten Menschen, zunächst einmal äußerliche Ordnung zu schaffen – nur dann könnten sie auch ihre Gedanken ordnen. Benedikt hatte diese Idee schon vor 1500 Jahren: Wie Gott aus dem Chaos und aus den Urnebeln die Erde und seine Geschöpfe in guter Ordnung geschaffen hat, so müssen auch die Mönche ihre Welt aufgeräumt halten, um selbst aufgeräumt zu sein. Alle Geräte und der ganze Besitz des Klosters sind nach Benedikt als »heiliges Altargerät« zu betrachten. Benedikt will damit einer Lässigkeit vorbeugen, die sich im schlimmsten Fall als Lässigkeit gegen Gott erweisen könnte. Wenn ich nicht achtsam bin gegenüber heiligsten Geräten, wie könnte ich dann achtsam gegenüber Gott oder auch mir selbst sein? Auch die Kultur der Pflege und Wartung von Geräten ist ein Erbe der Mönche. Heute spielt freilich die Wartung nicht mehr unbedingt die Rolle, manchmal es ist billiger, etwas Neues zu kaufen und das Alte wegzuwerfen.

»Lege man sofort alles aus der Hand ...«, schreibt Benedikt und meint damit: Tu nicht immer das Dringende, denke vor allem an das Wichtige! So oft ich denke, die eine oder andere Mail würde ich gerne noch fertigschreiben oder das Gespräch noch führen, da reißen mich die Gebetszeiten immer raus – zum Glück! Wenn ich nach einem langen Tag die Psalmen singe, dann habe ich manchmal noch gar keine Lust, dann bin ich mit den Gedanken noch ganz woanders – aber je mehr ich singe und Gott lobe, desto freier werde ich innerlich, die Gedanken lösen sich vom Tag und richten sich wieder auf Gott. Die Stundengebete und erzwungenen Ruhepausen sind nicht nur da, um abzuschalten und zu Gott zu finden; ich lade nicht nur meine Sorgen ab, ich erfrische auch meinen Geist und werde inspiriert, ich löse mich von den Gedanken der Psalmen, und mir kommen neue Ideen, zum Beispiel für Vorträge. Pausen machen kreativ!

Henry Nouwen hatte in sieben Monaten bei Trappisten gehofft, seine Depressionen loszuwerden, doch sie wichen nicht. Dann erkannte er, dass er selbstverständlicher beten muss, lockerer sein muss, nicht zwanghaft fordernd beten und bitten darf. Und so schrieb er: »Klöster baut man nicht, um Probleme zu lösen, sondern um mitten aus den Problemen heraus Gott zu loben«. Wir lösen keine Probleme, wenn wir uns immer mehr in sie vergraben, bis wir nichts anderes mehr wahrnehmen. Sie werden nur immer stärker und als unlösbar empfunden. Was Nouwen meint, las ich neulich anders formuliert in einem Buch: »Das beste Mittel gegen Unglücklichsein ist das Glücklichsein.« Es klingt absurd, aber es ist so – wir dürfen uns selbst nicht zu ernst nehmen.

Wenn ich, der ich eigentlich kein geborener Frühaufsteher bin, jeden Morgen darüber nachdächte, ob ich jetzt aufstehen sollte oder nicht, dann wäre der Tag schon im Eimer. Aber die Frage stellt sich nicht, ich stehe auf, auch als Anti-Frühaufsteher, zum Morgenlob. Dann gehe ich mit dem Gefühl in den Tag, ein Teil einer wunderbaren Schöpfung zu sein und nicht nur eines Planeten im intergalaktischen Leistungsvergleich. Ich werde nicht hineingeschubst in den Tag, weil ich zufälligerweise aufgewacht bin, sondern ich gehe ihn bewusst an. Dann ist Zeit, Probleme zu lösen, nicht im Schlaf. Ein befreundeter Abt hat mir einmal einen guten Rat gegeben: Ich müsse, wenn ich abends zu Bett ginge, die Sorgen vor der Tür stehen lassen und sie am Morgen ausgeschlafen getrost wieder angehen; denn durch Grübeln würden sie nicht besser. Ich versuche, mich so oft wie möglich an diesen Rat zu halten.

Die Grundstruktur, morgens, mittags, abends, gibt mir Sicherheit. Feste Gebetszeiten und etwas Meditation sind jene Fixpunkte des Tages, die ich brauche, »sie gehören ganz mir, weil sie ganz Gott gehören«. Rundherum habe ich mir noch eigene Rituale gebaut, so etwa, dass ich gleich morgens nach dem Aufstehen Dehnübungen mache. Das kostet mich jedes Mal Überwindung, aber weil ich weiß, dass es mir guttun wird, mache ich es. Außerdem halte ich mittags 20 Minuten Mittagsschlaf.

Ich würde jedem raten, sich im Tagesablauf solche Fixpunkte zu suchen: Manager müssen sich jeden Tag neu orientieren. Vor allem lange Autofahrten und Flugreisen, Vorträge, Wartereien: Das ergibt eine recht starke äußere Unruhe. Aber ganz gleich, wie viele Mails noch zu beantworten sind, sollte man dann sagen: Jetzt mache ich eine Pause. Ansonsten rauscht der Tag an einem vorbei, und am Abend kann man sich höchstens sagen, wie wichtig man mal wieder für die Welt war, wie viel man wieder geschafft hat – doch tatsächlich überspielt der Unentbehrlichkeitswahn nur die innere Leere.

Der Stress, den wir alle vermeiden wollen, entsteht, wenn wir nicht auf den Biorhythmus unseres Körpers achten. Wenn wir uns ständig treiben lassen und glauben, dieses und jenes ginge auch noch, dann nimmt sich der Körper selbst die Zeit – und wir werden krank. Oder ich verschlafe und höre nicht einmal mehr meine beiden Wecker. Bei meinem ersten Besuch in Tansania 1978 kam ich nach einem Nachtflug in Daressalam an und hatte gleich für diesen Tag mehrere offizielle Gespräche angesetzt. Nachts um zwei kam ich endlich ins Bett, nachdem ich noch einen Brief an den Oberen in Korea geschrieben hatte. (Dieser Brief ist übrigens nie angekommen.) Wir wollten um fünf Uhr aufstehen und um sechs mit dem Auto ins Landesinnere aufbrechen. Offenbar war ich aber so erschöpft, dass ich alles laute Hämmern an meiner Tür überhörte. Schließlich brach einer die Tür auf, packte mich am Hals, schüttelte mich und fragte, ob ich noch lebe. Ich habe nur erstaunt aufgeschaut und gefragt: »Ist was passiert?«

Wir Mönche verschenken sagenhaft viel Zeit: Wenn es Gott nicht gibt, was Gott verhüten möge, dann habe ich mein Leben lang zu einem Nichts gebetet, Stunden, ja Monate Zeit verschenkt. Sie ist nicht verschenkt: Denn verschenkte Zeit für Gebete, für andere, für die Suche nach sich selbst, das ist immer gewonnene Zeit. Nennen Sie es, wie Sie wollen, Beten, Abschalten, Freiwerden, aber der Mensch braucht diese geistige Dimension – wenn wir die nicht finden, können wir zwar auch etwas leisten, aber wir werden nicht glücklich damit, sondern süchtig. Kürzlich flog ich für nicht einmal 48 Stunden nach New York zu einer Sitzung unserer Stiftung. Eigentlich ein Höllentrip. Aber ich wusste, was auch geschieht, ich habe das Stundenbuch, mein Gebets- und Andachtsbuch, dabei und werde, egal wo, zu Gott finden und Kraft bekommen.

Wir Mönche kennen dadurch nicht nur eine Stabilität des Ortes, sondern auch der Zeit. Die feste Ordnung vermittelt uns Kraft, damit wir unsere Aufgaben bewältigen können. Ich finde es deshalb bedenklich, wenn ich in der Zeitung lese: »Neue Schulreform im Gespräch«. »Schon wieder!«, habe ich gedacht! Mir ging wirklich der Hut hoch. Wir haben bereits so viele Reformen hinter uns, wann wird endlich wieder einmal Ruhe und Stabilität einkehren? Ich meine, für Kinder ist es in der Schule enorm wichtig, zu wissen, wo es langgeht, und nicht ständig aus der Bahn geworfen zu werden. Pädagogen und Lehrer sagen mir immer wieder, dass während des Schuljahres beispielsweise die Lehrer nicht ausgewechselt werden sollten, denn Kinder brauchen feste Bezugspersonen. Ich glaube nicht, dass es notwendig ist, dass sich neue Kultusminister immer wieder mit ach so neuen Lehrplänen und Lernstoffen profilieren. Wir verfranzen uns in Nebensächlichkeiten und verlieren das Wichtige, eine umfassende Bildung ohne Verfallsdatum, aus den Augen.

Schweigen

Eine Welt des Lärms und des Plapperns

Unser Kloster Sant'Anselmo liegt auf einem der sieben römischen Hügel, dem Aventin. Er ist einer der wenigen, die noch wirklich als Hügel zu erkennen sind, steil fallen auf der Seite zum Tiber Felswände herab. Vor allem sonntags kommen Hunderte hier herauf zur Kirche Santa Sabina mit dem wunderschönen Garten, zur Kirche Sant'Alessio, wo rund um die Uhr Hochzeiten gefeiert werden, und zu uns nach Sant'Anselmo.

Sie wollen einen freien Blick und auch einmal über der umtriebigen und lauten Großstadt stehen. Doch selbst hier oben gelingt das nicht ganz. So hoch Sant'Anselmo und erst recht mein Arbeitszimmer im ersten Stock über den tosenden Gassen von Rom liegen, und so ruhig der Blick und die Landschaft für die Augen sind, so laut ist es hier trotz alledem dennoch für meine Ohren: Während ich hier sitze und über das Schweigen schreiben will, braust der Verkehr durch die Via Marmorata – im Sommer ist es fast nicht möglich, bei offenem Fenster zu arbeiten. Nachts tönt vom römischen Weggehviertel Testaccio laute Musik herauf.

Bei allem Lärm, den aufreizende Werbung und dummes Fernsehprogramm für die Augen verursachen – immerhin, die Augen können wir schließen; die Luft können wir anhalten, wenn neben uns auf der Straße ein stinkender LKW anfährt; die Haut können wir mit Cremes einreiben; einzig für unsere Ohren können wir wenig tun: Sie sind immer offen, sie wollen anscheinend immer hören. Offenbar hat das die Evolution so eingerichtet, damit wir im Dschungel hören können, wenn eine Spinne herankrabbelt oder sich ein Tiger durchs Gebüsch pirscht. – Dass die Wahrscheinlichkeit, in einer Stadt wie Rom und überhaupt in von Menschen beherrschten Gebieten von einem tödlichen Insekt angefallen zu werden, äußerst gering ist, darin hinkt die Evolution hinterher. Und deshalb müssen wir andauernd hören. (Gerade nähert sich ein Krankenwagen, und die Sirene wird barbarisch laut, bis sie bald wieder im allgemeinen Lärm untergeht.)

Interessanterweise reicht es uns aber noch nicht mit der Beschallung von außen. Wir haben uns so an sie gewöhnt, dass wir es kaum mehr aushalten würden, nichts zu hören – und erst recht nicht, zu schweigen: Anstatt es zu genießen, nichts wahrnehmen zu müssen, schalten viele, kaum kommen sie nach Hause, den Fernseher an. Viele greifen gleichzeitig noch zum Telefon, um irgendjemanden anzurufen. Noch nie wurde in der Geschichte der Menschheit wahrscheinlich so viel Geld mit dem Reden verdient wie heute. In jeder zweiten Fernsehwerbung geht es um einen günstigen, einen noch günstigeren, ja den günstigsten Handytarif. Telefongesellschaften sponsern mit Millionen die besten Fußballvereine der Welt, und wer noch viel mehr und noch billiger telefonieren will, der macht das mittlerweile übers Internet. Da wirbt ein Programm mit dem schlichten Satz: »Einfach reden.« Und wie oft höre ich: »Hallo! Wie gehts? Gut! Ich bin gerade einkaufen. Ja, vielleicht. Ja, dann telefonieren wir später noch mal.« Nicht selten sagt dies Person A zu Person C, obwohl sie sich auch mit Person B unterhalten könnte, die gegenüber am Tisch sitzt.

Wer viel reden, aber keine Handystrahlen abbekommen

will, telefoniert mit einem Headset und läuft, fast verrückt anmutend, schnurstracks plappernd durch die Straßen. Dass ein Gutteil der Anrufe, bei aller geschäftlichen oder privaten Dringlichkeit, vielleicht auch persönlich oder zumindest in einer ruhigen Atmosphäre getätigt werden könnte, darauf kommt man nicht mehr.

Unsere Kultur der Geschwätzigkeit finde ich weit ungesünder als die mögliche Gefährdung durch Handystrahlen. Den bleiern in jeder Stadt liegenden Klangbrei des Verkehrslärmes verdicken wir noch durch unser eigenes Geplapper. Andauerndes Plappern schwächt die Seele, Lärm verursacht Herzklopfen. Beides führt dazu, dass man dann, wenn man Ruhe braucht, vor dem Einschlafen, keine mehr findet.

Schon im antiken Rom muss der Lärm der Großstadt grauenvoll gewesen sein. Weil Wagen nur in der Nacht fahren durften, um die tagsüber überfüllten Straßen zu entlasten, war es Tag und Nacht laut. Der Dichter und Satiriker Juvenal (60 bis 140 nach Christus) schrieb über den Schlafmangel: »Hauptursache des Übels: Wagen biegen in scharfer Wendung um die Straßenecken, die Treiber schimpfen laut, wenn ihre Herde nicht weiterkann – all das würde einem den Schlaf nehmen (...) Hier sterben viele, weil Schlaflosigkeit sie krank gemacht hat, (...) denn in welcher Mietwohnung kann man schlafen? Sehr reich muss man sein, um in Rom schlafen zu können.« Auch früher gab es Lärm, doch war man bemüht, ihn nicht noch zu verstärken. Auch früher war man geschwätzig, aber nicht per SMS und Anruf von Leuten an einem anderen Ort, sondern man redete direkt miteinander – und ansonsten vertraute man darauf, der andere werde schon ab und zu im Gebet an einen selbst denken.

Ich finde das ja gut, dass wir alle miteinander reden wollen. Das ist ja wichtig. Die Frage ist nur, wofür tun wir das? Wenn ich etwa Gespräche unfreiwillig mithöre, habe ich das Gefühl, die Leute reden, um nicht schweigen zu müssen, um sich nicht mit sich selbst zu beschäftigen. Schweigen und nur denken ist gefährlich. Schnell kann man sich einsam und alleingelassen fühlen, wie ein kleines Kind. Angst vor der Leere stellt sich ein. Wir lassen uns lieber die Zeit vertreiben, wir müssen aus dem Haus hinaus, weil wir es alleine nicht mehr aushalten. Angesichts der für alle Sinne bunten Welt ist für Kinder und Jugendliche eine Wagner-Oper oder ein Gottesdienst Körperverletzung. Anstatt ihnen diese Zeiten der Besinnlichkeit und mehr Ruhe zu schenken, denken wir, das sei doch nichts für Kinder. Kinder bräuchten doch bunte Unterhaltung für die Augen und für die Ohren. In Diskotheken ist am Weihnachtsabend die Hölle los – selbst 24 Stunden »staade Zeit« halten wir nicht mehr aus.

Schweigen ist nicht das Nicht-reden-Können, beredtes Schweigen nimmt den anderen wahr. Im Kinofilm »Pulp Fiction« sagt die Gangsterfrau Mia Wallace zu ihrem Begleiter Vincent Vega: »Hassen Sie das nicht?« – »Was?« – »Unangenehme Stille. Warum glauben wir, ist es nötig, über Schwachsinn zu plappern, nur um uns wohl zu fühlen?« – »Ich weiß nicht, gute Frage.« – »Ich glaube, wenn du jemanden hast, mit dem du mal eine Minute still sein und die Stille genießen kannst, dann hast du jemanden Besonderen gefunden.«

Es gibt sicher den einen oder anderen guten Film im Fernsehen. Doch das *viele* Fernsehen und die unzähligen Internet-Foren machen einsam und lenken ab. Wenn es in der Ehe nicht läuft, ist der Fernseher noch das letzte Lagerfeuer, um das sich die Eheleute versammeln können, dann müssen sie nicht reden. Selbst in funktionierenden Ehen redet man nur noch zwölf Minuten pro Tag miteinander. Immerhin, sie haben sich noch, kann man da erwidern. Anders sieht es bei alten Menschen aus, die sich den Fernseher nach dem Tod des Ehegatten zum Ersatzmann oder zur Ersatzfrau machen. Der lenkt sie ab und entreißt sie der Trauer und dem Gefühl, mittlerweile überflüssig zu sein in der Welt. Millionen von Menschen in Deutschland reden oft 24 Stunden lang kein Wort, aber nicht, weil sie Schweigemönche sind, sondern weil sie niemanden haben. Weil sie sich dessen im Inneren bewusst sind, schalten sie erst recht den Fernseher an.

In diesen Tagen ist in Italien Eluana Englaro gestoben, eine Frau, die seit 16 Jahren im Koma lag. Das Mädchen hatte mit 19 Jahren eine Unfall und lag seither, scheinbar ohne die Außenwelt wahrzunehmen, im Bett. Ihr Vater hat vor Gericht darum gekämpft, die künstliche Ernährung abzubrechen, um ihr Leiden zu beenden. Über all die Jahre hat er sich aufopferungsvoll um seine Tochter gekümmert, aber bei allem Respekt: War es nun auch sein eigenes Leiden, von dem er sich befreien wollte? Vielleicht hielt er es nicht mehr aus, dass seine Tochter schwieg, dass sie all die Sorgen der Eltern, die Blumen, die Pflege, nicht beantwortete, sondern als lebende Tote im Bett lag.

Unsere Zeit ist abgestumpft gegenüber allem, was keinen Lärm macht, gegen alles, was keine Stimme hat, seien es Embryos oder Komapatienten. »Ich rede, also bin ich«, ist das Motto unserer Zeit. Reden ist zu einem Selbstzweck geworden, zum Beweis der eigenen Existenz. Doch wer wirklich etwas zu sagen hat, der kann auch gut schweigen.

Wie wir schweigen können

Würde Benedikt heute leben, er würde sich wohl nicht nur drei, sondern dreißig Jahre in eine Höhle zurückziehen wollen, um vor dem Lärm der Umwelt, vor der Flut der Informationen und den Zwängen der Gesellschaft zu fliehen. Man kann heute im Kloster von Subiaco die mutmaßliche Höhle des Heiligen besuchen, sie ist eingebaut in die wunderbar ausgemalten Unterkirchen des Klosters. Wenn sich die vielen Touristen in die schmale Höhle schieben, dann ist es nicht mehr ruhig, dann blitzen die Fotoapparate. Manche werden still dabei, manche schlurfen weiter, verständlicherweise. Ich habe einmal an dieser Stelle ganz allein beten können, das war eine ganz besondere Erfahrung.

Denn darum geht es beim Schweigen: still zu werden vor Gott. Schweigen ist nicht Selbstzweck für Benedikt, er meint kein ichbezogenes Autogenes Training, das fraglos eine gute Technik ist, um wach zu werden für den eigenen Körper. Aber für Benedikt sollte das Ruhefinden zu Gott führen, so wie es Jesus Christus selbst vorgelebt hat. Mehr als einmal heißt es von Jesus, er habe eine »einsame Stätte« aufgesucht, »um zu beten« oder »um auszuruhen«. Nicht einmal bei seiner Verurteilung machte er viele Worte: »Und der Hohepriester stand auf und sprach zu ihm: Antwortest du nichts zu dem, was diese wider dich bezeugen? Aber Jesus schwieg still.« Jesus spricht, wenn es etwas zu sagen gibt – ansonsten gilt es zu schweigen. Einmal spricht Jesus zu einem »unsauberen Geist«, der von einem Mann Besitz ergriffen hat: »Verstumme und fahre aus von ihm. Und der unsaubere Geist riss ihn und schrie laut und fuhr aus von ihm.« Das Böse ist laut, das Gute ist still.

Lärm, Reden, Schwätzen ist also gegen die göttlich gewollte Ruhe. Deshalb führten Mönche schon lange vor Benedikt in ihren Klöstern ein, beim Essen, bei der Arbeit oder beim Baden zu schweigen. Benedikt übernahm diese Ideen und erweiterte sie zur Regel, nach der ich lebe: Wenn wir in aller Frühe durch die Gänge zum Morgenlob wandeln, dann nicken wir uns freundlich zu, aber wir überfallen uns nicht mit echter oder künstlicher Freundlichkeit, schließlich wollen wir noch ein bisschen bei uns und bei Gott sein, bevor wir in den Tag gehen. Wenn wir frühstücken, dann reden wir nicht, sondern lassen Chorgebet und Messe noch verklingen und können noch ein bisschen bei uns sein.

Dafür musste ich mich einsetzen, als ich nach Sant'-Anselmo kam, denn einige Mönche strebten danach, dass beim Frühstück wieder geredet werden dürfe. Ich ließ es nicht zu, dafür sind mir heute viele noch dankbar. Auch beim Abendessen schweigen wir meistens: Dann liest ein Mitbruder einen Abschnitt aus der Regel oder einem historischen Buch vor oder wir hören Musik: Ein Mitbruder legt eine CD ein, nennt den Komponisten – im Moment zum Beispiel hören wir Mozart, Schubert und Klaviermusik aus der Romantik –, und dann essen wir unsere Suppe, unser Schnitzel und das Obst, zügig und ohne zu reden. Gäste staunen darüber, wie schnell wir mangels ausufernder Tischgespräche essen und wie sehr wir uns gleichzeitig auf die Mahlzeit konzentrieren können. Beim Mittagessen hingegen reden wir. Nach einem langen Vorlesungsvormittag muss die Luft raus. In den meisten Klöstern wird auch beim Mittagessen geschwiegen.

In der Welt draußen dagegen verbrüdert man sich rasch und klopft lockere Sprüche, die das Eis brechen sollen.

Natürlich sollte man bei einer ersten Begegnung nicht eiskalt sein. Aber gemeinsames Schweigen verbrüdert, Lärm trennt. Ein gutes Beispiel gab im Herbst 2008 Silvio Berlusconi, der darüber witzelte, Barack Obama sei »sonnengebräunt«. Da kann man nur mit den Römern sagen: »Si tacuisses!« – »Wenn du nur geschwiegen hättest!« Umgekehrt gibt es Beispiele für die Kraft des Schweigens: Als Benedikt XVI. in Regensburg eine sehr bemerkenswerte Rede vorlas, da empörte sich die muslimische Welt. Als er schwieg und in einer Istanbuler Moschee meditierte, da war ein Stück vom Himmel zu spüren.

In Berlin gibt es einen »Ort der Stille«, den Menschen verschiedener Religionen und Kulturen nach dem Mauerfall eingerichtet haben. Es scheint ein unausgesprochenes Einverständnis darüber zu geben, dass Stille eine Voraussetzung von Frieden ist. Auch das bedachtsame Rauchen der Friedenspfeife ist ein Symbol für das gemeinsame Teilen von Stille als Ausdruck des Friedens. Wir sehen diese Rituale alter Kulturen oft zu romantisch, aber sie sind das Zentrum einer Gruppenidentität. Derzeit überschwemmen Handys ganz Afrika. Ich glaube, dieser technische Fortschritt ist nicht nur ein Segen, sondern auch ein Fluch.

Benedikt wollte, dass die Zellen seiner Klöster stille und einsame Orte wie die Wüste wären, die den Geist der Wüste, des Leerwerdens, der absoluten Stille fassten, die die Wüstenväter erlebten: »Ein Hauch des Schweigens der Wüste«, so formulierte es einmal ein Mitbruder von mir, »muss durch jedes Kloster, jede Zelle und jedes Herz wehen.« Manche Orden, etwa die Kartäuser, nehmen die Stille äußerst ernst, sie leben wirklich wie in der Wüste. Benedikt hingegen war streng, aber doch menschenfreundlich genug, das Reden nicht ganz zu verbieten. Zwar empfiehlt er, Mönche sollten »das viele Reden nicht lieben«, fordert »Eifer um das Schweigen« oder gar, man solle »der Schweigsamkeit zuliebe sogar auf gute Gespräche verzichten«. Doch weil er kein weltfremdes Ideal vertreten will, setzte er das Schweigen an die neunte Stufe seiner Leiter der Demut, nach dem Motto: Nur wer es zuvor schon geschafft hat, sich ganz auf Gott auszurichten (erste Stufe) und auch seine Sünden bekennt (fünfte Stufe), dem ist die neunte Stufe überhaupt zuzutrauen, »seine Zunge vom Reden zurückzuhalten. Er kann schweigen.« Er wusste wohl auch, wie schwer es ist.

Man könnte die ganze Benediktregel als Anweisung zum »Stille-Werden« lesen. Die Stille, davon ist Benedikt überzeugt, lässt die Sinne aufblühen und befähigt uns überhaupt erst dazu, die Stimme Gottes zu hören. Schweigen ist nicht das Nicht-reden-Können aufgrund äußerer Umstände oder weil uns die Worte fehlen. Schweigen können heißt, im Frieden mit sich zu sein. Schweigen aktiviert die inneren Heilkräfte, da man sich Zeit nimmt für sich.

In einem sehr schönen Brief empfiehlt auch Bernhard von Clairvaux Papst Eugen III. in anrührender Sprache, ruhig zu werden, wenn er an seiner Aufgabe nicht zugrunde gehen will. Eugen III. war früher Schüler von Bernhard gewesen, und offenbar hatte er seinem Lehrer die Anforderungen seines Amtes geklagt: »Wo soll ich anfangen?«, fragt Bernhard da am Anfang. »Am besten bei Deinen zahlreichen Beschäftigungen, denn ihretwegen habe ich am meisten Mitleid mit Dir. (...) Es ist viel klüger, Du entziehst Dich von Zeit zu Zeit Deinen Beschäftigungen, als dass sie Dich ziehen und Dich nach und nach an einen Punkt führen, an dem Du nicht landen willst. Du fragst: ›An welchen Punkt?‹ An den Punkt, wo das Herz anfängt, hart zu werden. (...) Damit Deine Menschlichkeit allumfassend und vollkommen sein kann, musst Du also nicht nur für alle anderen, sondern auch für Dich selbst ein aufmerksames Herz haben. Denn, was würde es Dir nützen, wenn Du – nach dem Wort des Herrn – alle gewinnen, aber als Einzigen Dich selbst verlieren würdest?« Ein »aufmerksames Herz« gewinnen wir, wenn wir schweigen: Dann weiten wir es und werden offen für die Menschen mit ihren Nöten, mit ihrem Suchen und mit ihren Fehlern.

»Schweigen heißt pilgern«, lesen wir in einer Lebensbeschreibung der ersten Wüstenväter. Im Schweigen tragen die Mönche den Schatz des Glaubens in ihrem Herzen. So, wie jemand ein weltliches Geheimnis im Herzen trägt, wenn ihn jemand um Verschwiegenheit bittet und ihm damit Vertrauen schenkt, das er rechtfertigen muss. Wenn mir jemand sagt, etwas solle unter uns bleiben, dann trage ich einen Teil seiner Sorge mit, dann stelle ich mich auf ihn ein und versuche, meine geschwätzigen Sinnesorgane im Zaum zu halten. Es ist mehr als nur den Mund halten, Schweigen ist Vertrauen, zumindest Loyalität.

Als Kurt Beck in der ersten Jahreshälfte 2008 als SPD-Chef ungeliebt war, standen fast jeden Tag Berichte über interne Besprechungen in den Zeitungen. Einerseits fühlte ich mich besser informiert, da ich nun als Leser wusste, was wirklich los war; andererseits dachte ich darüber nach, was wohl jemand macht, der nicht mehr vertrauen kann: Er zieht sich noch mehr zurück, schart immer kleinere Kreise von »Getreuen« um sich und wird irgendwann alleine sein.

Schweigen bedeutet auch, Dinge in der Welt oder Gefühle von Menschen wahrzunehmen, die ich bisher im Wust äußerer Eindrücke gar nicht wahrnehmen konnte. Hätte der heilige Martin den Bettler im Schnee bemerkt, wenn er gleichzeitig telefoniert hätte? Früher hat man Schüler in den Karzer geworfen oder Kindern Hausarrest mit der Empfehlung erteilt, sie sollten doch einmal darüber nachdenken, was man da getan oder gesagt habe. Heute gilt so etwas als vorsintflutliche Pädagogik, deshalb empfehle ich, von Eindrücken, Videofilmen und Geschichten übervolle Kinder und Jugendliche, aber auch Erwachsene, hinauszuführen in die Natur. Dann entdecken wir die Welt neu und werden offen für das große Geheimnis, das unser Leben und unsere ganze Welt umfängt. Wir beginnen dann wieder, im wahrsten Sinne des Wortes »sprachlos« zu sein vor den Wundern der Natur, vor der Schönheit, über die Liebe. Wir sehen Dinge neu, die wir tagtäglich sehen, aber, wie man so sagt, »mit anderen Augen«.

Wenn wir hinaus auf einen See fahren, auf einen Berg steigen und mal horchen und schauen, nicht einfach hören und sehen, dann wird *jeder* ruhig, auch noch der anstrengendste Schüler. Das Gezwitscher der Vögel, die vielen Stimmen in der Natur, wohlklingende Musik, ein schönes Bild führen uns zur Ruhe. Fast automatisch zum Schweigen bringt mich jedes Mal das Spektakel der aufgehenden und untergehenden Sonne. Es wird gut sein, schon Kinder in die stille Wahrnehmung einzuüben. Jedes Wort könnte dann schon zu viel sein. Wenn wir uns ab und zu in diese Gegenwelt aus Licht, Luft und Stille begeben, dann kehren wir gestärkt und frohgemut in unsere umtriebige Welt zurück.

Das selbstgewählte Schweigen beglückt und macht Lust auf mehr Schweigen; das erzwungene Schweigen macht traurig und muss das Abladen, das Vielreden nach sich ziehen. Wenn Menschen zu lange geschwiegen haben, weil sie einfach niemanden mehr haben, dann platzt es aus ihnen heraus, dann lassen sie einen nicht mehr los. – Sie ahnen gar nicht, wie viele Menschen auf mich losstürzen, weil sie eben doch noch im Mönch jemanden erkennen, der schweigen und den anderen reden lassen kann. Dann ist es gut, sich selbst zurückzunehmen und dem anderen Raum zu geben, damit der andere auch mal wieder ganz seine Seele abladen kann. Manche können es leichter, manche nicht, wenn sie selbst zu den Menschen gehören, die ihre Überfülle bei anderen abladen möchten. Wenn ich es schaffe, zu schweigen, dann wird mein eigenes Schweigen auf einmal zu einem Zeichen der Zuwendung, der Achtung, der Liebe; zu etwas, das dem anderen einen Wert verleiht, was ihm Freude gibt und Erfüllung. Um still zu werden, müssen wir äußere Lärmquellen ausstellen – aber auch die innere Unruhe. Es wird uns befreien. Geben wir Gott die Chance, ihn zu hören. Das kann man lernen, wenn man ab und zu einfach mal schweigt.

In einem Kloster kann man lernen, allein zu sein, man wird es, zwangsweise gewissermaßen. Am Anfang stellt man sich Einsamkeit als wüsten, leeren Ort vor, als eine Art Gummizelle, als das Nichts; doch meine Idee von Einsamkeit sieht ganz anders aus: Ich freue mich darauf, wenn ich nach einem langen Tag mit Gesprächen allein sein kann. Dann bin ich froh, dass ich mal ruhig dasitzen und meinen Gedanken nachhängen oder etwas schreiben kann. Wie schön ist es, wenn ich einen Sonntagnachmittag habe, an dem kein Besuch da ist, wenn ich für mich musizieren oder lesen kann. Manchmal setze ich mich dann hin und denke an gar nichts. Leicht ist das nicht, ich weiß.

Zuhören

Zuhören ist lieben

Kürzlich las ich von einer Untersuchung, wonach sehr geschäftige und einsatzfreudige Menschen auf Grund ihrer ausgeprägten Zielstrebigkeit häufig die schlechteren Zuhörer seien. Also begann ich, darüber nachzudenken, ob das auch auf mich zutreffen könnte, etwa in so einer Situation: Ich sitze am Computer, entdecke, dass wieder Dutzende Mails auf meine Antwort warten, das Telefon klingelt, ich muss einen Flug buchen – und dann klopft es, und jemand kommt zu einem Termin und bleibt viel länger, als ich gehofft hatte. Ja, dann kocht es auch in mir. Mein Gegenüber erklärt mir ein Problem – und ich habe meinen Rat, meine Entscheidung eigentlich schon auf den Lippen, damit wir fertig werden. Doch zu meinem Entsetzen stelle ich fest, dass der andere das gar nicht möchte. Er möchte sich äußern, er braucht einen, der ihm nicht nur das Ohr leiht, sondern das Herz öffnet. Dann atme ich durch, halte mich zurück und höre zu. Und am Ende ist es mir schon oft passiert, dass der andere gesagt hat: »Mit Ihnen kann man aber gut reden.« Und ich dachte mir: Wenn der wüsste. Ich bin einfach da, das reicht manchmal schon.

Das gute Zuhören ist eine Erfolgsgeschichte: Hätten nicht Mose, Mohammed und Jesus Christus auf das Wort Gottes bzw. die väterliche Weisung gehört, so wären drei große Weltreligionen nicht entstanden, was bedeutet: Wo man nicht zuhören kann, da entsteht nichts Großes. Wie sehr habe ich das gemerkt, als ich versuchte, wieder an die Missionsbenediktiner anzuknüpfen, die bis zur kommunistischen Machtübernahme im Nordosten Chinas gewirkt hatten. Wie oft habe ich dort Verhandlungen geführt, die eigentlich unmöglich zu einem guten Ende gebracht werden konnten: Da saß ich in China oder in Nordkorea mit überzeugten Kommunisten zusammen und wollte ihnen näherbringen, dass wir ein Krankenhaus bauen wollen. Eigentlich unmöglich! Doch stets habe ich erreicht, was ich wollte, weil ich in sie hineingehört habe. Ewig hat es manchmal gedauert, bis ich erahnen konnte, wo wirklich das Problem liegt. Dann konnte ich mein Gegenüber ermutigen und so seine Sorgen und Probleme aus dem Weg räumen.

Man muss sich auf den einstellen, der redet. Manche, die zu mir kommen, laden alles bei mir ab. Ich tue nicht viel, aber am Ende sind sie glücklich. Da denke ich dann, ob diese Leute kürzlich vielleicht den berühmten Aufsatz »Über die allmähliche Verfertigung der Gedanken beim Reden« von Heinrich von Kleist gelesen haben: »Wenn du etwas wissen willst und es durch Meditation nicht finden kannst, so rate ich dir, mein lieber, sinnreicher Freund, mit dem nächsten Bekannten, der dir aufstößt, darüber zu sprechen. Es braucht nicht eben ein scharf denkender Kopf zu sein! (…) Aber weil ich doch irgendeine dunkle Vorstellung habe, die mit dem, was ich suche, von fern her in einiger Verbindung steht, so prägt, wenn ich nur dreist damit den Anfang mache, das Gemüt, während die Rede fortschreitet (…) jene verworrene Vorstellung zur völligen Deutlichkeit aus.« Der andere schärft seine Gedanken ohne mein Zutun. Da bringt wirklich schon das Teilen des Leides oder des Problems die Lösung mit sich. Mir soll's recht sein.

Anders ist es, wenn jemand einen echten Zuhörer braucht, der offen ist, sich Zeit nimmt und das Gesagte mehr als nur akustisch erfasst. Dann wird das vermeintliche Nichtstun, das bloße Hören, zum Tun, zum aktiven Zuhören. Kürzlich habe ich zwei Mönche in einem Kloster dazu bringen wollen, in tätiger Form endlich einmal aufeinander zu hören. Denn auch in einem Kloster übersieht und -hört man sich, bei aller Ruhe. Dann schweigt man sich an, trägt Grimm in sich und gefährdet die ganze Gemeinschaft. Bei meinem Fall war es so, dass sich der eine Bruder partout nicht mit seinem Vorgesetzten verstand. »Der hasst mich«, war die Meinung des Bruders, und immer mehr steigerte er sich hinein, trotz meiner Versuche, ihn vom Gegenteil zu überzeugen. Deshalb ließ ich es darauf ankommen: Ich setzte ein Gespräch zu dritt an, ohne zu wissen, was es bringen würde. Damit es gelingen konnte, schaffte ich eine entspannte Atmosphäre und sagte, wenn sie sich schon selbst nicht zuhören können, dass *ich* es wenigstens tue.

Am Anfang gab ein Wort das andere: »Pater Petrus, allein wie Sie mich jetzt anschauen, Sie hassen mich«, sagte der Bruder, und der Pater Petrus antwortete: »Keineswegs. Ich mag dich. Ich habe nichts gegen dich.« Da muss man dann den anderen ein Beispiel geben, angefangen von einer offenen Körperhaltung, Blickkontakt, eventuell nicken als Zeichen der echten Wahrnehmung. Interessanterweise nehmen dann immer auch die anderen Gesprächspartner diese Haltung ein. Sie erschlagen sich nicht mehr mit ihrer Meinung, lassen ausreden, zügeln ihre Gefühle besser und signalisieren sogar dem bis eben noch verhassten anderen plötzlich Zuneigung. Am Ende scherzten wir eigentlich mehr und, angesprochen auf seine wenig einnehmende Mimik, sagte der Pater Petrus: »So schaue ich nun mal. Ich kann das auch nicht ändern.« Ich bin mir sicher, eine gute Gesprächskultur kann viele Probleme, die wir für kaum lösbar halten, in Luft auflösen. Man braucht keine Kündigungen, keine Firmenevents, keine Provisionen. Wenn man nur die Leute zusammenbringt, die sich sonst, ohne sich zu kennen, verurteilen und sich aus Unkenntnis mit Vorurteilen begnügen. Jesus musste nicht einmal heilen und galt schon als wundertätiger Mann, als er Aussätzige, Zöllner und Sünder so annahm, wie sie waren.

Es gibt keine Ausreden. Jeder kann zuhören. Und wenn vom andauernden Schauen die Augen müde werden, müssen wir mit dem Herzen und den Ohren hören. So harrten auch die Freunde Hiobs, dem so gottesfürchtigen wie gepeinigten Mann, einfach nur sieben Tage bei ihm aus, ohne ein Wort zu sprechen: »Die drei Freunde Hiobs hörten von all dem Bösen, das über ihn gekommen war. (...) Sie vereinbarten hinzugehen, um ihm ihre Teilnahme zu bezeigen und um ihn zu trösten. Als sie von fern aufblickten, erkannten sie ihn nicht; sie schrien auf und weinten. Jeder zerriss sein Gewand; sie streuten Asche über ihr Haupt gegen den Himmel. Sie saßen bei ihm auf der Erde sieben Tage und sieben Nächte; keiner sprach ein Wort zu ihm. Denn sie sahen, dass sein Schmerz sehr groß war.« Das ist echte Freundschaft: Wer nur um sich selbst kreist, ist in sich gefangen und deshalb unfähig zur Freundschaft.

Jesus Sirach, ein in Jerusalem lebender Jude, hat um 180 vor Christus über einen Freund geschrieben: »Ein treuer Freund ist wie ein festes Zelt; wer einen solchen findet, hat einen Schatz gefunden. Für einen treuen Freund gibt es keinen Preis, nichts wiegt seinen Wert auf.«

Gehorsam nimmt keine Freiheit, sondern schenkt sie

Als ich in der Schule war, mussten wir viel Arbeit still erledigen. Das machte uns zwar fähig, uns zu konzentrieren und uns nicht ablenken zu lassen. Doch was aus meiner heutigen Sicht zu kurz kam, war das freie Reden, das Diskutieren, das Hören auf den Lehrer wie auf den anderen. Gerade das finde ich aber besonders wichtig, zumal heute, wo zu Hause weniger die Eltern und Geschwister als Computer und Fernseher die Zeit vertreiben. Welche wunderbaren phantasievollen Bilder entstehen im Kopf beim Zuhören! An eine bestimmte Aufgabe, die ich mit 16 Jahren am Gymnasium machen musste, kann ich mich nicht erinnern, wohl aber an einzelne besonders charismatische Lehrer und ihre guten und mitreißenden Erklärungen.

Weil durch das Hören Gesagtes in Fleisch und Blut übergeht, lesen wir bei Tisch im Kloster aus der Benediktregel, was insoweit stimmig ist, da Benedikt wohlbedacht seine Regel nicht mit »Lies!«, sondern mit einem »Höre!« beginnt, das uns förmlich aus der Versenkung in die bloße Diesseitigkeit aufwecken soll: »Höre, mein Sohn, auf die Weisung des Meisters und neige das Ohr deines Herzens. Nimm den Zuspruch des gütigen Vaters willig an und erfülle ihn durch die Tat! So kehrst du durch die Mühe des Gehorsams zu dem zurück, den du durch die Trägheit des Ungehorsams verlassen hast.« Das ist der Beginn der Regel des heiligen Benedikt.

Auffallend war für mich immer die Bandbreite der verwendeten Worte: »Mein Sohn«, »Zuspruch des gütigen Vaters«, das klang für mich liebend, väterlich, während die anderen Worte »Gehorsam«, »Ungehorsam«, »erfülle durch die Tat« und andernorts »Gehorsam, ohne zu zögern« bei mir und wohl jedem jungen Menschen Fragen aufwerfen. – Muss hier nicht zwangsläufig widersprechen, wer gerade dem Elternhaus entwachsen ist und theoretisch doch die große Freiheit vor sich hat? Wie konnte man sich nur der anscheinend quasi-totalitären Macht eines Abtes unterwerfen?

Zu den Fragen, die ich mir damals stellte, gesellten sich jene, die mir der vielstimmige Chor des Zeitgeistes zuzurufen, ja zu brüllen schien. Schließlich konnte der Kontrast zwischen einem Mönch, der sich dem Gehorsam unterwirft, und Gleichaltrigen, die den geistigen Aufbruch fordern, in den 1968er Jahren kaum größer sein. Ich sehe es noch vor mir, das Transparent im Lichthof der Uni München mit der Aufschrift: »Unter den Talaren Muff von 1000 Jahren«. Sie wollten die Universität revolutionieren, und ich hatte kürzlich gelobt, nach einer Mönchsregel zu leben, die mit ihrem Alter von 1500 Jahren in den Augen der anderen den Muff aller Talare dieser Welt in sich trug. Heute pflegt man nicht mehr die Kampfparole der »antiautoritären Erziehung« und hat so manches Ideal von damals als schöne Theorie entlarvt; doch noch immer ist »Gehorsam« ein Begriff, bei dem man zusammenzuckt. Man denkt ans Verkaufen von Herz und Vernunft und an die Widerstandslosigkeit und Fügsamkeit von Hitlers »willigen Vollstreckern«.

Doch so mutig und antiautoritär, wie wir tun, sind wir gar nicht, im Gegenteil, wir haben uns durch die vermeintliche Befreiung der 68er erst recht Gruppenzwängen unterworfen, vor allen Dingen denen der Mode. Man kann als Schüler den Kriegsdienst verweigern und doch peinlich genau darauf achten, auch ja genau die gleichen Kleidungsstücke wie alle anderen zu tragen. Zu meiner Studentenzeit war man nicht akzeptiert, wenn man nicht in Jeans und Parker daherkam. Wir tun so antiautoritär, empören uns darüber, der Staat könnte unsere Computer nach privaten Daten durchsuchen und stellen gleichzeitig unsere Fotos, Schuhgröße, Vorlieben und Schulabschlüsse in Internetforen; und wenn ich hier Besuchergruppen in Rom empfange, dann schütteln selbst Alt-68er über Mauscheleien in Verwaltung und Politik den Kopf und bedanken sich im Geiste für den preußisch-deutschen Beamtengeist, der auf dem Gehorsam zum Amtseid beruht. Die Beispiele, bei denen deutlich wird, dass wir doch sehr gerne gehorchen, sind endlos: Neuerdings gehorchen wir gerne der freundlichen Stimme des Navigationssytems in unserem Auto, ohne uns mit ihr über unser von ihr in Frage gestelltes Selbstbestimmungsrecht zu streiten.

Gehorsam ist für Benedikt Gehorsam gegenüber Gott. Da der Anspruch höher kaum sein kann, muss man verzichten. Schon die ersten Mönchsväter lehrten, »dass keiner von den Emotionen der Aggressivität, der depressiven Stimmungen oder der sexuellen Triebwünsche frei wird (...), ja dass keiner auf längere Zeit im Kloster verbleibt, wenn er nicht zuerst gelernt hat, seinen Eigenwillen zurückzustellen«. Für die Organisation eines Klosters will Benedikt den Gehorsam gottesfürchtiger, sozialer, aber eigenständiger Menschen. Einfacher wäre es für einen Abt, ferngesteuerte Klonmönche zu haben, doch Benedikt fordert stattdessen das fast Unmögliche: Die Mönche sollen bleiben, wie sie sind, und doch völlig anders werden. Aus dieser Sicht kann man den unterschiedlichen Tonfall verstehen, wenn Benedikt einerseits verlangt, »schnellen Fußes (...) dem Ruf des Befehlenden mit der Tat zu gehorchen« und andererseits fordert, einfühlsam füreinander zu sein und etwa eine Strafe nur auszusprechen, falls er, der Mönch, »einsehen kann, was die Strafe bedeutet«.

Benedikt will keine Gehirnwäsche, sondern – was viel schwieriger ist – eine gelebte und täglich neu erkämpfte Entscheidung: Die Mönche sollen ihre Egoismen und ihren Stolz hinter sich lassen, sich willig in eine Gemeinschaft einfügen und als Gehorchende das ewige Suchen nach dem eigenen Vorteil und nach Selbstbehauptung sein lassen. Wie auch die anderen Gelübde der Ehelosigkeit und der Armut befreit uns der Gehorsam von den irdischen Gesetzen und öffnet uns den himmlischen. Das klingt sehr theoretisch, aber »ja« zu sagen ist befreiend. Damit schenken Sie dem anderen Anerkennung und müssen nicht Ihr ganzes Selbstwertgefühl verlieren.

Wie anders ist es dagegen, wenn man immer auf seine Autonomie pocht und sich für so wichtig nimmt! Wie oft bin ich auf Konferenzen, und jemand ergreift das Wort, ohne etwas zu sagen zu haben; oder bei Vorträgen, bei denen einer redet und redet und am Ende sagt: »Das wollte ich nur anmerken.« Wir hören nicht zu viel auf andere und sind gefährdet durch Untertanengeist, sondern zu viel auf uns selbst.

Erst wenn man sich selbst verliert, dann hat man sich selbst verwirklicht. Benedikt will, dass seine Mönche das Gegenteil der ungehorsamen, apfelpfückenden ersten Menschen Adam und Eva werden: Sie sollen wie Maria sein, die als junge Frau vom Engel Gabriel überrascht wird, der ihr die Geburt Jesu ankündigte, worauf sie schlicht antwortete: »Siehe, ich bin des Herrn Magd; mir geschehe, wie du gesagt hast.« Auch die Mönche sollen nach Benedikt Gott zum »Herzensanliegen« machen, wenn er sagt, sie sollten das »Ohr des Herzens« ihm und Gott zuneigen. Das »Herz« zeigt, dass nicht ein Roboter hören soll, sondern ein ganzer Mensch mit seinem Gewissen, seinem eigenen Herzen, das neu angefüllt werden soll. »Gehorsam«, so schreibt Benedikt einmal, sei die »Haltung derer, denen die Liebe zu Christus über alles geht.« Wenn Benedikt eines verachtet, dann sind es pseudomäßige Gottsucher, die in Wirklichkeit sich selbst schon genug sind. Über die lästert er: »Was sie meinen und wünschen, das nennen sie heilig, was sie nicht wollen, das halten sie für unerlaubt.« Das ist im Sinne Benedikts der falsche Weg der Selbstverwirklichung, auf dem es nämlich wirklich nur um sich selbst geht.

»Hören« ist die Überschrift über die gesamte Benediktregel. Es mag sein, dass wir es in der Einsamkeit des Klosters zunächst nicht fertigbringen, den Blick von uns selbst zu lösen. Zu sehr sind wir noch darin gefangen, auf uns selbst konzentriert zu sein, handeln zu können. Hören bedeutet aber auch, passiv zu sein, etwas anzunehmen, vom Reden aufs Hören umzuschalten, Vertrauen, Geduld, nicht das letzte Wort haben. Nicht-Zuhören verschließt das Herz, lässt uns auf dem eigenen Recht beharren – und führt zu Streit und – wie ich glaube – geopolitisch gesehen, zu Krieg.

Schon im Prolog wendet Benedikt den Gehorsam noch ins Positive. Er bleibt nicht beim »sturen« Gehorsam stehen, sondern weist auf das Glück voraus, das dem zuteil wird, der aufmerksam hört, ob er nicht selbst gerufen wird: »Und der Herr sucht in der Volksmenge, (...) einen Arbeiter für sich und sagt wieder: ›Wer ist der Mensch, der das Leben liebt und gute Tage zu sehen wünscht?‹ Wenn du hörst und antwortest: ›Ich‹, dann sagt Gott zu dir: Willst du wahres und unvergängliches Leben, bewahre deine Zunge vor Bösem und deine Lippen vor falscher Rede! Meide das Böse und tue das Gute! Such Frieden und jage ihm nach! Wenn ihr das tut, blicken meine Augen auf euch, und meine Ohren hören auf eure Gebete; und noch bevor ihr zu mir ruft, sage ich euch: Seht, ›ich bin da.‹«

Sich sammeln: Die Versenkung in Gott

König Philipp II. von Spanien (1527–1598) war ein eifriger Mann: Kaum hatte das Konzil von Trient neue Regeln für die Klausur in den Klöstern aufgestellt, da setzte er sie schon um und verpasste den Mönchen Klausurgitter, wie wir sie nur von den Nonnen her kennen. »Monachus propter chorum« – heißt es seither – der Mönch ist für den Chor, für die Plätze im Kirchenraum, geschaffen, nicht für weltliche Beschäftigungen. Er sollte ein streng besinnliches Leben führen, studieren, Bücher restaurieren, im Klostergarten arbeiten, sonst nichts. Doch Philipp II. tat dies vor allem aus Eigennutz: Er wollte nicht, dass Benediktiner oder Zisterzienser nach Südamerika übersetzen und zu Konkurrenten um die weltliche Herrschaft würden. Denn damals waren Äbte noch Fürsten, Herrscher über Land und Heere.

Sosehr Philipp damit an seine eigenen Interessen dachte, so sehr führte er damit jedoch auch die Mönche auf jene Aufgaben zurück, die ihnen Benedikt zugedacht hatte. Schließlich hatte auch er gewollt, dass die Mönche sich nur innerhalb ihrer Mauern bewegen und dort arbeiten, beten, schlafen, essen und Gäste empfangen sollten – ahnte er doch, dass Männer dazu neigen, wie Nomaden herumzustreichen und gern auf Reisen zu gehen. Er versuchte, ihren Bewegungsspielraum zu ihrem eigenen Glück auf das Kloster zu beschränken, wo sie ungestört ihrem geistlichen Leben nachgehen konnten. Sie sollten bei sich wohnen können – wer will das nicht?

Manchmal wünschte ich, es käme ein Philipp II. und würde mich daran hindern, in die Welt hinauszufliegen: »Habitare secum«, bei sich wohnen, es bei sich aushalten können, das ist die große Sehnsucht vor allem in unserer Zeit. In der Hektik des Alltags haben wir oft den Eindruck, dass wir uns verlieren. Wir werden in unserem ganzen Inneren zerstreut. Menschen kommen auf uns zu, von früh bis spät; Telefonate stören unseren geplanten Tageslauf; es klopft, und der Betreffende erwartet umgehend Zeit für sein Problem. Wir werden zerrissen, und am Abend haben wir nur einen geringen Teil dessen erledigt, was wir uns für diesen Tag vorgenommen haben. Wir werden zerrissen: Wo bleibe ich selbst?

Um zu lernen, wie man bei sich wohnen kann, greifen viele seit den 1970er Jahren nach fernöstlichen Methoden: Man könnte wohl in jeder größeren Stadt fast rund um die Uhr Meditationskurse belegen: Zen-Meditation, Musik-Meditation, Bild-Meditation und anderes mehr. Besonders in den großen Städten und ihrem Umland gibt es heutzutage ein reichhaltiges weltliches oder religiöses Meditationsangebot. Psychologen und Ärzte bieten Meditation aus therapeutischen Gründen an. Die asiatischen Hochreligionen mit ihren Meditationswegen (Yoga, Zen) sind in unserem Land meist in vornehmer Zurückhaltung vertreten. Spirituelle Schulen, die z.T. aus ihnen hervorgegangen sind, werben dagegen offensiv, z.B. mit Plakaten, für Meditation.

Auch ich habe auf meinen Reisen nach Asien die Zen-Meditation gelernt, und ich muss sagen, das hat etwas für sich: Das stille Sitzen für eine Viertelstunde auf einem Kissen und das Leerwerden, das tut gut. Wir steigen aus, aus der Hektik des Getriebenseins, des ständigen Müssens. Man sitzt da mit gefalteten Beinen im Lotussitz und horcht auf nichts mehr außer auf seinen Atem; man löst sich von allen Trieben und allen Gedanken; man ist mitten in der Welt und doch außerhalb von ihr. Ich bewundere immer wieder, wie tief sich die Inder in das Gebet einlassen können, wie sie aus- oder hineinsteigen in das Geheimnis ihres Lebens.

Wenn Leute von der so anderen Spiritualität der fernöstlichen Religionen schwärmen, sage ich: Das habt ihr doch vor der Haustür! Meine Reisen in den Fernen Osten haben mich daran erinnert, dass die Meditation ebenso eine christliche Tradition hat, auch wenn Jesus kein »Guru« war, der einen unabhängig von ihm funktionierenden Heilsweg propagierte, sondern sich selbst als den »Weg, die Wahrheit und das Leben« bezeichnete. Das Christentum ist keine meditative Religion, aber es enthält meditative Elemente. Immer wieder zog Jesus aus der Öffentlichkeit in die Stille, um still zu werden und Zwiesprache mit dem Vater zu halten: »Und am Morgen, noch vor Tage, stand er auf und ging hinaus. Und er ging an eine einsame Stätte und betete dort.« Jesus meditierte also, wenn auch ohne Räucherstäbchen und sphärische Musik und großes Aufhebens. Er tat es, wie es in der jüdischen Tradition üblich war. Dort bezeichnete »Hagah« das leise Murmeln von Schriftworten. Die ersten Mönche taten es der Tradition und vor allem Jesu Vorbild nach, gingen in die Wüste und übten sich im »ruminare«, im »Wiederkäuen«: Etwa bei der Arbeit sollte man, so empfahl es Pachomius, die Psalmen vor sich hin sprechen, sie summen und immer wiederholen – so gingen Worte und Inhalt in Fleisch und Blut über, und irgendwann, so hoffte er, würde man alles auswendig wissen. Später nannte man dies »meditari«, und die »meditatio« (Betrachtung) wurde einer von vier Bestandteilen der »lectio divina«, neben »lectio« (Schriftlesung), »oratio (Gebet) und »contemplatio« (Beschauung). Die »lectio divina« wurde zusammen mit der Arbeit und dem gemeinsamen Gebet das Fundament des Mönchtums. Denn wenn man das eine oder andere Kapitel der Benediktregel vor sich herspricht, ein Bibelwort oder ein Gleichnis, dann kann man sich tief darin versenken, was dieses Wort für mein Leben bedeuten könnte. Das ist der altkirchliche Weg der Meditation, den man heute noch gehen kann.

Je mehr wir unsere Welt entzaubern und die DNA entschlüsseln, umso mehr beobachte ich gleichzeitig eine Rückkehr zu Mystik und Aberglauben, vor allem bei Menschen, die denken, in der Kirche wäre kein Platz dafür. Dabei gibt es so viele Beispiele, wie der Glauben als persönliches Erlebnis, aber auch in der Gemeinschaft der Kirche nicht nur befolgt, sondern eben erlebt werden kann. Zu allen Zeiten haben Gläubige die zum Teil engen dogmatischen Grenzen der Kirche übertreten und versucht, über die Schriften und Gebote hinausgehend, wirklich die Nähe Gottes zu spüren, auf Gott zu lauschen. Die Schriften der Teresa von Ávila und erst recht die von Johannes vom Kreuz, bei dem man kaum weiß, ob er Gebete oder

Liebesgedichte schreibt, bezeugen, welch tiefe, unklerikal anmutende Gotteserfahrung Christen auch erleben können – die Kirche hatte ihre Schwierigkeiten mit solch kontemplativen Menschen wegen ihres vermeintlich direkten Zugangs zu Gott.

Wie viele »gute Katholiken« kenne ich, die meinen, auf den Gottesdienst verzichten zu können, da sie die Kirche zur Beziehungspflege zu Gott gar nicht bräuchten! Die Kirche sollte wieder zurück und selbstbewusst auf ihre mystische und meditative Geschichte verweisen, um ihrem Erstarren vorzubeugen. Denn Mystik, so hat einmal ein Mitbruder von mir geschrieben, werde immer dann lebendig, wenn die spirituellen Erfahrungen der ›Religionsstifter‹ in Formen erstarren, womit sich die Gläubigen aber auf die Dauer nicht zufriedengäben und deshalb – die Geschichte ist der Beweis – nach Mystik und einem direkten Kontakt zu Gott suchen. So offen wie die Kirche heute gegenüber Wissenschaft und Philosophie denkt, so weltoffen sollte auch der christliche Umgang mit dem weltlichen oder religiösen Meditieren außerhalb der Kirche sein! Kennenlernen schadet nicht, sondern bereichert! Aber: »Prüfet alles, und das Gute behaltet!«

Benedikt XVI. schrieb vor einem Jahr einen Brief an die chinesischen Christen und bewunderte sie für ihre Spiritualität und ihren Mut. Ich kann dies nur bestätigen. Ich glaube zum Beispiel, dass es diese tiefe Hingabefrömmigkeit ist, die den chinesischen Christen überhaupt die Kraft gibt, gegen alle Widerwärtigkeiten und Anfeindungen beim Glauben an Jesus Christus zu bleiben und sich immer wieder neu an ihm aufzurichten. Das versuche ich bei aller Bewunderung für die ostasiatischen Meditationstechniken auch zu tun. Ich will aber kein isolierter Stein sein. Wir müssen in uns erleben, dass Gott die Liebe ist. Es reicht nicht, es nur (in der Bibel oder der Zeitung) zu lesen. Ich suche in der Meditation die »Ruhe des Herzens«, die Jesus Christus versprochen hat, nicht die Totenruhe. So wie wir Mönche Meditation leben, ist sie bei aller Heilsamkeit keine Selbstverwirklichung, sondern ein tieferer Weg zu Gott. Ich muss mich über mich selbst und meine Psychologie hinaus öffnen. Dann ist Meditation kein bloßes Sprechen mit mir selbst, sondern immer noch ein Gespräch mit Gott und ein tieferes Nachdenken über die Heilige Schrift. Gott ist kein unbestimmter und kein Irgendwer, sondern mit Jesus Christus eine Person.

Es gibt vierwöchige Exerzitien, die sich an der Spiritualität des heiligen Ignatius von Loyola orientieren, aber wir haben im Christentum auch einfachere Meditationsformen: Schon ein kurzes Gebet, ja, sogar schon ein Kreuzzeichen, gibt uns Kraft, denn wir besinnen uns kurz auf das Wesentliche, abseits des täglichen Betriebes. Die Ruhe, die Sie gewinnen, wenn Sie nicht verspätet oder abgehetzt pünktlich zu einem Termin kommen, sondern etwas früher, entspannt.

Auch die Mönche machen das so, vor dem Chorgebet. Wir wollen zur Ruhe kommen, um zur Ruhe zu kommen. So stellen wir uns schon vor der Gebetszeit vor der Kirche auf, bevor wir in den Chorraum gehen: Die nächste halbe Stunde soll vollkommen Gott gehören, deshalb wollen wir erst unsere Gedanken ordnen. Andere Mönche gehen vorher an ihren Platz und stimmen sich dort ein. Manchmal sitzen sie dort im Dunkeln, tief versunken. Manchmal knipsen sie eine Leselampe an und blättern bereits in den Texten. Wenn dann alle Mönche versammelt sind, dann sind sie voll da. So uralt das ist, so neu klingt das, wenn man das in heutiger Sprache umschreibt. Da heißt es dann »Alltag abstreifen«, bevor das eigentliche Meditieren beginnt. Wie auch immer: Wir lassen uns nicht mehr von der Arbeit und den Sorgen treiben, sondern lösen uns und richten unseren Blick auf Gott. Die Zeit für ihn ist Zeit für uns.

Beten – auf Gott hören

Beten heißt: Nicht alles steht in meiner Macht

Wenn ich eine Messe feiere in China und dort sehe, mit welcher Inbrunst die Menschen dabei sind, dann bin ich sehr berührt. Sie finden ihre Heimat in Christus, so wie die Studenten aus aller Welt bei uns in Sant'Anselmo oder wie der koreanische Mitbruder in Sankt Ottilien. Er lernte bei uns Metzger, konnte sich aber sprachlich schwer verständigen und litt immer wieder unter dem Kulturschock. Als ich ihn aber jeweils abends nach dem letzten Gebet in der Kreuzkapelle sah, im stillen Gebet, war ich beruhigt; er hatte dort seine Heimat gefunden.

Nüchtern betrachtet ist das Gebet ein zweckfreies Unterfangen. Über einen Betenden mag manch sich »aufgeklärt« fühlender Zeitgenosse lächeln, ihn für naiv halten. Man billigt dem Beten und der Frömmigkeit gerade noch deshalb eine gewisse Daseinsberechtigung zu, weil Glaube und Religion wenigstens die wunderbarsten Bauwerke auf der ganzen Welt geschaffen haben. So fundamental sich derzeit die Kritik an der Religion beispielsweise in Bestsellern wie »Der Gotteswahn« äußern mag, so groß ist gleichzeitig die Suche nach Spiritualität. Hunderttausende Italiener pilgern jedes Jahr zum Grab des Kapuzinerpaters Padre Pio. Und in diesem Moment befinden sich wahrscheinlich überall auf der Welt Zehntausende Christen auf Wallfahrt, in Kirchen oder schlicht im Gebet. Die Suche nach dem Wunderbaren treibt die Menschen um.

In der katholischen Kirche hat man eine 2000 Jahre alte Erfahrung mit Wundern. Für die ist in Rom die Kongregation für die Heiligsprechung zuständig, bei der ich auch einige Mitarbeiter kenne. Die Leute, die dort arbeiten, sind zwar größtenteils Priester und Ordensleute; aber trotzdem prüfen sie mit einer erstaunlichen Akribie die wunderbarsten Fälle, die sich überall auf der Welt ereignet haben. Es sind sehr nüchterne Bürokraten darunter, die schon Dutzende Male Wunder zurückgewiesen haben, weil sich doch noch eine weltliche Erklärung finden ließ. Aber oftmals sagen auch sie: Da ist wirklich Außergewöhnliches geschehen.

Einmal habe ich eine Studie gelesen, bei der Wissenschaftler die Kraft des Gebets untersuchten: Sie ließen amerikanische Christen für – ihnen unbekannte – koreanische Frauen beten, die glaubten, unfruchtbar zu sein; eine weitere Gruppe von Frauen erhielt keine Gebetsunterstützung. Und siehe da: Die Zahl der erfolgreichen Schwangerschaften war bei den Frauen, die durch die Gebete »unterstützt« wurden, deutlich höher. Die Kirche hält sogar eine Seeschlacht für ein göttliches Eingreifen: Als die von Venedig angeführte christliche Flotte im Oktober 1571 bei Lepanto die Flotte des Osmanischen Reichs besiegte, da begründete der Papst daraufhin sogar ein eigenes Fest, das »Rosenkranzfest«; und wie anrührend ist das Gebet der Scholastika, die um schlechtes Wetter bittet, damit ihr geliebter Bruder Benedikt noch länger bei ihr verweilen kann.

Wer an die Vorbestimmung glaubt, kann logischerweise nicht verstehen, wie ein in diesem Moment gesprochenes Gebet am unveränderlichen Willen Gottes etwas ändern sollte; und Agnostiker halten Gott bestenfalls für einen Zyniker, der völlig wahllos entscheidet, wessen Gebete er erhört und welche er links liegen lässt. Ich glaube an die Kraft des Gebets. Warum auch nicht? Glauben wir nicht alle an die Kraft der Liebe und schauen uns romantische Kinofilme an, bei denen die Liebe alles andere überwindet, verfeindete Eltern, Banditen, Armut? Und die Wirkung eines ebenso unsichtbaren Gebetes zweifeln wir an? Wer glaubt, beten bringe nichts, hat noch nie gebetet.

Kaum zu bestreiten ist, dass ein Gebet in der Lage ist, einem Menschen Kraft zu geben und in ihm das Gute wachsen zu lassen. Besonders schön hat die Ordensfrau und große Mystikerin Mechthild von Magdeburg die Kraft des Gebetes beschrieben, ohne von einem Einwirken von oben zu sprechen: »Das Gebet, das ein Mensch verrichtet mit seiner ganzen Kraft, hat große Macht. Es macht ein bitteres Herz reich, ein törichtes Herz weise, ein zaghaftes Herz kühn, ein schwaches Herz stark, ein blindes Herz sehend, eine kalte Seele brennend. Es zieht den großen Gott in ein kleines Herz, es treibt die hungrige Seele hinauf zu dem vollen Gott.«

So erlebe ich das auch: Ein Gebet nimmt eine Last von meinen Schultern. Wenn ich bete, dann weiß ich wieder, dass nicht alles von mir abhängt. Ich nehme mich nicht so wichtig und überfordere mich deshalb auch nicht. Denn meistens überfordert mich nicht meine Arbeit, sondern es überfordern mich meine Sorgen. Das ist das, was die Mönche die »Vielsorgerei« nannten, die einen sehr geschäftig wirken lässt, aber uns schließlich auf uns selbst zurückwirft: Vor lauter mehr oder weniger wichtigen Sorgen sehen wir das eigentlich Wesentliche nicht mehr. Wenn wir beten, also bitten, geben wir die Vielsorgerei auf. Dann können wir uns ganz gelassen der einen Aufgabe zuwenden, ohne schon daran zu denken, dass danach ja eine noch schwierigere wartet.

Im Gebet bitten wir nicht nur um etwas, sondern wir halten auch Rückschau auf unser eigenes Tun: Habe ich andere Menschen unfair behandelt? War ich wirklich liebevoll zu meinen Freunden und meinem Partner? Habe ich gesündigt? Das Sich-selbst-Hinterfragen ist der Inbegriff der Demut. Wenn im Kloster von Subiaco in den Bergen vor Rom die Mönche zum Chorgebet gehen, dann knien sie im ersten Drittel der Kirche nieder, vor dem Allerheiligsten, dem Tabernakel, wo die geweihten Hostien aufbewahrt werden. Einer nach dem anderen geht in die Kirche hinein und sinkt demütig auf die Knie – selbst die ältesten Mönche. Sie nehmen alle Kraft zusammen, um in die Knie zu gehen, mühsam richten sie sich dann wieder auf und gehen zu ihrem Platz. Sie wollen für etwas Größeres über ihre bescheidenen Kräfte hinausgehen. Heute schaffen wir es kaum mehr, uns derart klein zu machen für etwas Größeres, weil uns die Demut, die Gewissheit des eigenen Unvermögens, abhanden gekommen ist – so wie Männer es nicht mit ihrem Stolz vereinbaren können, wenn sie sich verfahren haben, einen Passanten nach dem Weg zu fragen. Nein, sie müssen den Weg selber finden, und oft verfransen sie sich dann umso mehr.

So, wie wir die Demut gegenüber Gott, dem bestimmt Guten, verlieren, so relativieren wir das Böse. Ich kenne Menschen, die beten nur ungern im Vaterunser »... erlöse uns von dem Bösen« oder »... und führe uns nicht in Versuchung«, weil sie davon genug haben, dass uns die Kirche mit diesem Gebet in unser Privatleben hineinredet und uns erklärt, was das »Böse« und was »Versuchungen« sind. Davon wollen wir doch frei sein und uns kein schlechtes Gewissen machen lassen: Warum sollte ich mich vor irgendjemandem schuldig sprechen?

Je mehr wir Rechtsschutzversicherungen in Anspruch nehmen, unfähig, Schuld einzugestehen, umso mehr suchen wir Schuld bei anderen, bei solchen, die sich gar nicht verteidigen können. Wegen unserer Vergangenheit im »Dritten Reich« können wir von Schuldeingeständnissen für unser Land nicht genug kriegen, und wenn missratene Jugendliche randalieren, dann ist die Gesellschaft schuld – ohne anzuerkennen, dass *wir* wiederum *selbst* Teil dieser Gesellschaft sind. Je mehr wir glauben, wir seien Opfer einer verqueren Welt, desto mehr werden wir schuldig, weil uns das eigene Unrechtsbewusstsein so selbstgerecht und selbstmitleidig macht.

Dabei wissen wir doch eigentlich, wie frei und ungeahnt glücklich es uns macht, wenn wir uns als Kind entschuldigt haben, und sei es für eine Lappalie. Wenn ich mich bei meiner Schwester entschuldigte, weil ich sie geärgert hatte, oder bei meinen Eltern, wenn ich frech war, dann fühlte ich mich danach wie neugeboren, mir fiel wirklich ein Stein vom Herzen. Wie viele Menschen aber laufen mit diesen Steinen durch die Welt und laden sie nirgendwo ab, weil sie so selbstgefällig sind!

Wenn man sich nicht entschuldigt, wird man auch irgendwann lächerlich, so wie im November 2008 der Bundestagsabgeordnete der »Linken« Lutz Heilmann, der als hauptamtlicher Ex-Mitarbeiter der Stasi einen ihm unliebsamen Beitrag im Internetlexikon Wikipedia sperren ließ – als ehemalige Stütze eines Unrechtssystems setzte er nun die Mittel des Rechtsstaates ein, um seine Vergangenheit im Unrechtsstaat zu vertuschen. Für mich kein außergewöhnlicher, sondern ein typisch deutscher Fall: Alle anderen haben tiefste moralische Schuld, nur man selbst nicht.

Kein Wunder, dass kaum jemand mehr zur Beichte geht – wenn wir keine Schuld empfinden, von welcher Schuld sollte uns dann ein Pfarrer lossprechen können? Eltern empfinden es heute fast schon als Kinderquälerei, wenn ihr Kind vor der Kommunion zur Beichte geschickt wird. Sie haben längst vergessen, wie groß das religiöse Empfinden von Kindern ist und wie wunderbar befreit sie sich von den natürlich winzigen »Sünden« fühlen, wenn sie diese beichten. Als Kinder haben wir noch ein sehr ausgeprägtes Gefühl für Gut und Böse – kaum werden wir alt, relativieren wir alles. Ich weiß selbst noch, wie stolz, ja wie heilig und neugeboren ich mich fühlte, als ich als Kind zum ersten Mal beichtete. Sicher ärgerte ich nach ein paar Tagen wieder andere Leute, naschte heimlich, aber ich konnte mich auch wieder entschuldigen, beichten gehen und mich neu versöhnen.

Das Böse wird nie aus der Welt verschwinden, wir können es nicht wegdefinieren – doch weil es angenehmer ist, die Augen zu verschließen und andere »Schuldige« anzuklagen, laufen wir immer wieder alten Ideologien nach. Es gibt Leute, die immer wieder mit derselben Sache kommen, denen kann die Beichte helfen, weil da klar ist: Es ist vergebe, und zwar für immer. Die Beichte ist kein psychologischer Vorgang, es soll nichts aufgearbeitet werden. Es heißt nur: Jetzt ist es vorbei. Man kann aufatmen. Es gibt allerdings auch Skrupulanten, denen es nichts hilft, einfach zu sagen, es sei vorbei. Sie grübeln immer nach. Dann ist auch psychologische Hilfe nötig.

Das Christentum denkt hier äußerst menschlich: Wir sind frei zum Sündigen, auch wenn wir beichten und verzeihen. Doch derzeit sündigen wir, ohne dass es uns noch irgendwie berühren würde. Dabei sind die Momente, in denen wir verzeihen oder uns verziehen wird, oder in denen wir zu uns stehen, Momente wirklicher Größe. Als Willy Brandt 1970 im Warschauer Ghetto auf die Knie ging, schuf er damit ein unvergessliches Bild: Er nahm Schuld an. Im Gebet können wir uns täglich neu auch als fehlbare Menschen annehmen, wenn wir bitten: »Und vergib uns unsere Schuld.« Wenn wir darüber nachdenken, dann befreien wir uns. Von Heilpraktikern und Kundigen der ostasiatischen Medizin lassen wir uns gerne erzählen, wie sehr eine Krankheit mit der einen oder anderen Erfahrung oder Sorge zusammenhängt. Doch wenn uns die Kirche einlädt, unsere Sünden vor Gott oder einem Seelsorger zu bekennen, dann fühlen wir uns in unserer Freiheit beschränkt. Dabei wird jeder Arzt zustimmen, wenn ich behaupte, dass allein das in der Beichte gegebene Versprechen, das schuldhafte Verhalten zu beenden, Geist und Körper des Menschen gesunden lassen. Gott ist nicht so kleinkariert wie wir. Wir können immer wieder zu ihm zurückkommen und erleben, wie wohltuend es für Körper und Seele ist, wirklich einmal zu empfinden: Jetzt ist alles verziehen. Das macht uns gnädig gegenüber uns selbst und anderen. Denn umgekehrt ist es das Zeichen eines starken Menschen, zu vergeben. Vergebung führt zu innerer Stärke und Freiheit.

Ich erlebe zwar täglich schöne Dinge, sehe die Natur, begegne Menschen, und all das halte ich für sichtbare Gottesbeweise – aber auch, wenn ich mein ganzes Leben dem Glauben verschrieben habe, habe ich keinen Beweis, dass jemals ein Gebet erhört wurde. Was ich aber weiß, ist, dass ein Gebet auch schon mir selbst hilft, indem ich meine Sorgen formuliere, ähnlich dem Konzept vom »Verfertigen der Gedanken beim Reden«. So, wie Paulus schildert, dass sich ein »Ungläubiger oder Unkundiger« niederwirft, wenn er eine betende Gemeinschaft sieht, weil er sagt: »Wahrhaftig, Gott ist unter euch«, so scheint es, als zögen sich belastende Alltagssorgen ebenso respektvoll aus meinem Kopf zurück, kaum dass ich das Gebet beendet habe.

Uns Mönchen fällt das Beten leichter, weil wir es öfter tun. Wir können uns – weil wir darin Übung haben – schneller ins Gebet versenken, so wie Leute, die gut schwimmen können, einfach schneller im Wasser unterwegs sind als diejenigen, die schon nach ein paar Metern an den Beckenrand japsen und denken: Ich bin zu schwach dafür. Da braucht es Geduld für die einen und Kraft- und Ausdauertraining für die anderen. Doch wir Mönche erwarten auch nicht zu viel von uns: Wir bekennen demütig, dass nicht wir selbst beten, sondern der Geist Gottes in mir selbst betet. Der, so schreibt Paulus im Römerbrief, »nimmt sich unserer Schwachheit an. Denn wir wissen nicht, worum wir in rechter Weise beten sollen; der Geist selber tritt jedoch für uns ein mit einem Seufzen, das wir nicht in Worte fassen können.« Deshalb bitten die Mönche an jedem neuen Tag im ersten Gebet: »Herr, öffne meine Lippen, damit mein Mund dein Lob verkünde.«

Doch auch ich bete manchmal zu routiniert, da führt es an die Oberfläche, statt in die Tiefe. Wie oft schon sprach oder sang ich im Chor die Psalmen, aber Sorgen bedrückten mich, und die Gedanken schweiften ab. Oder es kamen mir besonders gute Ideen beim Chorgebet, die ich dann, kaum war das gemeinsame Gebet vorbei, in meinem Zimmer niederschrieb: Die Ruhe, das Herausgenommensein aus dem Alltag, das macht kreativ. Ist es schlimm, wenn man abschweift? Sicher nicht. Ich glaube, Gott ist nicht so engstirnig, wie wir Menschen meinen. Einfach bei Gott sein, sich bei ihm geborgen wissen. Er versteht, wenn Sorgen uns nicht loslassen wollen, auch wenn uns Jesus daran erinnert hat, dass wir so leben sollten wie die Vögel des Himmels, die nicht säen und nicht ernten und doch immer etwas zu essen finden. Und trotzdem bitten, also beten wir: Einfach mal alles ausschalten und die eigenen Sorgen und den Dank vor sich hin sprechen, nicht mehr und nicht weniger ist Beten. Beten ist einfach Dasein vor Gott, wie man ist. Beten ist, einfach damit anzufangen.

»Wir sollten so beten, wie wir es können, nicht so, wie wir es nicht können«, schrieb einmal der englische Benediktiner und Konzilsvater Basil Christopher Butler auf sehr menschenfreundliche Art und Weise. Wenn man es so macht, dann braucht man nach den Worten des heiligen Paulus nicht mehr selbst zu beten, dann passiert es einfach – dann ist es der Heilige Geist, der in einem betet. Jesus hat gesagt: »Was immer ihr im Gebet erbittet, glaubt nur, dass ihr es erhaltet, so wird es euch gegeben.« Und ich glaube daran und erhalte viel.

Beten ist allerdings nicht nur Bitten, sondern vor allem auch Danken. Die Psalmen des Alten Testaments sind ein Beispiel der Fülle der Zuwendung des Menschen zu Gott, hier loben, preisen, beklagen die Menschen Gott, bis hin zum Aufschrei. Aber gerade das Lobgebet nimmt in den Psalmen einen großen Raum ein. Wir bleiben einfach mal still angesichts der Größe Gottes und danken für unsere schiere Existenz.

Für das gemeinsame Gebet

Es kam einmal ein junger Mann zu mir, nennen wir ihn Felix. Er klagte, er könne nicht beten. Er ginge gerne manchmal in die Kirche, wenn er für ein paar Minuten Ruhe im Alltag bräuchte, dann knie er sich hin. Doch nichts falle ihm ein, die Gedanken schweiften umher und am Ende fühle er sich schlecht, weil er sprachlos sei. »Ich glaube, Beten bringt mir einfach nichts mehr«, meinte er. Ich redete mit ihm und lud ihn ein, ob er nicht einmal mit uns Mönchen gemeinsam beten wolle. Er stimmte zu. So lebte er einige Tage bei uns. Er stand mit uns in aller Frühe auf, stellte sich zu uns in den Chor und betete und sang die Psalmen, so gut er konnte. Dies tat er mehrere Tage. Nach einer gewissen Zeit kam Felix auf mich zu und sagte: »Ich weiß nicht, warum, aber ich kann wieder beten.«

So, wie wir Benediktiner in Gemeinschaft leben, so beten wir auch in Gemeinschaft. Wir Mönche nehmen uns zwei und mehr Stunden Zeit am Tag für das Beten. Am meisten beten die Mönche die Psalmen des Alten Testaments nach, wunderschöne Lieder, die von allem menschlichen Glück und allen Nöten erzählen. Die ganze Wirklichkeit kommt darin vor, Not und Verfolgung, Angst vor dem Tod, Angst vor übler Nachrede, aber auch die Freude an der Schöpfung, der Dank für all die Geschenke, die Gott uns in seiner Schöpfung und den Mitmenschen macht. Ich glaube, es war das gemeinsame Singen und Beten, das es Felix ermöglichte, sich zu besinnen. Er hat sich von uns tragen lassen und wurde von alleine zum Betenden. Sein Ringen mit Gott hat zu einem »Ja« zu Gott geführt.

Ich denke, viele Menschen teilen die Sehnsucht des jungen Mannes, auch wenn sie sich dessen vielleicht nicht im gleichen Maße bewusst sind. Viele glauben, sie bräuchten nicht die Gemeinschaft eines Gottesdienstes, um zu beten. Doch dann wird nie etwas daraus: Anstatt sich die Zeit für ihr Privatgebet zu nehmen, beten sie gar nicht mehr. Ihnen fehlt der äußere Anlass, der Rhythmus des Sonntagsgottesdienstes. Und dann gehen sie durch die Fußgängerzone, sehen eine Kirche, gehen hinein, wollen beten – aber merken dann, dass sie die Sprache dafür verloren haben und nicht jene Ruhe finden, die sie postwendend erwarten.

Von nichts kommt auch nichts: Die Kommunikation mit Gott muss genauso gepflegt werden wie die Beziehung zwischen zwei Partnern: In beiden Fällen glauben wir schnell, der andere wisse doch, dass man ihn liebe (der Partner) oder an ihn glaube (Gott). Das müsse man doch nicht durch ständige Einladungen zum Essen (für den Partner) oder durch den wöchentlichen Besuch (Gottesdienst) beweisen. Auch wenn Gott wohl nachsichtiger sein wird als ein sich ungeliebt fühlender Mensch, leidet auch die Beziehung zu ihm, vor allem aber leidet man selbst: Denn offenbar hat man sich schon zu sehr in sich selbst vergraben und ist egoistisch geworden. Wer dagegen aufrichtig betet, fühlt mehr, dankt, vertraut, hofft, lebt sein Leben anders. Der Beter tritt aus der Selbstverschlossenheit heraus und lässt sich von Gott weitertragen. »Das ganze Leben eines heiligen Menschen ist ein einziges großes, fortwährendes Gebet, von dem das, was man gewöhnlich Gebet nennt, auch ein Teil ist«, schreibt der frühchristliche Autor Origines.

Wir haben bereits gesehen, dass der christliche Glaube keine meditative, auf das eigene Selbst bezogene Religion ist, sondern fortwährende Kommunikation verlangt, untereinander und vor allem mit Jesus Christus. Wenngleich unser Ordensvater Benedikt das Privatgebet sehr schätzte, war er geradezu allergisch gegen spirituelle Einzelgänger. So schreibt er, was »der Einzelne als Opfer bringen will, unterbreite er seinem Abt. Es geschehe mit seinem Gebet und seiner Einwilligung.« Schon vor Benedikt warnten Mönchsväter davor, sich von der »vana gloria«, der »eitlen Ruhmsucht«, versuchen zu lassen. Denn die, so schrieb Evagrius, lege ihre Fallen mitten auf den Weg des Mönchs, der verleitet werde, seine besonderen asketischen Leistungen zur Schau zu stellen – und im gleichen Moment damit seine Seele nicht mehr auf Gott, sondern auf sich selbst eingestellt habe.

In den Lebensbeschreibungen der Wüstenväter gibt es die schöne Geschichte von den drei Brüdern, die einen Altvater aufsuchen. Alle drei hoffen darauf, der Altvater möge sie für ihre beeindruckenden asketischen Leistungen besonders loben – doch zu ihrer Enttäuschung bleibt der ziemlich kurz angebunden, ja lästert sogar über sie. Als der erste sagt: »Abba, ich habe das Alte und das Neue Testament meinem Gedächtnis eingeprägt«, antwortet der Mönch: »Du hast die Luft mit Worten gefüllt.« Als der zweite sagt, er habe das Alte und Neue Testament eigenhändig abgeschrieben, sagt der Mönch sinngemäß, er hätte mit dem Pergament lieber die Fenster seines Hauses auskleiden sollen. Als schließlich der dritte erwartungsfroh zu ihm kommt und mit der Wendung »Mir ist über dem Herd Gras gewachsen« Eindruck schinden will, wie lange er nichts gegessen habe, meint der Mönch bloß trocken: »Und du hast die Gastfreundschaft vertrieben!« Fasten und Gebet, so will uns diese Geschichte sagen, sind keine Disziplinen, die sich nach dem Diesseits mit seinen Rekordbüchern und Weltmeisterschaften richten; sie sollen eben genau über uns und unsere Eigensucht hinausweisen, so wie Jesus im Matthäusevangelium sagt: »Wenn du Almosen gibst, lass es also nicht vor dir herposaunen, wie es die Heuchler in den Synagogen und auf den Gassen tun, um von den Leuten gelobt zu werden. Amen, das sage ich euch: Sie haben ihren Lohn bereits erhalten.«

Wer nach langer Zeit mal wieder eine Kirche betritt und sich mangels der Kenntnisse von Liedern und Gebeten eingefleischten Gottesdienstbesuchern unterlegen fühlt, der kann ganz beruhigt sein. Das gute Beten erkennt man nicht von außen. Man sollte sich geduldig auf das Geschehen einlassen, nicht übereifrig und nicht ablehnend sein – dann wird man zu Benedikts Musterschüler. Der wollte keine übereifrigen orthodoxen Brüder, die sich durch besondere Spitzenleistungen im Fasten oder im Gebet profilieren, er wollte auch keine antiautoritären, die sich durch bewusste Nachlässigkeit über die anderen erheben und ihre Eigenständigkeit bewahren wollten: Für Benedikt sind Beten und Fasten Werkzeuge, um das Herz leer und weit zu machen und vom Gebet neu anfüllen zu lassen.

Auch Benedikt hatte gewiss seine Schwierigkeiten, sich nach drei Jahren in einer einsamen Höhle wieder der Gemeinschaft und dem Gebet in der Gemeinschaft zu öffnen: Eine Mönchsgemeinschaft, die ihn als Abt haben wollte, war dann so wenig angetan von seiner Strenge, dass sie ihn gleich zu vergiften versuchte. Entschuldigend kann man einwenden, er kam eben gerade aus der absoluten Einsamkeit und war noch ein jugendlicher Heißsporn. Doch Benedikt zog sich nicht wieder in seine Höhle und das einsame Gebet zurück, sondern gründete ganz im Gegenteil in seiner bekannten Gegend von Subiaco 12 Klöster und zog mit einigen Getreuen später weiter auf einen weithin sichtbaren Berg oberhalb der heutigen Ortschaft Cassino. Oben im Kloster Montecassino wollte er mit seinen Mönchen so leben wie Jesus Christus mit den Aposteln, wenn auch ohne die Anmaßung, dazu auch nur ansatzweise fähig zu sein.

Christus ist Modell und Prototyp der Mönche. Die Gemeinschaft der Apostel bietet das Vorbild für ihre Lebensführung. Benedikt wollte in der Abgeschiedenheit wieder an die Urkirche anknüpfen: Die gemeinsame Arbeit sollte genauso Gebet sein wie die festen Gebetszeiten, die Benedikt nach dem Rhythmus des Tageslichts festlegte. So steht der betende Mensch nicht nur in der Gemeinschaft mit den anderen Mönchen, sondern in der Verbindung mit der ganzen Schöpfung.

WIR: Zusammenhalten

Sich binden und bleiben

Die ewige Sehnsucht nach Heimat

Wenn ich Zeitung lese, dann stoße ich beim Durchblättern auch auf eine Rubrik, die sich zuweilen »Partnerschaftsanzeigen« nennt, manchmal »Sehnsucht nach Liebe« oder auch prosaischer »Bekanntschaften«. Hier schreiben dann mittlerweile unter vier Kategorien – Er sucht sie, Sie sucht ihn, Er sucht ihn und Sie sucht sie – Menschen schwarz auf weiß ihre Sehnsucht nach einem Gefährten für das Leben nieder. Ich lese das hin und wieder gern, denn während die Zeitungsartikel sonst mehr den Kopf ansprechen, treffen mich manche Sätze in diesen Anzeigen geradezu ins Herz. Und lustig finde ich sie manchmal auch. Hier in der Zeitung steht zum Beispiel gerade die etwas merkwürdige Anzeige: »Beim Einkaufen habe ich dich nicht getroffen. Darum suche ich jetzt auf diesem Weg einen Mann zum Aufbau einer festen Beziehung«; darunter sucht ein »A-Hörnchen« ein »B-Hörnchen« und ein paar Anzeigen weiter eine »rüstige Witwe« einen »Partner für den Herbst des Lebens«. Wenn man diese Beziehungsanzeigen liest, könnte man glauben, dass 40 Jahre nach der bunt zusammengewürfelten Kommune 1 von Langhans, Obermaier und Co. die Spießigkeit über die freie Liebe und der Kuschelabend zu zweit über die Promiskuität gesiegt haben.

Solcherart Bindungssuche hilft nicht nur deutschen Zeitungen über die Wirtschaftsflaute und Anzeigenkrise hinweg, sie hat auch im Internet einen ganz neuen Markt geschaffen. Jedes Mal, wenn ich in Deutschland lande, sehe ich eine neue Werbung für ein neues Partnerschaftsportal, meistens in Rot gehalten, der Farbe der Liebe. Eine Agentur wirbt mit den Worten »Endlich für unendlich!« und »Endlich ankommen!« Im Radio hört man ständig Werbung für »Trauringehäuser« und »Brautmoden«, und gute Freunde sind im Stress, weil sie pro Jahr auf mindestens drei Hochzeiten gehen. Das gilt auch für mich: Eine häufige Anfrage neben Vorträgen ist, die Hochzeiten meiner ehemaligen Schüler von Sankt Ottilien zu zelebrieren.

Doch wie viel Folklore, wie viel sozialer Druck steht hinter dem Wunsch, zu heiraten, und wie oft wird mit dem aufrechten Wunsch, den Partner jetzt zu lieben, auch daran gedacht, ihn in 50 Jahren zu pflegen? Denn das Versprechen lautet: »... bis dass der Tod euch scheidet.« Man kann das Geschäft mit der Suche nach Partnerschaft und Trauringen auch andersherum sehen: Weil Ehen immer kürzer dauern und zwei enttäuschte Partner hinterlassen, boomt auch der Heiratsmarkt. Nur haben wir es nicht mit einer neuen Sehnsucht nach der *einen* Bindung zu tun, sondern mit einer immer und immer wieder neuen Sehnsucht nach irgendeiner, vielleicht auch temporären Bindung. Kürzlich sagte mir jemand, dass er ziemlich große Schwierigkeiten habe, seine Drei-Zimmer-Wohnung in München zu vermieten. »Entweder sind die Leute allein, dann wollen sie ein großes Appartment oder eine Zwei-Zimmer-Wohung. Oder sie haben zwei Kinder, dann sind drei Zimmer zu wenig.« Er wolle nun seine Drei-Zimmer-Wohnung am liebsten verkaufen und dafür ein schickes Appartment erwerben, denn Singles, so meinte er, stürben ja nicht aus, im Gegenteil. Er hat recht: Jeder dritte Haushalt in Deutschland besteht aus einer Person.

Der heilige Benedikt würde wohl die Hände über dem Kopf zusammenschlagen, sähe er, wie aufgefächert und individualistisch unsere Gesellschaft geworden ist. Gut, das Wort »Mönch« kommt vom Griechischen »Monachós«, dem Einzelwesen, dem Einzelmenschen. Aber Benedikt wollte mit seiner Regel nicht nur junge Männer sammeln, damit die jeder für sich in ein Häuschen in der Wüste hinauszögen, um dort in Kontemplation und Gebet zu leben. Nein, er hatte während der drei Jahre in der Höhle wohl gelernt, dass der Mensch ein »soziales, auf Gemeinschaft hin veranlagtes Wesen« ist, wie es schon Aristoteles gesagt hatte. Er wollte eine Gemeinschaft gründen und nur in Einzelfällen einem Bruder erlauben, nach Jahren der Prüfung in seiner Gemeinschaft als Eremit zu leben. Man muss nur die ersten paar Seiten der Benediktregel lesen, dann weiß man, dass für Benedikt nicht jeder Mönch ein guter Mönch ist. Da rechnet er mit dem regellosen Mönchtum ab und schreibt: »Die dritte Art sind die Sarabaiten, eine ganz widerliche Art von Mönchen. Weder durch die Regel noch in der Schule der Erfahrung wie Gold im Schmelzofen erprobt, sind sie weich wie Blei.« Benediktinisches Leben ist nicht nur einfach Mönchsleben, sondern das Leben mit anderen Suchenden unter Regeln, denen sich alle unterwerfen. Die Gemeinschaft ist der Ort der Einübung in die Liebe zu den Brüdern.

Wenn man ein Gegenbild zu Benedikt in der Gegenwart suchen sollte, so wird man schnell fündig. Meine Wahl träfe auf die deutsche Sängerin Sarah Connor, die ich zwar nicht persönlich kenne, aber an deren Leben ich trotzdem teilhabe, da es mir immer in fingerdicken Zeitungsüberschriften erzählt wird. Allein aus diesen Schlagzeilen habe ich im Laufe der Jahre erfahren, dass die Sängerin im Jahr 2004 heiratete, etwa gleichzeitig ihren Sohn Tyler Marc auf die Welt brachte, zwei Jahre später die Tochter Summer Antonia Soraya – und dass sie sich jetzt von ihrem Mann getrennt hat. »Alles aus!«, »Liebe weg!« stand in den Zeitungen, und ich schüttelte nur den Kopf. So etwas nennt man dann »Bindungsunfähigkeit« oder »Bindungslosigkeit« und definiert es laut Lexikon als »Unvermögen eines Menschen, in dauerhaften sozialen Kontakt zu Einzelpersonen oder Gruppen zu treten«.

Man könnte es auch in Anbetracht von Tyler Marc und Summer Antonia Soraya schlicht Verantwortungslosigkeit nennen: Sie werden wohl nicht nur ohne Vater aufwachsen, sondern vor allem nicht lernen, Krisen zu bestehen und Konflikte zu lösen. Und sie werden nicht das Glück haben, die Geborgenheit einer Familie zu erleben. Aber bestimmt gibt es auch bald eine neue Überschrift: »Sarah Connor – neue Liebe!« Die könnte schnell wieder »Aus!« sein, denn wer es einmal nicht geschafft hat, sich zusammenzuraufen, zumal wenn man Kinder hat, wie soll der es danach mit anderen Partnern schaffen? In einem anderen Buch beschrieb ich einmal ein italienisches Pärchen, das ich kennengelernt hatte. Beide waren schwer verliebt, und sie fragten, ob sie bei mir heiraten könnten. Dann kam die große Krise, und sie waren kurz davor, sich zu trennen – doch ich trieb sie an, sich zusammenzuraufen. Dann habe ich sie getraut, und sie sind heute sehr glücklich miteinander.

Ich, der ich mit meinen Gelübden diametral dem Leben von Sarah Connor gegenüberstehe, vermisse nichts von alledem. Wenn Benedikt gegen irgendetwas allergisch war, dann war es Bindungslosigkeit und Umherschweifen. Es war seine Revolution, dass er aus völlig auf sich selbst gestellten Mönchen Gemeinschaften formte und sie auf einen Ort fixierte – das ist die »stabilitas loci«, die »Bindung an den Ort«. Benedikt spricht gleichzeitig davon, dass der Mönch einen Schatz finden wird, wenn er sich auf die Regel einlässt, und statt sich für ein Leben im Stil Sarah Connors für Geduld, Vertrauen und Treue entscheidet: »Wir wollen also eine Schule für den Dienst des Herrn einrichten. Bei dieser Gründung hoffen wir, nichts Hartes und nichts Schweres festzulegen. Sollte es jedoch aus wohlüberlegtem Grund etwas strenger zugehen, um Fehler zu bessern und die Liebe zu bewahren, dann lass dich nicht sofort von Angst verwirren und fliehe nicht vom Weg des Heils; er kann am Anfang nicht anders sein als eng. Wer aber im klösterlichen Leben fortschreitet, dem wird das Herz weit, und er läuft in unsagbarem Glück der Liebe den Weg der Gebote Gottes. (...)«

Wir versuchen die zu sein, die Jesus bei der Bergpredigt »selig« pries, die keine Gewalt anwenden und »das Land erben«, die »Frieden stiften« und »Kinder Gottes genannt werden«.

Wenn ich so recht nachdenke, dann fällt mir auf, dass unser Mönchsleben genau das ist, was so viele suchen: Die Ruhe, wo wir Stress empfinden; die Gewissheit, wo viele das Vertrauen verloren haben; die Barmherzigkeit, wo viele die Welt als grausam und kalt empfinden. Wir leben in Einklang mit der Schöpfung – aber kann es sein bei all dem guten Leben, das wir versprechen, dass junge Männer nicht mehr ins Kloster gehen, nur weil sie auf Geschlechtsverkehr verzichten müssen? Das kann ich mir nicht vorstellen. Ist es nicht eher so, dass wir heute *alles* haben wollen, ohne auf etwas verzichten zu können? Und es würde uns auch dann nie genug sein, wenn wir alles hätten! Ich glaube, nicht einmal ein Kloster mit Wellnessbereich, Stripclub, Kinosaal und Fußballfeld würde genügen. Irgendwas fehlt immer. Das Gute sehen wir erst, wenn wir nicht mehr verlangen, sondern uns mit dem begnügen, was wir haben.

Die »Werkzeuge der geistlichen Kunst«

Benedikt kannte das ewige Streben der Menschen nach irdischer Erfüllung und all die Ablenkungen, die sie dabei erfahren. Überhaupt war er ein exzellenter Menschenkenner, der ganz praktisch dachte. So hat er einen Katalog von Regeln erstellt, die er für wesentlich für das Gelingen eines Gemeinwesens hält, ausgehend davon, dass sich erst einmal jeder Einzelne bessern sollte. Er nennt sie »Werkzeuge der geistlichen Kunst«. Es sind Regeln, die das mittelalterliche Leben auch außerhalb der Klöster bestimmten. Manches klingt allzu altbacken – »den Eigenwillen hassen« oder »den Leib in Zucht nehmen«. Aber es lohnt sich, darüber nachzudenken, warum wir bei solchen Formeln zusammenzucken. Liegt es am Zeitgeist? Sind sie völlig altbacken? Oder ist nicht auch viel Wahres dabei?

»Mit was für Instrumenten das Gute getan wird«:
- ▷ »Vor allem: Gott, den Herrn, lieben mit ganzem Herzen, ganzer Seele und mit ganzer Kraft.
- ▷ Ebenso: Den Nächsten lieben wie sich selbst.
- ▷ Dann: Nicht töten.
- ▷ Nicht die Ehe brechen.
- ▷ Nicht stehlen.
- ▷ Nicht begehren.
- ▷ Nicht falsch aussagen.
- ▷ Alle Menschen ehren.

- ▷ Und keinem anderen antun, was man selbst nicht erleiden möchte.
- ▷ Sich selbst verleugnen, um Christus zu folgen.
- ▷ Den Leib in Zucht nehmen.
- ▷ Sich Genüssen nicht hingeben.
- ▷ Das Fasten lieben.
- ▷ Arme bewirten. Nackte bekleiden.
- ▷ Kranke besuchen.
- ▷ Tote begraben.
- ▷ Bedrängten zu Hilfe kommen.
- ▷ Trauernde trösten.
- ▷ Sich dem Treiben der Welt entziehen.
- ▷ Der Liebe zu Christus nichts vorziehen.
- ▷ Den Zorn nicht zur Tat werden lassen.
- ▷ Der Rachsucht nicht einen Augenblick nachgeben.
- ▷ Keine Arglist im Herzen tragen.
- ▷ Nicht unaufrichtig Frieden schließen.
- ▷ Von der Liebe nicht lassen.
- ▷ Nicht schwören, um nicht falsch zu schwören.
- ▷ Die Wahrheit mit Herz und Mund bekennen.
- ▷ Nicht Böses mit Bösem vergelten.
- ▷ Nicht Unrecht tun, vielmehr erlittenes geduldig ertragen.
- ▷ Die Feinde lieben.
- ▷ Die uns verfluchen, nicht auch verfluchen, sondern – mehr noch – sie segnen.
- ▷ Verfolgung leiden um der Gerechtigkeit willen.
- ▷ Nicht stolz sein, nicht trunksüchtig, nicht gefräßig, nicht schlafsüchtig, nicht faul sein.
- ▷ Nicht murren.
- ▷ Nicht verleumden.
- ▷ Seine Hoffnung Gott anvertrauen.

- ▷ Sieht man etwas Gutes bei sich, es Gott zuschreiben, nicht sich selbst.
- ▷ Das Böse aber immer als eigenes Werk erkennen, sich selbst zuschreiben.
- ▷ Den Tag des Gerichtes fürchten.
- ▷ Vor der Hölle erschrecken.
- ▷ Das ewige Leben mit allem geistlichen Verlangen ersehnen.
- ▷ Den unberechenbaren Tod täglich vor Augen haben.
- ▷ Das eigene Tun und Lassen jederzeit überwachen.
- ▷ Fest überzeugt sein, dass Gott überall auf uns schaut.
- ▷ Böse Gedanken, die sich in unser Herz einschleichen, sofort an Christus zerschmettern und dem geistlichen Vater eröffnen.
- ▷ Seinen Mund vor bösem und verkehrtem Reden hüten.
- ▷ Das viele Reden nicht lieben.
- ▷ Leere und zum Gelächter reizende Worte meiden.
- ▷ Häufiges oder ungezügeltes Gelächter nicht lieben.
- ▷ Heilige Lesungen gerne hören.
- ▷ Sich oft zum Beten niederwerfen.
- ▷ Seine früheren Sünden unter Tränen und Seufzern täglich im Gebet Gott bekennen und sich von allem Bösen künftig bessern.
- ▷ Die Begierden des Fleisches nicht befriedigen.
- ▷ Den Eigenwillen hassen.
- ▷ Den Weisungen des Abtes in allem gehorchen, auch wenn er selbst, was ferne sei, anders handelt; man denke an die Weisung des Herrn *(Mt 23,3):* »Was sie sagen, das tut; was sie aber tun, das tut nicht.«

Wer nach diesen Regeln lebt, lebt in Frieden. Vielleicht täte es gut, die eine oder andere Regel an eine Bürotür zu heften. Gegen Arroganz hilft bestimmt: »Das eigene Tun und Lassen ständig überwachen.« Und gegen Kasernenhofton: »Alle Menschen ehren.« Wir wollen alle gute Menschen sein, ja, aber ich muss selber sehen, was ich verwirklichen kann, nur allgemein zu sagen: »Wir brauchen wieder Werte«, das reicht nicht.

Eine Gemeinschaft, die diese Regeln verinnerlicht hat, verbindet mehr als die bloße, schnelle Bekanntschaft auf Internetseiten wie »Facebook«. Mönche werden zu echten Brüdern, sie treten in eine echte neue Familie ein. Wir verbrüdern oder verheiraten uns nicht vorschnell und werden dann von Enttäuschungen übermannt wie die erwähnte Sängerin, sondern wir prüfen uns vor Eintritt ins Kloster und währenddessen laufend im Gespräch mit Gott. Benedikt hat sehr genau bestimmt, nach welchen Regeln Novizen aufgenommen werden sollen, damit sie eben nicht eine vorschnelle Entscheidung fällen: Ein Jahr lang sollen sie die Regel studieren und sich dann entscheiden – dann, so Benedikt, hätten sie allerdings wahrlich genug Zeit gehabt.

Natürlich denkt man auch nach dieser Entscheidung darüber nach, das tat ich auch. Zunächst empfindet man als Novize das Alleinsein als Einsamkeit – »was mache ich hier bloß«, wird sich schon so mancher gedacht haben. Doch mit der Zeit lernt man dazu und entdeckt den Wert der Treue und des Vertrauens zueinander, bei allen menschlichen Schwächen, die auch Mönche haben. Uns Mönchen bleibt nichts anderes übrig, als uns zu arrangieren, miteinander auszukommen, den anderen so zu belassen, wie er ist – denn wir werden es ja noch das ganze Leben mit ihm aushalten müssen. Das macht einen geduldig.

Früher dachte man auch vom Sakrament der Ehe, dass dieses Ehepartner über alle Schwierigkeiten hinweg binde: Der einzige wirklich gültige Trennungsgrund war der Tod. Erst kürzlich habe ich einen Gottesdienst zur Goldenen Hochzeit eines Bekannten gefeiert. Zu sehen, wie sich dort zwei Menschen ein Leben lang zugehört und gesucht haben und gemeinsam weitergegangen sind, das freut mich ehrlich. Es ist für mich immer wieder spannend, bei gelingenden Ehen zu erleben, wie die Partner ihr Leben gemeinsam gestalten und bewältigen. Eine Ehe braucht beides, Freiheit und Einheit.

Wie vielen Frauen habe ich schon gesagt, sie sollen ihre Männer gehen lassen, zum Stammtisch und zur Blasmusik. Und umgekehrt habe ich schon unzähligen Männern gesagt, sie sollten doch mal wieder bemerken, wenn ihre Frau beim Friseur gewesen war. Das Rezept für die beste Ehe ist, wirklich den anderen so zu nehmen, wie er ist, ihn nicht verändern zu wollen, ihn zumindest nicht zwanghaft zu verbiegen.

Auch ich habe mich gebunden, an die Benediktiner. Ich habe mich an einen Ort, eine Gemeinschaft und an Gott gebunden, und ich bin sehr glücklich, mich früh gebunden zu haben: Es engt nicht ein, es befreit, sich entschieden zu haben. Es gibt mir auch Sicherheit für mein weiteres Leben. Anstatt alleine immer nach mehr zu streben, streben wir Benediktiner nach Gemeinschaft und nach dem Weniger, nach dem Wesentlichen, wie wir meinen. Das Leben der anderen wird zu meinem Leben, mein Leben wird zum Leben des oder der anderen. Die Gemeinschaft sollte keine von Egoisten, Aussteigern oder Singles sein.

Mit unterschiedlichem Erfolg haben in der Geschichte Mönche und Priester den Zusammenschluss gesucht, um dem eigenen Unvermögen zu entkommen, nach dem Motto: Gemeinsam sind wir stärker!

Ich wünschte, jeder Mensch wäre Teil einer so starken Gemeinschaft, wie *wir* sie erleben: Einer sagte einmal zu mir: »Weißt du, es ist wie bei einer Hose. Wir alle sind Nieten, aber es sind die Nieten, welche die Jeans zusammenhalten.« Es berührt mich jedes Mal, wenn ich in ein Kloster komme und dort sehe, mit welcher Demut und Liebe gestandene Männer ihren Dienst tun, ob das nun der Abwasch in der Küche oder das Vorbereiten des Gottesdienstes ist. Ich glaube, die Sorge, die manche Klöster und die Kirche mit zu wenigen Berufungen haben, hat darin ihre Ursache, dass es jungen Männern schwerfällt, sich zu binden – es strömen ja auch wahrlich viele Angebote auf sie ein: Die Schnelligkeit der Welt verhindert so oft das Ruhigwerden für eine große Entscheidung, die uns große Sicherheit geben könnte. Wer die Entscheidung zur Ehe, zum Mönch, zum Kindeswunsch getroffen hat, der hat festen Grund unter den Füßen, keinen Treibsand der Unsicherheit mehr. Man kann es Heimat nennen, Verwurzelung oder Glauben. Aber wer diesen Halt nicht hat, stürzt ab. In unserer Zeit ist die Hingabe an Gott abhandengekommen, was natürlich die Grundvoraussetzung für einen geistlichen Beruf ist.

Die spirituelle Heimat neu entdecken

Ich habe den Eindruck, die Zeitungsmacher lieben Überschriften wie: »Dalai Lama beliebter als der Papst«, »Buddhismus beliebter als das Christentum«. Ich denke dann stets zunächst, alle Achtung, die Leute haben sich mit Religion beschäftigt und sorgsam abgewogen. Doch tatsächlich ist es ein vages Gefühl und eine seltsame Scham vor den eigenen Wurzeln, welche die Menschen zur fernöstlichen Spiritualität treiben. Früher fanden die Menschen bei uns die Stabilität des Lebens in der »stabilitas« des Glaubens – heute hängen sie ihr Gebetsfähnchen nach dem Wind, als wäre Religion eine Mode. Vor den Olympischen Spielen in China waren der Dalai Lama und die mutigen Mönche Tibets »in« – jetzt haben wir sie wieder fast vergessen.

Wir sollten wieder lernen, uns an das zu binden, was wir haben. So wie ein Mann, der mit Blick auf seine Frau ständig von anderen Frauen schwärmt, so schwärmen wir plötzlich von allen möglichen anderen Religionen und schätzen gar nicht mehr richtig, was wir haben. Wer nicht im Herrgottswinkel noch zusätzlich zum Kruzifix einen Buddha stehen hat, muss sich altbacken fühlen. Das ist eine ganz logische Entwicklung: Je mehr unsere Gesellschaft individualistisch wird und nichts mehr von Bindung wissen will, desto mehr suchen wir uns auch Sinnangebote, die wir uns nach Do-it-yourself-Art selbst zusammenbauen können. Ein Räucherstäbchen passt besser in den Zeitplan als ein Gottesdienst morgens um neun, eine selbstbestimmte Meditation ist angenehmer, als sich auf die lange Liturgie eines Gottesdienstes einzulassen oder der Predigt eines Priesters zuzuhören. Kürzlich sagte eine Abiturientin zu mir, sie gehe überhaupt nicht mehr in die Kirche, denn sie frage sich: »Wo bleibe *ich* da?« Das ist die größte Herausforderung der Kirche in der westlichen Welt: Die selbst zusammengeschraubte Mixethik fordert die christliche Vorstellung des lebendigen Gottesvolkes heraus, die individuelle Ethik gewinnt die Oberhand gegenüber einer die Gesellschaft verbindenden Moral.

Wenn Manager und gestresste Menschen ins Kloster gehen, dann sollten sie ein Kloster nicht als Raum der Sinnsuche abseits der Kirche betrachten. Denn Klöster sind keine außerkirchlichen Räume, zu denen Christen, denen der Papst manchmal peinlich ist, fliehen, um doch noch ihre auf sich selbst bezogene Nische in der Kirche zu finden. Wenn ein Kloster eher als besonders ruhiger Ferienclub gesehen wird, wenn Klosterurlaub nicht viel anders ist als Urlaub auf dem Bauernhof, nur dass man da nicht Kühe, sondern Mönche beobachtet, dann wird dies der Absicht Benedikts nicht gerecht: Es passt kein Blatt Papier zwischen Kloster und Kirche, das wäre nicht in Benedikts Sinn. Ein Kloster ist wie die Kirche, nur kleiner.

Ich kenne den Buddhismus gut, viele Jahre kamen buddhistische Mönche aus Japan zu uns und haben in Sankt Ottilien mit uns gelebt. Später bin ich dann selbst mit ihnen nach Japan gereist, vieles kam mir in ihrem Alltag vertraut vor, die Stille, die Disziplin – doch inhaltlich tat ich mir immer schwer damit. Denn für mich ist die buddhistische Weltsicht pessimistisch, sie glaubt, in der Welt gibt es nur Leiden und man müsse sich möglichst aus diesem Leben zurückziehen. Wir dagegen lieben das Leben als Geschenk. Wir glauben, dass Gott jeden Einzelnen von uns will und liebt. Wir glauben, wir können durch Gebet sogar noch den Lauf der Welt verändern oder selbst eingreifen, wie etwa Mutter Teresa, die sich in der Nächstenliebe aufopferte. Leider wird die katholische Kirche von vielen nur noch als moralische Mahnerin gesehen. So ist es aber nicht: Jesus ging es genauso wie der Kirche letztlich nicht um irgendein moralisches Gebot, das schwer auf einem lastet und manchen überfordert. Sondern um ein beglückendes Geben und Nehmen untereinander, um die Nächstenliebe und den Glauben an den liebenden Gott: »Mein Joch ist milde, und meine Bürde ist leicht.« Es geht um das Ja zum Leben, das Ja Gottes zum schwachen Menschen.

Der Glaube daran, gemeinschaftlich nach dem Ewigen Leben zu streben, trennt uns von den fernöstlichen Religionen und Mönchen: Gewiss gibt es die Gemeinschaften, die Buddha gegründet hat, die Sanghas. Sie gibt es für Mönche (»bhikkhu«) und Nonnen (»bhikkhuni«). Und es gibt, vor allem im indischen Hinduismus, heute das individuelle Mönchtum der Sadhus, die teilweise extrem asketisch umherziehen, vor Tempeln wohnen und sich bewundernswerten Gelübden unterworfen haben. Andere Sadhus ziehen in einen Aschram, wo Gurus als spirituelle Lehrer arbeiten. Diese Gurus sind für die Schüler unentbehrlich für die Suche nach Wissen und den Weg zur Erlösung. Genau das aber gibt es im Christentum nicht: Bei uns weist der Abt nicht auf sich selbst als Weg zur Erlösung, sondern auf Jesus Christus. Nicht selten erlischt ein Aschram mit dem Tod des Gurus. In einem Kloster dagegen geht es um die Kontinuität. Das haben die Christen in Indien erkannt: Sie gründeten Aschrams, aber lebten darin das Christentum und unsere Klosterregeln. So trat der britische Benediktinermönch Bede Griffith in einen Aschram ein, lebte seinen katholischen Glauben aber nach hinduistischen Regeln.

Unsere Gemeinschaft im Kloster kennt nicht die Intimität einer ehelichen Gemeinschaft. Und doch ist es ein stets wachsendes Miteinander. In der Gemeinschaft wird das

Leben der anderen zu meinem Leben, mein Leben wird zum Leben des oder der anderen. Neue klösterliche Gemeinschaften gewinnen ihre Anziehungskraft dadurch, dass dieses zwischenmenschliche Erleben der frühen Kirche noch mehr Bedeutung gewinnt.

Engagierte Christen sollten nicht als Individuen ihr persönliches Seelenheil bei Gott suchen und einzig »nach oben« schauen. Sie müssen auch in die Horizontale hineinwirken und in der Gemeinschaft mit den anderen Gläubigen, nach den Worten Paulus', zum »einen Leib Christi« werden. Wir heilen uns nicht, indem wir persönliche Perfektion anstreben, sondern indem wir uns für die Liebe zum Nächsten befreien.

Den katholischen Glauben zu leben bedeutet, wir können die Welt ändern! Wir können jetzt Verantwortung übernehmen. Wenn wir in der unüberschaubaren Welt immer wieder daran verzweifeln, doch nichts ausrichten zu können, dann können wir uns am Beispiel Benedikts aufrichten. Er hat ein Gegenbild geschaffen zu den wandernden Völkern seiner Zeit, er wollte nicht abgrasen und weiterziehen, sondern bleiben und gestalten, um an *einem* Punkt das christliche Leben möglichst ideal zu leben. Die *stabilitas loci* ermutigt uns Mönche zum Anfangen im Kleinen. Sie lässt uns nicht schwärmerisch und blind werden vor der großen weiten Welt, sondern die Mönche geben den einmal gestarteten Versuch nicht auf, aus diesem Land, das ihnen gegeben ist, das Beste zu machen.

Sich zurücknehmen

Benedikts Lehre vom rechten Maß

Ich habe ein Problem mit einem bestimmten Wort. Es lautet »extrem«. Ob rechts- oder linksextrem, Extrembergsteiger, extrem gläubig, extreme Kursschwankungen oder Extremsportler: Das Wort »extrem« deutet an, dass etwas aus dem Ruder gelaufen ist, dass man sein Handeln nicht mehr ausreichend hinterfragt, sondern eine Sache blindlings verfolgt. Ikarus und sein Vater Dädalus haben ein bis heute sehr anschauliches Beispiel dafür gegeben, was passiert, wenn wir zu hoch hinauswollen, wenn wir die Mitte verlassen. Bevor sie starteten, um der kretischen Verbannung zu entgehen, sagte Dädalus zu seinem Sohn: »Ich ermahne dich, Ikarus, dich auf mittlerer Bahn zu halten, damit nicht, wenn du zu tief gehst, die Wellen die Federn beschweren, und, wenn du zu hoch fliegst, das Feuer sie versengt. Zwischen beiden fliege!«

Doch Ikarus hörte nicht auf die Weisung des Vaters. Zunächst ging alles gut, und schon sahen Vater und Sohn von oben die Inseln vor dem griechischen Festland – »als der Knabe begann, sich am kühnen Flug zu erfreuen, sich von seinem Führer trennte und, angezogen durch die Begierde nach dem Himmel, einen höheren Weg nahm. Die Nähe der glühenden Sonne machte das duftende Wachs, das Band der Federn, weich. Das Wachs war geschmolzen. Jener schwingt die nackten Arme, und da er keinen Flugapparat mehr hat, bekommt er keine Luft zu fassen, und sein Mund, der den väterlichen Namen ruft, wird durch das blaue Wasser aufgenommen.« Ikarus stirbt, weil er den Weg der Mitte verließ; sein Vater Dädalus ist untröstlich: »Ikarus! Ikarus!«, rief er. »Wo bist du?« Da erblickte er die Federn in den Wellen.

Benedikt hat die Mahnung des Dädalus zum Wesen seiner Mönchsregel gemacht: Auch er empfiehlt uns, uns auf mittlerer Bahn zu halten. Sein Ziel war das rechte Maß, nicht das Übermaß, aber auch nicht die Mittelmäßigkeit. Er nennt die maßvolle Unterscheidung die »Mutter aller Tugenden«. Dieser Grundsatz durchzieht die ganze Regel, die er den Mönchen – gleichfalls mit Augenmaß – ans Herz legt: Denn in den Benediktinerklöstern liest man seine Regel täglich, doch – ganz maßvoll – nur einen ganz kurzen Abschnitt jeden Tag: »Die Regel ist einem alten, schweren Rotwein vergleichbar, den man in kleinen Schlücken genießt«, schrieb einmal der Abt eines bayerischen Klosters zur maßvollen Lektüre der Benediktregel, »und wer das Maß überschreitet oder den Wein ohne Gespür für seine Qualitäten konsumiert, ist zu bedauern.«

Benedikt sieht seine Regel nicht als Buch gewordenen Willen Gottes, sondern als Hilfestellung, um das menschliche Leben, so gut es geht und ohne Überforderung, nach himmlischen Maßstäben auszurichten. In der Antike war noch der Mensch das Maß aller Dinge – mit Gott als Zentrum will Benedikt der Welt einen neuen Maßstab schenken. Den Wirrungen der Völkerwanderung setzt er eine maßvolle Ordnung entgegen, mit der er, wie er schreibt, nichts »Hartes oder Drückendes« anordnen will. Für Benedikt ist nicht derjenige ein besonderer Asket, der die härteste Fastenübung auf sich nimmt, sondern der, der sich von Gott und seinem Wort trotz aller Einflüsse von außen und trotz aller Triebe von innen umwandeln lassen will.

Auch Jesus Christus hat keine Dogmen verkündet, er hat seinen Jüngern auf dem Weg zum Heil keine Alles-oder-nichts-Gebote auferlegt: Nur wer es fassen kann, der fasse es, heißt es bei Matthäus 19,12. Jesus hielt Eigentumsverzicht, sexuellen Verzicht und Verzicht auf die Durchsetzung des eigenen Willens für förderlich, sah dies aber nicht als Bedingung für ein gottgefälliges Leben an. Ich gebe ein bisschen von mir und erhalte dafür umso mehr. Deshalb werden die Gelübde auch als »evangelische Räte« bezeichnet. Sie sind keine Gebote – man kann auch ohne sie in den Himmel kommen.

Benedikt ahnte wohl, dass er menschliche Maßstäbe verlassen hatte, als er drei Jahre im Extrem – einer kalten Höhle – lebte. Vielleicht war es diese Erfahrung, die ihn später zur Mitte bewegte. Kein Lebensbereich soll ohne Maß sein, ob das Essen oder die Nachtruhe, die Lautstärke der eigenen Stimme, ein Urteil oder der Gottesdienst, auch wenn er sich der Aufgabe, für andere das Maß festzulegen, kaum gewachsen sieht: »Nur mit einigem Bedenken«, so schreibt er etwa, bestimme er (der Abt) das Maß der Nahrung für andere.« Selbst im letzten Kapitel, nachdem er lange Zeit an seiner Regel gearbeitet hatte, bleibt er frei von Stolz und ist sich seiner Unvollkommenheit bewusst. »Diese Regel haben wir geschrieben, damit wir durch ihre Beobachtung in unseren Klöstern eine dem Mönchtum *einigermaßen* entsprechende Lebensweise oder doch einen Anfang im klösterlichen Leben bekunden.«

»Einigermaßen« – Benedikts eigene Demut ist erstaunlich: Er verspricht nichts, er erwartet nichts, denn er weiß, dass das Gelingen des mönchischen Lebens auch letztlich nicht in seiner Hand liegt. Wie bescheiden ist die Benediktregel im Vergleich zu heutigen Buchtiteln auf dem Glückseligkeitsmarkt, die da heißen: »Einfach glücklich – die Glücksformel für jeden Tag« oder »Glücklich sein – warum Sie es in der Hand haben, zufrieden zu leben«. Auf der einen Seite suggerieren diese Bücher, doch alles selbst in der Hand zu haben – auf der anderen Seite bleibt das Versagen doch nur an mir hängen, wenn ich es nicht geschafft habe, zufrieden zu leben. Man kann, man sollte sich aufraffen und das Beste aus seinen Mitteln machen – aber nach den eigenen Kräften, mit Maß.

Kürzlich las ich die Werbung einer Krankenkasse: »Ihr persönlicher Antistresscoach unterstützt Sie, ein ruhiger und ausgeglichener Mensch zu werden.« Wie »persönlich« kann diese Hilfe sein, wenn das Ergebnis schon feststeht? Aber vielleicht gelingt es ja bei mir nicht? Was habe ich dann noch für eine Hoffnung, wenn mich selbst ein »persönlicher Antistresscoach« nicht aus dem Jammertal des Stresses führen kann? Jesus Christus ist mir da angenehm bescheiden, er verspricht uns nicht das Paradies auf Erden, sondern erst im Himmelreich. Er ist für mich mein Coach, aber ich erwarte von ihm nicht alles.

Benedikts Vorgabe, Maß zu halten, fängt bei den Äußerlichkeiten des Lebens an, bei der Ernährung. Offenbar hatte Benedikt bei jener Gemeinschaft, die ihn wegen seiner zu strengen Regeln vergiften wollte, gemerkt, dass der soziale Friede auch von den Ernährungsgewohnheiten abhängt. Nun wollte er nicht zu streng sein, um seine Mönche nicht krank, selbstbezogen und undiszipliniert werden zu lassen.

Doch er wollte auch nicht die Völlerei ins Kloster holen, da eine Gemeinschaft im Übermaß verweichlicht und vom

Der Abtprimas wird trotz »ziviler Kleidung« in der Marienkirche von Vijayawada, Indien, als Geistlicher erkannt und um seinen Segen gebeten, am 9. Februar 2007.

Willkommen heißen: Gäste sollen wie Christus selbst aufgenommen werden ... Am 9. Februar 2007 im Benediktiner-Priorat von Vijayawada, Indien: Besuch des Abtprimas in der Schule St. Benedikt. Sie hat 600 Mittelschüler. Ihr Bau ist von der Erzabtei St. Ottilien mitfinanziert worden.

RECHTS OBEN: *Schweigen ist Stillwerden vor Gott ...* Im Chorgestühl eines Benediktinerinnen-Priorats in der Nähe der Abtei Inkamana, am 15. Februar 2007.

RECHTS UNTEN: *Beten heißt, nicht alles steht in meiner Macht ...* Messfeier in der Kirche der Benediktinerabtei Inkamana, Südafrika, am 13. Februar 2007.

Musik als Antwort auf Gott ... In der Schule St. Benedikt in Vijayawada, Indien, am 9. Februar 2007.

OBEN: *Die schwierige Aufgabe, sich um jeden zu sorgen* ... In einer Schulklasse von St. Benedikt in in Vijayawada, Indien.

UNTEN: *Gemeinschaft pflegen* ... Abtprimas, Prior (rechts mit der Kamera) und die Mitbrüder des Benediktiner-Priorats in Vijayawada, Indien am 8. Februar 2007.

Oben und unten: *Wir und ihr – für die Welt dasein* … Mit Schülern der St. Benediktschule von Vijayawada, Indien, am 9. Februar 2007.

Begrüßung durch Abt Gottfried Sieber OSB, am 13. Februar 2007, Inkamana Südafrika.

UNTEN: *Gemeinschaft heißt auch feiern* … junge Schwestern des Benediktinerinnenklosters Twasana.

Mit Schülern im Computerschulungsraum der Schule von Inkamana, Südafrika, 15.Februar 2007.

UNTEN: *Zuhören und zusehen ist lieben ...*

In der Schule der Benediktinerabtei Inkamana, Südafrika, am 15. Februar 2007.

Rechts unten: *Wie wir Gott loben können – warum nicht mit der E-Gitarre …* Kurz vor dem Abflug zum nächsten Termin in der Welt.

Über alle Altersgrenzen hinweg …

Die spirituelle Heimat neu entdecken …
Im interreligiösen Dialog mit Hindus, Moslems, Buddhisten und Sikhs in Vijayawada, Indien. Februar 2007

Kennenlernen, nicht gleichreden … Besuch des Wat Pho, des riesigen, 40 Meter langen liegenden Buddha im *Temple of the Reclining Buddha*, Bangkok, Thailand, am 6. Februar 2007.

NÄCHSTE SEITE: *Es braucht Leitwölfe …* Der Abtprimas mit Mitarbeitern in aller Welt. 2007

Niedergang bedroht ist. Er wollte es maßvoll einrichten: Niemals sollte ein dem Gebet und Gott geweihter Mönch sich in Denken und Handeln von den körperlichen Bedürfnissen bestimmen lassen. Deshalb schreibt er: »Der Mönch soll zwar immer ein Leben führen wie in der Fastenzeit. Dazu aber haben nur wenige die Kraft. Deshalb raten wir, dass wir wenigstens in diesen Tagen der Fastenzeit in aller Lauterkeit auf unser Leben achten. (...) Er entziehe seinem Leib etwas an Speise, Trank und Schlaf und verzichte auf Geschwätz und Albernheiten.« Benedikt sieht zwei verschiedene gekochte Speisen bei den Hauptmahlzeiten vor, damit jeder etwas finde, was ihm schmeckt. Bei mir wurde noch als Kind gesagt: »Gegessen wird, was auf den Tisch kommt.« Doch Unmäßigkeit und Übersättigung, so Benedikt, seien unbedingt zu vermeiden.

Wir gehen heute mit Essen anders um: Entweder wir essen so viel, wie wir können – »All you can eat« –, oder wir verschmähen das Essen im Schlankheitswahn, aber stellen es dann wieder durch übertriebene Kalorienvermeidung und »Weight Watchers«-Programme in den Mittelpunkt. Sich zurückhalten, sich nicht satt essen, sondern Maß halten, das ist *natürliche* Wellness. Beim Essen legte Benedikt Wert darauf, dass sich alle nach ihren Bedürfnissen ernährten, ohne zu übertreiben: Die älteren Brüder durften nach Benedikt mehrfach am Tag essen, um es besser zu vertragen, die Kranken durften Fleisch essen, damit sie wieder zu Kräften kämen.

Besonders menschlich finde ich Benedikts Regelung, was den Genuss von Getränken, insbesondere Alkohol, angeht. Wie ein Lehrer, der auf Klassenfahrt das Rauchen und Biertrinken verbietet, dann und wann aber doch ein Auge zudrückt, weiß auch Benedikt, dass ein Verbot von

Alkohol zwar theoretisch, aber nicht praktisch funktionieren würde. So ermuntert er zur Enthaltsamkeit und stellt »besonderen Lohn« in Aussicht. Doch er nimmt auch »Rücksicht auf die Bedürfnisse der Schwachen« und gestattet deshalb »pro Tag eine ›Hemina‹ Wein«. Wie man das in heutige Maßeinheiten übersetzen soll, ist umstritten. Doch es war offenbar genug, um übellauniges »Murren« unter den Mönchen zu verhindern.

Schulleitern und Lehrern möchte ich, bevor sie mit ihren Klassen nach Berlin, Wien, Sorrent oder London fahren, folgenden Satz Benedikts ans Herz legen und dabei »Mönche« durch »Schüler« ersetzen: »Zwar lesen wir, Wein passe überhaupt nicht für Mönche. Weil aber die Mönche heutzutage sich davon nicht überzeugen lassen, sollten wir uns wenigstens darauf einigen, nicht bis zum Übermaß zu trinken, sondern weniger.« Das könnte vielleicht bei manchen Besichtigungen auf der Reise verhindern, dass der Lehrer oder die Lehrerin vor einem Haufen verkaterter Schüler sprechen muss.

»Weniger«, das ist echtes Maßhalten – »gar nicht« ist Hungerkünstlertum. So wie Jesus den Fastenden empfahl, sich wohlriechende Pomade ins Haar zu streichen, auf dass man nicht merke, dass jemand fastet, empfiehlt Benedikt, maßvoll zu fasten, lieber ein bisschen, als ganz oder gar nicht. Ein bisschen weniger essen, ein bisschen weniger schlafen, ein bisschen weniger schwätzen. Fasten ist gesund und an einigen Tagen im Kloster vorgeschrieben, als Vorbereitung auf Feste oder auch zur Stärkung des Willens. Aber vollkommen wird man allein dadurch noch lange nicht!

Zu viel und zu wenig Arbeit

Benedikts Regel war in vielen Dingen revolutionär, vor allem aber auch darin, dass er die Arbeit zu einer der Säulen des abendländischen Mönchtums machte. Denn egal, ob man Aristoteles, Platon oder Cicero liest: Das Urteil über die körperliche Arbeit fällt in der antiken Oberschicht stets vernichtend aus. So stellt Cicero eine Liste zusammen, die von unehrenhaften über die akzeptablen bis zu den ehrenvollen Berufen führt: Unehrenhaft nennt er dabei nicht nur Zinseintreiber und Dienstleister, sondern auch Handwerker und Marktverkäufer; ehrenhafte Berufe sind ihm zufolge nur solche, die Spezialkenntnisse voraussetzen oder die eine ehrlose Arbeit organisieren, so etwa die Tätigkeiten von Großhändlern und Großgrundbesitzern. Cicero stellt diese Liste für seinen gleichnamigen Sohn zusammen – sie sollte ihm offenbar Warnung sein, etwas »Richtiges« zu lernen.

Benedikt widersetzt sich dieser Tradition. Wer als Mönch nach der Regula Benedicti leben wollte, sollte nicht nur gemeinsam mit den anderen beten und Gottesdienst feiern, sondern er war aufgrund seiner Gelübde gehalten, seinen Lebensunterhalt mit seiner eigenen Hände Arbeit zu verdienen. Also gerade auch mit der in der römischen Gesellschaft so verschmähten, als sklavisch geltenden, körperlichen Anstrengung. Benedikt hat die körperliche Arbeit vom Makel des unwürdigen Tuns befreit, ja, er machte sie im 48. Kapitel sogar zum monastischen Leitbild: »Mönche sind dann wirklich und eigentlich Mönche, wenn sie von der Arbeit ihrer Hände leben, wie unsere Väter und Apostel.« Mönche sollten nicht nur fromm sein, sondern auch praktisch arbeiten können.

Die Fülle an Geschichten über Mönche, die sich nach Benedikts Vorbild in die körperliche Arbeit begaben, ist unermesslich: Mittelalterliche Klosterüberlieferungen berichten von Äbten und Mönchen adliger Herkunft, die aber dessen ungeachtet Mauern hochzogen, Fundamente aushoben, Steine, Sand und Kalk schleppten, Latrinen installierten, Brot backten und nicht nur am Gründonnerstag anderen die Füße wuschen. So ist es bis heute geblieben: Als ich kürzlich das Kloster der heiligen Scholastika in Subiaco besuchte, rissen da jene jungen Mönche, die ich morgens noch beim Chorgebet sah, am Vormittag eine Mauer ein und fuhren den Schutt mit Schubkarren nach draußen.

Diese körperliche Arbeit vermisse ich manchmal – ich sehe kaum mehr, was ich tue: Ich buche meine Flüge, leite Konferenzen, halte Vorträge, aber einen Baum gepflanzt oder eine Mauer eingerissen, das habe ich schon lange nicht mehr. Früher habe ich gerne im Garten gearbeitet. Da kam ich auf andere Gedanken, war an der frischen Luft und sah den Erfolg meiner Arbeit. Auf einer Reise nach Afrika habe ich einmal eine Bougainvillea gepflanzt. Als ich länger nichts hörte, habe ich nachgefragt, wie es dem Baum gehe. Da kam die Antwort: »Der Erzabt hat gepflanzt, wir haben gegossen, aber der Herrgott hat ihn nicht wachsen lassen.« Heute spiele ich ersatzweise immerhin Querflöte oder Gitarre. Dann höre ich zumindest einmal, was ich tue.

Schon oft haben wissenschaftliche Studien hervorgehoben, wie bedeutsam und kulturbildend dieses benediktinische Arbeitsethos dabei war, die abendländische Zivilisation voranzubringen. – Max Weber rühmte die rationalen Leistungen des Mönchtums und bezeichnete den Mönch gar wegen seines Arbeitsrhythmus als »ersten Berufsmenschen«. Seither sind Klöster nicht nur Orte des Gotteslobs, sondern auch Wirtschaftsbetriebe: Sie können bankrottgehen, was aber in unserer 1500-jährigen Geschichte selten passiert ist, da es den Klöstern immer gelungen ist, sich an veränderte wirtschaftliche Bedingungen anzupassen und sich zur Not selbst zu ernähren.

So richtig die soziologische Beobachtung von den »arbeitsamen Mönchen« ist, so falsch wäre es, hinter Benedikts Regel mehr zu sehen als eine theologische Anweisung: Benedikt war hinsichtlich der Forderung nach einer hohen Arbeitsmoral deshalb so radikal, weil diese Askese ebenso reinigend wirken sollte wie das Gebet. Für Benedikt ist das Arbeiten nicht der Ausgleich für übermäßiges Beten oder umgekehrt, so wie manche vielleicht nach ihrer Tätigkeit im Büro noch Joggen gehen. Nein, für Benedikt ist die Arbeit eine andere Form des Gebets. Arbeit sollte eine andere Form der Kontaktaufnahme mit Gott sein, eine *Arbeit für Gott*, nicht für die Sache oder für mich selbst. Wo Cicero trennt, da führt Benedikt Kopf- und Handarbeit wieder zusammen und macht Gott, nicht die Mehrung des klösterlichen Besitzes, zum Sinn der Arbeit.

Um zur Ganzheitlichkeit zu kommen, müssen wir beides machen, dem »ora« und dem »labora« folgen, beten und arbeiten. Benedikt legt den Akzent auf das »et – und«; ein »oder« gibt es nicht. Wenn wir eines der beiden Prinzipien übertreiben, sind wir nicht mehr authentisch, sondern werden zu Arbeitsmaschinen oder Gebetsmühlen. Arbeit gehört zum Menschsein dazu, doch sie macht nicht den ganzen Wert des Menschen aus. Arbeiten wir zu viel, verlieren wir die Spiritualität. Sind wir hingegen mit den Gedanken stets im Jenseits, verlieren wir die Bodenhaftung hier auf dieser Welt und damit den Blick für das bleibend Gute wie auch das Schlechte, das wir verändern wollen.

Manche, die über ihre spirituellen Erfahrungen sprechen, machen auf mich den Eindruck, als wollten sie sich der Welt entziehen und den Anforderungen des Alltags ausweichen. Aber ein Mönch, der nur beten und seine Ruhe haben will, wäre kein guter Mönch. Das Zuviel des einen wäre das Zuwenig des anderen. Wenn ich die Arbeit als Gebet verrichte, dann ist sie nicht mehr nur Arbeit, dann ist sie nicht mehr nur etwas, das ich rasch hinter mich bringen muss.

Für das deutsche Wort »Feierabend« gibt es im Italienischen keine genaue Entsprechung, hier sind Arbeit und Leben nicht so streng voneinander getrennt, was man schon daran erkennt, dass italienische Verkäufer auffallend gerne schwätzen und scherzen. Es geht ihnen nicht nur darum, den Arbeitstag möglichst schnell zu beenden und sich dann in die eigenen vier Wände zurückzuziehen, nein, sie machen es wie Benedikt, sie haben das »ora« auch in der Arbeit bei sich. Sie sind, um einen modernen Ausdruck zu verwenden, multitaskingfähig – also fähig, mehreres gleichzeitig zu erledigen: arbeiten und nett sein, verkaufen und lachen, sich reinhängen und sich doch nicht verrennen.

Wenn wir unser eigenes Leben nur über die Arbeit definieren, dann verbittern wir, sobald wir keine Arbeit mehr haben, sei es, dass wir sie verlieren, oder sei es, dass wir in Rente gehen. Was bleibt von mir, wenn ich nur der Held der Arbeit war? Wir sind mehr als nur unsere Arbeit: In den Zehn Geboten finden wir nicht die Weisung: »Du sollst dich zu Tode schuften«, ja, es heißt nicht einmal: »Du sollst arbeiten«. Im Gegenteil, die eigene Arbeit kann auch zu Selbstüberschätzung, ja sogar zu Todsünden wie Hochmut, Geiz, Völlerei und Neid verführen. Benedikt wollte dies mit seiner Regel umdrehen, dem diesseitig motivierten Antrieb zu Geld die Armut entgegenstellen, der Völlerei die Keuschheit, dem Geiz die Grundregel, die Brüder sollten »einander dienen«.

Wer stattdessen alles erreichen will, wird nichts erreichen, wer sich nur in die Arbeit stürzt, wird seine Freunde und die Freude verlieren. Die eigentliche Arbeit, so glauben wir Mönche, machen ohnehin nicht wir, sondern Gott. Wenn wir das neu verstehen lernen, wenn wir uns nicht immer für die Handelnden halten, sondern auch einmal passiv sein können, dann erst haben wir Arbeit als Gebet verstanden. Wir können uns bemühen, wie wir wollen: Ohne Gott schaffen wir doch nichts. Unsere menschliche Unvollkommenheit sollte uns bescheiden machen. Benedikt predigt das rechte Maß, nicht die Mittelmäßigkeit; Aktion, nicht Passivität. Er ist kein Fürsprecher des Müßiggangs, kein Heiliger jener »Fannulloni«, der »Nichtstuer«, von denen die Italiener sagen, sie hätten sich den gesamten Staat unter den Nagel gerissen und würden rein gar nichts tun.

Das Nichtstun ist so schlecht wie das Zuvieltun, doch seltsamerweise gelten in der gesellschaftlichen Debatte die Sympathien nicht den Tüchtigen. Für mich ist es eine primäre Aufgabe des Staates, alles dafür zu tun, dass mehr Arbeit entsteht – und nur, wenn im Einzelfall gar nichts hilft, müssen die sozialen Sicherungssysteme greifen. Doch mittlerweile läuft es andersherum: Da »Sozial-Sein« so gut klingt und man diese Forderung bequem stellen kann, ohne es selbst sein zu müssen, wird die deutsche Politik immer linker, immer besitzstandswahrender, obwohl daraus nichts Neues entsteht, sondern durch Verschuldung nur der *Schein* des immerwährenden Wohlstandes gepflegt wird.

Immer bekommt die politische Diskussion einen moralinsauren Einschlag, wenn es um die Frage geht, welche und wie viel Arbeit jemandem zugemutet werden darf. Da redet man dann schnell von »unanständigen« oder gar »menschenverachtenden« Vorschlägen, etwa, wenn es um Niedriglohn-Beschäftigung geht. Dass es diese Jobs trotz geringer Bezahlung immerhin ermöglichen, sich wieder in die Arbeitswelt einzubringen und sich nicht nur als Kostgänger der Gesellschaft zu empfinden, wird vergessen.

Wenn es wirklich »unanständig« wäre, Arbeitslosen niedrigbezahlte Jobs anzubieten, dann müssten ja alle, die etwa in amerikanischen Supermärkten hinter der Kasse für einen Hungerlohn die Einkäufe der Kunden einpacken oder an der Tankstelle Benzin zapfen, zutiefst unglückliche Menschen sein – so ist es aber nicht: Tatsächlich sind jene Menschen unglücklich, die dazu verdammt sind, untätig auf der Couch zu sitzen. Sie sind erschöpft und fühlen sich überflüssig. Gegenüber diesen Menschen empfinde ich es als ungerecht, ihnen als einzig wertvolle Beschäftigungsform die ewige Festanstellung zu predigen. Die ist schön und gut für alle, die sie haben; doch für alle anderen wäre schon viel erreicht, wenn sie überhaupt eine Tätigkeit fänden, selbst wenn diese nicht von Dauer wäre. In den USA hält man Flexibilität nicht für eine Qual, sondern für einen Zugewinn an Freiheit; und im globalen Wettbewerb mit Ländern wie Indien und China wirken auf mich manche deutschen Träume von »sozialer Gerechtigkeit« wie das Wolkenkuckucksheim von vorgestern, die oft auf eine staatliche Bevormundung hinauslaufen.

Mehr Freiheit befreit uns jedoch nicht von sozialer Verantwortung – aber, auch wenn wir es kaum glauben: Auch Gesellschaften ohne staatliche Daseinsvorsorge sind deshalb nicht automatisch sozial kälter. In der vormodernen Gesellschaft waren es die Unternehmer und die Bankiers selbst, die sich aus weitblickender unternehmerischer wie auch christlicher Verantwortung heraus sozial engagierten – wie etwa die Augsburger Fuggerfamilie, die für die ärmsten Familien der Stadt die Fuggerei errichtete. Sie tat dies nicht unter politischem Druck oder Zwang, sondern »umb gottes willen«, wie es in der Stiftungsurkunde der Fuggerei heißt.

Von dem gleichen Gedanken getragen, mahnt Benedikt die Äbte, auch die Schwächen der ihnen schutzbefohlenen Mönche zu sehen. So radikal Benedikt die Askese durch die Arbeit forderte, so sehr sah er ein, dass nicht alle Mönche im selben Maße leistungsfähig waren. Auch bei der Arbeit, meint er daher in Regel 58, solle alles mit »mensurate«, mit Maß, zugehen: Der Abt solle alles so anordnen, »dass es den Seelen zum Heil dient und die Brüder ohne Grund zum Murren ihre Arbeit tun können«. Er solle darauf achten, wie seine Mönche körperlich und geistig verfasst seien und Rücksicht auf die Schwächeren nehmen. Diesen solle er eine »geeignete Arbeit oder Beschäftigung zuweisen, damit sie nicht müßig sind und auch nicht durch die Last der Arbeit erdrückt oder zum Fortgehen veranlasst werden«.

Am besten ist es, die Arbeit anzunehmen und als Teil des Menschseins aus Körper und Geist zu verstehen, wie Benedikt es tat. Beides haben wir der Tierwelt voraus: Wir können mit unserem Körper Dinge schaffen wie die Sixtinische Kapelle, wir können mit unserem Geist über den Sinn unseres Lebens nachdenken. Tiere leben instinktiv. Sie bauen instinktiv, sie denken nicht nach, wenn sie Futter sehen. Sie machen auch keine Diät, um schöner zu werden.

Das rechte Maß gibt Freiheit

Als der heilige Franziskus die Armut zum Maß aller Dinge erhob, hatte er größte Mühe, diesen Weg in der Kirche anerkennen zu lassen. Allzu provokant galt seine asketische Bewegung in Solidarität mit den Armen und seine Maxime der Bedürfnislosigkeit. Sosehr die franziskanische Vorgabe eines Königswegs zum Heil fasziniert und befremdet, so sehr unterscheidet sie sich von der Regula Benedicti, die bei allem Anspruch an die Mönche doch »ausgewogen radikal« ist. Benedikts Regel beeindruckt nicht dadurch, dass hier Männern eine radikale Entscheidung abverlangt wird, sondern dass sie ihnen ihre Freiheit belässt.

Wenn etwas »Regel« heißt, klingt das auf den ersten Blick nicht nach einem Gewinn an Freiheit. In der Tat: Benedikt schreibt alles vor, von den Gottesdienstzeiten bis zur Sorte Fleisch, die die Mönche verzehren dürfen. Doch Benedikt ist kein Paragraphenreiter und stellt es dann wieder dem Abt frei, einzelne Regeln zu verändern und sie den regionalen Verhältnissen, wie auch den Wetterbedingungen, anzupassen. In dieser Flexibilität liegt der Schlüssel des Erfolgs der Benediktregel. Gesetzgeber neigen dazu, alles bis ins Kleinste zu regeln, in der durchaus anzuerkennenden Absicht, so auch noch den kleinsten Streit und die kleinste Missverständlichkeit zu vermeiden. Dieses Augen-maß ist unserer Zeit abhanden gekommen, das beste Beispiel ist die derzeitige Wirtschaftskrise, mitbedingt durch die maßlose Gier nach immer mehr Profit. Maßlosigkeit und Perfektionismus treiben uns immer wieder in Extreme, sei es in Sachen Gesundheit oder Gesetzesgenauigkeit.

Wie fragil eine viel zu starre Regel ist, kann man leicht an den verunglückten Bemühungen um eine Europäische

Verfassung beobachten. Sie sollte alles regeln, und jetzt regelt sie nichts, weil sie allzu ausgefeilt war. Grundsätze, die Freiheit lassen, halten ewig; Regeln, die keine Fortentwicklung dulden und nur durch Juristen zu knacken sind, scheitern.

Bis ins Kleinste definierte Gesetze stellen auch diejenigen, die sie befolgen müssen, vor unmenschliche Gewissensprobleme. Oft fällt mir das am Flughafen auf, wo wir uns devot einem sagenhaften Regelsystem unterwerfen und ich mein Umhängekreuz in den Sprengstoffscanner lege, während alte Damen ihre Schuhe ausziehen müssen: Sie könnten ja etwas darin versteckt haben. Natürlich geschieht das alles für unsere Sicherheit. Aber man kann auch mal Augenmaß walten lassen, ohne gleich ein Auge zudrücken zu müssen, was vielleicht schon zu viel wäre. Als ich kürzlich von Rom nach Deutschland flog, traf ich am dortigen Flughafen einen Bekannten. Ich hatte nur Handgepäck, und so begleitete er mich zum Ausgang – als ihm einfiel, dass er ja Gepäck aufgegeben hatte. Er wollte zurück. Doch da war er schon zwei Meter jenseits der automatischen Schiebetür. Obwohl es nur zwei Meter waren, ließen ihn die Sicherheitsleute nicht zwei Schritte rückwärts machen: »Ich würde es ja gerne machen, aber wenn das mein Vorgesetzter sieht, habe *ich* das Problem.« Bei etwas Derartigem bin ich sprachlos: Ich als Vorgesetzter wäre stolz auf meine Mitarbeiter, wenn sie ab und zu mit Herz und Verstand und nicht nur nach der Regel handelten. Da lobe ich mir Rom und Italien: Wir amüsieren uns manchmal über das »Chaos« – und meinen doch in Wirklichkeit die Freiheit, um die wir die Italiener beneiden.

Benedikt engt uns nicht auf penibel einzuhaltende Paragraphen ein, sondern er gibt die Freiheit, selbst nachzudenken. Auf diese Weise konnte das schöne Starkbier entstehen, das in Bayern in der Fastenzeit getrunken wird: Die bayerischen Mönche hatten im Mittelalter im Winter hart zu arbeiten. Sie mussten Bäume fällen und von den Bergen hinab ins Tal ziehen. In der Fastenzeit durften sie aber bis nachmittags um drei Uhr nichts essen. Sie erinnerten sich der alten Devise, dass Trinken das Fasten nicht bricht – potus non frangit ieiunium –, und brauten ein stärkeres, aber nahrhaftes Bier, das noch heute zu Beginn der Fastenzeit auf dem Nockherberg in München angezapft wird. Auch die Mönche von Sankt Gallen hatten offenbar keine Angst, manche Gebote Benedikts etwas zu dehnen. Weil Benedikt sagt, dass Mönche nur das Fleisch von zweibeinigen Tieren essen dürfen, die Mönche dort aber auch Schwein auf dem Tisch haben wollten, schlugen sie dem armen Tier zuerst die Vorderläufe ab, bevor sie es schlachteten. Auf diese Weise kam dann ein zweibeiniges Tier auf den Tisch.

Die Regel wirbt nicht nur für das rechte Maß, sie verkörpert es auch selbst. Sie ist der Ausdruck der Suche nach dem, was die Mitte eigentlich ist. Mit dem Lob der Mitte ist Benedikt in der Geschichte nicht der Erste. Schon Aristoteles hatte den Terminus »Mesotes« (griech. »Mitte«) in die Ethik eingeführt und damit jenen Ort bezeichnet, an dem zwischen zwei einander entgegengesetzten Untugenden, dem »Zuviel« und dem »Zuwenig«, die Tugend sitzt. Ein Beispiel ist die Tugend der Tapferkeit, die als »Mesotes« zwischen »Tollkühnheit« und »Feigheit« steht.

Doch schon Aristoteles hatte erkannt, dass die jeweilige Mitte nicht ein mathematisch bestimmbarer Ort sei wie die Mitte zwischen zwei Punkten A und B. Nein, schon er sieht in der Mitte etwas Subjektives – der eine sieht die

Mitte hier, der andere dort. Die Benediktregel ist ganz wesentlich von dieser relativen Sichtweise geprägt: Benedikt legt sich nicht fest, wo die Mitte ist, sondern er ermutigt dazu, sie selbst zu finden. Dem Menschenkenner Benedikt war dabei sicher klar, wie verschieden die Menschen von ihren Anlagen und Vorlieben her sind, in ihrem Charakter und ihrer Charakterstärke. Die Beispiele, wo wir aber wie ein Schwarm Vögel blind hinter Ikarus in fatale Höhen steigen, liegen auf der Hand. Ich beobachte das häufig in Diskussionen und Zeitungsartikeln, wenn Hunderttausende in Berlin Barack Obama als Hoffnungsträger zujubeln – obwohl sie eigentlich noch wenig von ihm wissen –, die noch vor wenigen Jahren gegen Amerika auf die Straße gingen. Wenn ein glänzender Redner die Gemüter zum Aufwallen bringt, wird oft das rechte Maß an Zurückhaltung und Kritikfähigkeit verlassen. Es war schon interessant, dass ausgerechnet im säkularen Berlin Hunderttausende Obama fast wie einem »Erlöser« zujubeln – während sie andererseits ausgerechnet den echten Erlöser ohne weltliche Macht, Jesus Christus, bestenfalls für einen Scharlatan halten.

Wie leicht es ist, die Mehrheitsmeinung anzunehmen, anstatt kritisch die eigene Flughöhe zu kontrollieren, sieht man vor allem, wenn an Stammtischen über die Kirche diskutiert wird. Da sind schnell alle einer Meinung. Was glauben Sie, welche Attribute ich als Mönch schon alle zugewiesen bekommen habe? Unterschwellig halten mich ohnehin viele für pervers, weil ich ein Gelübde der Keuschheit geleistet habe.

Das rechte Maß dagegen verlangt viel und ist deshalb auch anstrengend, denn wir müssen uns selbst ständig hinterfragen. Übertreiben wir irgendwo? Wo fliegen wir hin? Vielleicht zu nah zur Sonne, weil wir übermütig wie Ikarus die Orientierung verloren haben? Wenn wir uns öfter prüfen: Wo stehe ich, wo wäre eine vertretbare richtige Mitte bei der Beurteilung dieses oder jenes Problems, finden wir unsere Orientierung! Das rechte Maß gibt dem Einzelnen Freiheit. Der benediktinische Grundsatz »ora et labora« gab dem Klosterwesen überhaupt erst die Freiheit, auf der die Kirche wachsen konnte. Denn wenn wir beten, befreien wir uns von den Verlockungen der Diesseitigkeit, von politischen Ideologien und werden geistig unabhängig. Wenn wir arbeiten, befreien wir uns ein weiteres Mal: nicht nur davon, allzu abgehoben zu enden, sondern auch von der Abhängigkeit gegenüber weltlichen Geldgebern.

Sie können sich vorstellen, wie wichtig diese Freiheit für die Klöster war, wenn sie im Mittelalter oder in der frühen Neuzeit von machtgierigen Landesherren umschlossen waren. Denen waren die Klöster nicht selten ein Dorn im Auge, sie wollten nicht nur territoriale Allmacht, sondern auch Macht über die Menschen. Doch Mönche sollten bei weltlichen Zwängen grundsätzlich unbeeindruckt bleiben – sie müssen niemandem gehorchen außer ihrem Glauben.

Heute ist die ganze Kirche wie ein Kloster: Der Vatikan ist der kleinste Staat der Welt, hat keine Divisionen und keine Raketen, keine Ölfelder und keine Gasvorkommen. Doch gerade, weil alle Länder der Welt wissen, dass es Papst und Kirche nicht um Macht in dieser Welt geht und die Kirche frei ist – oder frei sein sollte – vom unheilvollen Wettbewerbsdenken, ist sie ein gesuchter Gesprächspartner. Die Genialität der Benediktregel liegt darin, dass sie Freiheit nicht verhindert, sondern schafft.

Führen

Distanz zur Macht: Sich von der Selbstsucht befreien

Wenn ich eines unserer afrikanischen Klöster besuche, bin ich immer der große King. Dann hält der Abt oder die Oberin eine Begrüßungsrede, die Mönche oder die Schwestern überreichen Geschenke, in Indien legen sie mir Blumenkränze um den Hals, manchmal sind quer über den Klosterhof Transparente gespannt, die »Father Notker« willkommen heißen. Dann werde ich gepriesen als der »Herr« über 25 000 Nonnen und Mönche in der ganzen Welt und als Nachfolger Benedikts, ja, fast als lebender Heiliger. Als ich in China unser Krankenhaus besuchte, sagten der Krankenhausdirektor und seine Mitarbeiter, ich sei doch der Vater des Krankenhauses: Sie haben mich an den Beinen gepackt und mich hochgehoben, gute zehn Minuten saß ich auf den Händen dieser Menschen, dazu sangen sie noch.

Sie können sich vorstellen, dass mir so viel Personenkult unangenehm ist. Höflich sage ich dann, dass der Aufwand doch nicht nötig gewesen wäre, aber ansonsten zolle ich allen meine Anerkennung für das, was sie gebastelt, gesungen und gesagt haben. Alles andere wäre auch unhöflich – vor allem, diese erhöhte Ehrerbietung abzulehnen. Nicht jede Kultur schätzt unsere 68er-mäßige Auffassung, Autoritäten seien dann am besten, wenn sie sich gleichmachten mit allen anderen und am besten im Grau der Normalos verschwänden.

In Deutschland haben wir nun lange Zeit Führung kleingeredet: Weil die Nazis den Begriff »Führung« missbrauchten, trauten wir uns in Deutschland über viele Jahrzehnte kaum, von Führung zu sprechen oder Führung zu beanspruchen. Doch es braucht Leitwölfe, in der Nationalmannschaft ebenso wie im Unternehmen. Ohne einen, der führt, kann Gemeinschaft nicht funktionieren – selbst Anarcho-Gruppen haben jemanden, der in der Gruppe den Ton angibt. Allem Teamwork, allen flachen Hierarchien und der Idee vom Unternehmen als Gemeinschaftswerk zum Trotz wissen alle Gesellschaften intuitiv, dass es Leute gibt, die vorangehen, die Mut haben, die Verantwortung übernehmen. Deshalb empfinde ich derart große Empfänge für mich in fernen Ländern vor allem als Mahnung: »Du kannst etwas entscheiden, du kannst etwas machen, also mach es richtig! Und erinnere dich an uns! Du bist verantwortlich!«

Weil Benedikt eine neue Form des Mönchtums begründen will, stellt er also auch die Führungspersonen in den Mittelpunkt. Gleich das zweite Kapitel betitelt er: »Wie der Abt sein soll«, »Qualis debeat esse Abbas«. Er ahnte: Auch jedes Kloster steht und fällt mit den Qualitäten der Führungskraft. Wenn Eltern, die gleichzeitig Führungskräfte sind, an der Erziehung ihrer Kinder verzweifeln, weil die Gleichaltrigen, die Peer-Group, einen viel größeren Einfluss haben, können sie sich trösten: Zumindest in der Arbeit werden sie genau beobachtet und imitiert. Eine Führungskraft, die mittags zum Golfen geht und danach cholerische Anfälle bekommt, wird als schlechtes Vorbild ein Unternehmen mehr schädigen als eine Finanzkrise. Jeder von uns hat schon erlebt, wie sehr schlechte Führung die Arbeitsfreude und Arbeitsergebnisse beeinträchtigen kann.

Wenn man die Benediktregel liest, möchte man nie Abt sein: »Das kann doch kein Mensch leisten«, habe ich mir gedacht, als ich sie nach meiner Abtwahl noch einmal gelesen habe. Äbte müssen nach den Worten Benedikts *alles* sein, streng und milde, vorausschauend und nahbar, entscheidungsfroh und ratsuchend, und müssen gar in all ihrer Unzulänglichkeit auch noch dem größtmöglichen Vorbild, Gott selbst in der Person Jesu Christi, nacheifern. Benedikts Ideal-Abt ist ein milder Diener Gottes, nicht ein autokratischer Monarch, ein hektischer Manager oder ein argwöhnischer Aufpasser. Ein Abt hat nicht nur damit zu leben, ja selbst rund um die Uhr in der von ihm gestalteten Gemeinschaft beheimatet zu sein und seine Mitarbeiter vom Morgen- bis zum Nachtgebet zu sehen, mit ihnen zu essen und zu beten. Hinzu kommt, dass er durch die Lektüre der Benediktregel beim Essen regelmäßig vor allen Mönchen daran erinnert und ermahnt wird. Sie können sich vorstellen, wie mir in meinen ersten Jahren als Erzabt von Sankt Ottilien zumute war, wenn beim Mittagessen aus dem Kapitel »Wie der Abt sein soll« gelesen wurde und ich wusste: Jetzt denke nicht nur ich darüber nach, ob ich ein guter Abt bin, sondern auch alle Brüder in diesem Raum.

Ich kann aufrichtig sagen, dass ich mich nicht danach gedrängt habe, Erzabt oder gar Abtprimas zu werden. Doch hatte ich auch nie Angst davor, gewählt zu werden, da ich schon als Schüler und dann als junger Mönch täglich Führungspersonen erlebt und ganz natürlich und ohne Workshops von ihnen gelernt habe. Das wichtigste Vorbild in meinem Leben war in dieser Hinsicht Prior Paulus, also der zweite Mann des Klosters. Er war schon Prior, als ich mit vierzehneinhalb Jahren mit meinem Pfarrer in die Sakristei kam, und er blieb auch noch 13 Jahre Prior, als ich mit 37 Jahren zum Erzabt gewählt wurde – 38 Jahre zweiter Chef im Kloster, welche Leistung! Ich habe schon häufig von ihm erzählt, aber bis heute denke ich bei vielen Gelegenheiten an ihn. Wirklich sagenhaft finde ich bis heute etwa, dass er sich schon als Kind zu Gleichmut zwingen wollte und deshalb mit Freunden ein Sparschwein aufbaute, in das immer dann ein Zehnerl – das war für einen Schüler damals viel Geld! – kommen sollte, wenn sich einer aus der Ruhe bringen ließ. Der hohe Preis und der Wettbewerb mit den anderen haben meinen alten Prior so zu einem der unerschütterlichsten Menschen werden lassen, die ich kenne.

Diese Gelassenheit braucht man auch, wenn man nicht vor den Anforderungen der Benediktregel kapitulieren will. Benedikt stellt den Abt besonders heraus und macht ihn doch wieder ganz klein: Im ersten Satz seines Kapitels über den Abt beschreibt er ihn zunächst als »Oberen«, also als einen, der den anderen Mönchen vorangestellt ist. Doch keine zehn Wörter weiter weist er ihn in die Schranken: »Man glaubt nämlich, dass er im Kloster die Stelle Christi vertritt.«

Der Abt sitzt also nicht im eigentlichen Chefsessel, sondern versucht nur, so gut es geht, die Geschäfte weiterzuführen – ein gewaltiger Unterschied! Der Abt, so wie der Mensch überhaupt, ist zwar heilig, unantastbar – aber andererseits auch fehlbar und selbst einem viel größeren Willen unterstellt. Eigentlicher Abt und Hausherr des Klosters ist Christus. Dass Benedikt hier dem Abt sagt, dass er auch nur »primus inter pares« ist, ist ganz wesentlich und schützt jedes Kloster davor, den Abt ebenso wie die Mönche, zu einem despotischen Kleinstaat zu werden. Die Geschichte hat uns gelehrt, was passiert, wenn sich »Führer«

niemandem mehr außer sich selbst verantwortlich fühlen. Nein, ohne die Mahnung an den Abt, Christus unterstellt zu sein, wären selbst im Kloster Autorität und Gehorsam Anmaßung oder ein unverantwortlicher Verzicht auf Personenrechte. Der Abt muss zunächst einmal der Diener aller sein.

Wenn der Abt nicht mehr als ein Werkzeug Christi ist, muss man eigentlich auch die Benediktregel eher eine »Christusregel« nennen, denn letztlich läuft alles auf den hinaus, der am Ende der Tage vor allem über den Abt zu Gericht sitzen wird: »So wisse der Abt«, heißt es in Kapitel 1 der Regel, »die Schuld trifft den Hirten, wenn der Hausvater an seinen Schafen zu wenig Ertrag feststellen kann. (…) Stets denke er daran: Er hat die Aufgabe übernommen, Menschen zu führen, für die er einmal Rechenschaft ablegen muss.«

Indem der Abt an Gott gebunden ist und sich dem Gericht Gottes stellen muss, beugt die Benediktregel, zumindest der Theorie nach, jeder Eigenmächtigkeit des Abtes vor. In diesem Verständnis von Führung als verlängertem Arm Christi liegt meiner Ansicht nach übrigens ein wesentlicher Unterschied zum fernöstlichen Mönchtum. Hier berufen sich Gurus oder Roshis auf ihre alleinige Autorität und fordern echten Gehorsam ein, ohne ihn aus einer höheren Instanz ableiten zu können.

Aus vielen Gesprächen, die ich führe, habe ich den Eindruck gewonnen, dass Chefs in Führungsetagen gerne abheben. Wo die Benediktregel einen selbstgefälligen Abt wieder nach unten drücken wird, genießen es manche Führungspersonen, ihre Macht auszubauen und die Mitarbeiter spüren zu lassen, dass ihr Wohlergehen von einem selbst, dem quasi allmächtigen Chef, abhängt. Jeder von uns trägt von Natur aus den Trieb zur Macht in sich. Das ist prinzipiell nichts Schlechtes, denn Ehrgeiz und auch Eitelkeit sind Triebfedern, die manche herausragenden Leistungen erst möglich machen.

Schwache Menschen jedoch verlieren durch die Macht das Wesentliche, nämlich den anderen Menschen, aus den Augen. Sie hecheln sich von Anerkennung zu Anerkennung und kriegen doch nie genug – sie können sich nicht über die Erfolge anderer freuen, sie stehen dauernd im Wettkampf. Sie verbreiten ein Klima der Angst, sind unberechenbar und cholerisch. Ihr ganzes Selbstbewusstsein hängt von ihrer einmal erlangten Machtstellung ab, und erst wenn sie die einmal verlieren, werden sie wieder zu fühlenden Menschen. Anders ist es mit starken Persönlichkeiten. Die heben ab, halten sich einen Hofstaat, der ihnen ständig zuflüstert, wie toll sie doch sind. Doch in ihrem Glanz werden sie es zum Beispiel vergessen, auch andere stark werden zu lassen, etwa die eigene Nachfolge zu regeln. Solche Menschen zeigen dann auch gern symbolisch ihre Macht, und sei es nur mit großen Autos. Statussymbole, vermeintlich verbriefte Macht und Ergebenheitsadressen sind ein süßes Gift für Vorgesetzte.

»Abt« kommt von »Abba«, das bedeutet »Vater«. So wie Jesus seine Jünger »Kinder« nannte, so soll der Abt für die ihm anvertrauten Mönche sorgen. Man lächelt oder lästert manchmal über »patriarchalisch« geführte Betriebe, und tatsächlich müssen vor allem Familienbetriebe aufpassen, geistig frisch zu bleiben. Doch gut geführte Familienbetriebe sind durch nichts zu übertrumpfen: Da ist es die ruhige Hand des Alt-Vorstandes, der schon selbst zu einem Teil der Firmenkultur geworden ist und den Laden zusammenhält –

denken Sie etwa an den Patriarchen des Fiat-Konzerns Agnelli, der in Italien verehrt wurde wie ein guter König. Natürliche, nicht äußere Autorität ist das A und O.

Unsere Versuchung ist groß, zu meinen, mit Berufung auf die Autorität erfolgreicher arbeiten zu können. Wir möchten rasch und erfolgreich zum Ziel gelangen und sehen uns blockiert durch Mitarbeiter oder auch Schüler, die ständig quertreiben, nörgeln, nicht mitziehen: Am Ende sind wir nur halb so weit, wie wir eigentlich sein wollten. Dieser Widerspruch von objektiven Zielvorgaben und menschlichen Hindernissen kann uns aufreiben. Wie oft habe ich dann schon auf den Tisch hauen wollen und habe es auch manchmal getan. Doch der plötzliche Friede, der erreicht wurde, ist ein Scheinfriede: Wer sich stur durchsetzt, geht einen Schritt vor und zwei zurück. In der Familie ist es genauso: Wenn eine Mutter, ein Vater sich nur mit »Schluss jetzt, basta!« durchzusetzen weiß, dann wird es spätestens in der Pubertät zu Dramen kommen.

Ein guter Manager muss eine souveräne Persönlichkeit sein und in Abstand zu sich selbst, in Freiheit von den eigenen Trieben für die anderen sorgen. Jedem Chef soll durchaus ein guter Wagen zugestanden sein, damit er darin unterwegs eventuell noch arbeiten kann und bei der Ankunft frisch genug ist, einer Sitzung vorzustehen oder einen Vortrag zu halten – aber auch nur *dafür*, und nicht zur Betonung seiner Wichtigkeit.

Die innere Freiheit, die Gelassenheit, macht uns resistent gegen die Droge Macht. Die Kultur, die der Chef vorgibt, wird auf die Mitarbeiter ausstrahlen. Wer sich selbst nicht schont, wird geachtet und spornt an. Es fehlt uns nicht an Werten, sondern es fehlt uns an Vorbildern, die diese Werte leben, die sie uns vormachen. Geredet wird genug, gelebt zu wenig. In Ägypten betrachtete man die ersten Klöster als »Schulen« – sollten nicht auch Unternehmen Schulen sein, nicht nur Arbeitsplätze? Ich empfehle auch hier Benedikt: »Der Abt mache alles Gute und Heilige mehr durch sein Leben als durch sein Reden sichtbar.«

Dieses Selbstverständnis der Vaterschaft geht sogar so weit, dass Benedikt empfiehlt, am Abend nicht aus dem Buch der Könige des Alten Testaments zu lesen, weil es die Seelen zu sehr aufwühlen könnte – schließlich geht es darin allzu kriegerisch zu, von David gegen Goliath bis zum Zug gegen Jerusalem. Vielleicht hatte Benedikt Angst davor, ein germanischer oder gotischer Mönch würde, von der Lektüre angestachelt, am liebsten wieder kämpfen gehen: Für »weniger gefestigte Brüder«, schreibt Benedikt, sei es nicht gut, »wenn sie zur Abendstunde diese Schriften hören«.

»Eine schwierige und mühevolle Aufgabe«: Sich um jeden sorgen

Wenn ich im Chor eines Klosters sitze und den Blick in die Runde schweifen lasse, muss ich manchmal lächeln. Wie unterschiedlich die Menschen doch sind! Welche Phantasie muss Gott haben, dass er so viele Menschen, einnehmende und weniger gefällige, erschafft. Oder auf meinen Reisen: Da lerne ich ganz unterschiedliche Gemeinschaften kennen. In manchen von ihnen leben nur mehr weißhaarige alte Mönche.

Anderswo, vor allem in Afrika, sind die Klöster voll von jungen Frauen und Männern, manche sehr zurückgezogen, manche sehr lebhaft. *Eine* Kirche, sogar *ein* Orden, aber so viele *Unterschiede* – zum Glück! So ordentlich Monokulturen von außen aussehen, so anfällig sind sie für Krankheiten. Hunderte Klöster, Tausende Mönche. Alle verschieden. All diesen Unterschieden muss ein Abt gerecht werden – so wie eine Grundschullehrerin auf Kinder aus allen Schichten und Ländern eingehen muss und ein Manager für Pförtner und Aufsichtsräte gleichermaßen nahbar sein sollte.

Ein Kloster ist kein lebenslanger Urlaub mit den besten Freunden – nein, jederzeit kann jemand Neues zur Klosterfamilie stoßen, der einem womöglich am Anfang nicht behagt. Auch für mich ist es schwer, Menschen, die mir nicht sympathisch sind, anzunehmen. Doch ich muss es mein ganzes Leben lang versuchen. Deshalb darf man Benedikts Regel nicht nur so lesen, als stelle hier jemand die Hausordnung für eine perfekte Welt zusammen – im Gegenteil: Er will mit seiner Regel das völlig Unrealistische – ein friedliches Zusammenleben unterschiedlicher Männer für Gott – annähernd ermöglichen. Seine Regeln verwandeln das Klosterleben von einer Utopie zu einem Denkbaren. Kurzum: Die Anweisungen verhelfen zunächst einmal dazu, sich gegenseitig überhaupt zu ertragen.

Wirkt die Regel anfangs hart und elitär, ermöglicht ihre Klarheit doch erst die freie Entfaltung des Einzelnen. Ähnlich einer Fußballmannschaft hat jeder seine Fähigkeiten und Aufgaben in der Gemeinschaft. Die Mönche bleiben sie selbst, aber streben doch gemeinsam zu ihrem Ziel, mit dem Abt an der Spitze, der »keinen Unterschied der Person« machen soll: »Er muss wissen, welch schwierige und mühevolle Aufgabe er auf sich nimmt: Menschen zu führen und der Eigenart vieler zu dienen. Muss er doch dem einen mit gewinnenden, dem anderen mit tadelnden, dem dritten mit überzeugenden Worten begegnen.«

Eine fast unmenschliche Aufgabe, weshalb Benedikt dem Leser seine Maxime der Individualität fortwährend einbleut: So schreibt er, der Abt solle alles »so anordnen, dass die Starken finden, was sie suchen, die Schwachen aber nicht davonlaufen«. Er ermuntert die Mönche, persönliche Wünsche gegenüber dem Klosterverwalter zu äußern, ja, er gesteht sogar seinen Mönchen ein Einspruchsrecht zu, für den Fall, dass ein Auftrag sie überfordern sollte. Immer wieder, wenn wir bei Tisch sitzen und die Regel vorgelesen bekommen, staune ich darüber, welchen Wert ein Mann des 6. Jahrhunderts dem einzelnen Menschen beimisst.

Benedikt will, dass wir einfühlsam sind und uns in die Lage des anderen versetzen. Wie schwer uns dies bis heute fällt, zeigt sich daran, dass sich über alle Sprachgrenzen hinweg Sprachbilder erhalten haben, die das Gleiche meinen: So wie Benedikt fordert, der »Eigenart vieler zu dienen« und nicht über andere vorschnell zu urteilen, fordern die Italiener dazu auf, in die eigene Kleidung zu schlüpfen (»Mettiti nei panni miei«), und die Indianer, in die Schuhe des anderen, genauer: »Urteile nie über einen anderen, bevor du nicht einen Mond lang in seinen Mokassins gegangen bist.«

So alt die Redensarten sind, so alt ist das Unvermögen vieler Menschen, dies auch zu beherzigen. Vor allem Menschen in Führungspositionen brauchen viel Gespür dafür, welches die Stärken oder Schwächen des anderen sind, wie es im anderen aussieht, was der andere wirklich denkt, oder was er sagt. Wie verletzend kann es etwa sein, einen Vorschlag brüsk zu übergehen – ein zweiter wird nicht mehr kommen. Ein simpler Trick ist: Sich Zeit nehmen für den anderen, auch wenn eigentlich keine da ist. Ein Abt schrieb Ende des 19. Jahrhunderts in sein Tagebuch:

»Heute wieder zu nichts gekommen, den ganzen Tag Gäste gehabt.«

Mir geht es ähnlich. Es gibt kaum einen Tag, an dem ich einmal die vorgesehenen Punkte abarbeiten kann. Immer wieder kommen Mitbrüder und Gäste. Doch wenn ich mir Zeit nehme, mit den Menschen rede, dann beuge ich Konflikten vor, die irgendwann ausbrechen können. Wer aber seine Mitarbeiter wahrnimmt und auf ihre Persönlichkeit einzugehen weiß, der wird ein vertrauensvolles Arbeitsklima schaffen und wird auch selbst keine Intrigen oder Nachstellungen zu befürchten haben. Der Abt, so schreibt Benedikt, solle gleichsam das »Auge« der Gemeinschaft sein: Das meint nicht Big Brother, sondern Augenmaß und Unterscheidungsgabe.

Benedikt will die Vielfalt in der Einheit. Heutige Unternehmen nennen das »diversity management«, auch wenn im Vergleich zu früher von der »diversity« manchmal nur noch das unterschiedliche Essen geblieben ist, das sich dann in mexikanischen, französischen oder chinesischen Wochen in irgendwelchen Kantinen der Welt äußert. Benedikt hatte aber nicht nur damit zu kämpfen, dass seine Mönche Germanen, Goten oder Römer waren, sondern auch damit, dass manche ehemalige Sklaven, andere Patriziersöhne waren.

Stellen Sie sich doch einmal vor, wie revolutionär es in den Ohren der damaligen Zeit geklungen haben muss, wenn Benedikt schreibt: »Der Abt liebe den einen nicht mehr als den andern«, und im Anschluss vor allem: »Wer frei geboren ist, darf nicht über den gestellt werden, der aus dem Sklavenstand ins Kloster tritt (…), denn ob Sklave oder Freier, in Christus sind wir alle eins, und unter dem einen Herrn tragen wir die Last des gleichen Dienstes. Denn bei Gott gibt es kein Ansehen der Person.«

Der Abt soll eine himmlische Ordnung auf Erden schaffen und deshalb irdische Rangunterschiede aufheben. Zu Benedikts Zeiten lag darin eine Revolution, ein Dutzend Jahrhunderte bevor Karl Marx den »Klassenkampf« erfand. Uns fehlt die Phantasie, uns vorzustellen, wie viel Demut und Gottesliebe ein römischer Adliger aufbringen musste, um es ein Leben lang zu ertragen, dass der vor ihm ins Kloster eingetretene Sklave einen besseren Platz am Esstisch hatte. Denn die Regeln waren erbarmungslos klar: »Wer zum Beispiel zur zweiten Stunde ins Kloster kam, muss wissen, dass er jünger ist als jener, der zur ersten Stunde des Tages gekommen ist, welches Alter oder Stellung er auch haben mag.« Wenn heute junge Leute ins Kloster eintreten, dann gibt es kaum Probleme wegen ihrer sozialen Herkunft: Die meisten, die ins Kloster eintreten, sind bewusst katholisch sozialisiert und kommen aus der größten Schicht, der Mittelklasse.

Benedikts Regel ist eine wunderbare Kombination aus Ordnung und Freiheit: Auf der einen Seite ist fest definiert, wer über was verfügen darf, wer welche Kleidung, Geräte und welches Essen bekommt – die eindeutige Ressourcenzuteilung ermöglicht effizientes Arbeiten und einen reibungslosen Ablauf. Gleichzeitig fordert Benedikt dazu auf, jeder Eigenart der Mönche gerecht zu werden, ohne in Gleichmacherei zu verfallen. So soll der Abt zwar »alle in gleicher Weise lieben« und »ein und dieselbe Ordnung« für alle gelten lassen – doch dann ergänzt er trocken: »wie es jeder verdient«.

Ich würde mir wünschen, nicht nur Kloster-, sondern auch Staatenordnungen würden öfters die Waage zwischen

Beschränkung und Freiheit halten. So war ich beim sogenannten Anti-Diskriminierungsgesetz, das dann glücklicherweise »Gleichbehandlungsgesetz« genannt wurde, sehr skeptisch. Den anderen als Gottes Geschöpf anzunehmen ist nicht etwas, das man verordnen kann, und deshalb fürchte ich, dass dieses Gesetz die Diskriminierung nicht aus der Welt verbannen wird, aber wir müssen darauf hinarbeiten. Im schlechtesten Fall trifft das Gesetz mit seinen Sanktionen nur diejenigen, die nicht schlau genug waren, ihre Diskriminierung hinter wohltönenden Parolen zu verbergen.

»Er hasse die Fehler, er liebe die Brüder«: Streiten und Konflikte lösen

Was versucht Benedikt nicht alles, um Konflikte zu vermeiden! Fast peinlich ist er darauf bedacht, jede Unruhe vom Kloster fernzuhalten, und sei es, dass er einen Mönch, der auf Reisen war, inständig dazu ermahnt, nichts zu erzählen, »was er außerhalb des Klosters gesehen und gehört hat, denn das richtet großen Schaden an«. Es könnte ja jemand murren, wie Benedikt schreibt, etwa als Folge von gefühlter Benachteiligung.

Doch ein Abt kann noch so gut sein, Konflikte bleiben nicht aus. Gemeinschaft ist selten rosarot, Gemeinschaft ist öfter zornesrot, Gemeinschaft besteht zu einem großen Teil aus Reibereien. »Mönche«, so schrieb Cassian, gehen zwischen allen Übertreibungen den »goldenen Weg«, aber Friede-Freude-Eierkuchen-Harmonie um jeden Preis kann damit nicht gemeint sein. Zum Führen gehört auch Streiten, aber mit Umsicht. Mehrfach mahnt Benedikt, die Brüder »nicht zu betrüben« – was für eine Idylle im Vergleich zum heutigen Mobbing im Büroalltag, von dem mir Angestellte und Besucher erzählen.

Die Grundlage dafür, Konflikte zu vermeiden, ist eine vernünftige Dienstordnung. Das gilt für Klöster wie Firmen. Benedikt ermahnt zwar, die Mönche müssten einander »lieben« und sogar um den gegenseitigen Gehorsam wetteifern. Doch das ist das Ideal. Schon Respektlosigkeit in den banalsten Dingen, ob beim Essen oder in Unternehmen bei Sitzungen, kann einen Streit entfachen, schon Unpünktlichkeit kann der eine als sympathische Schludrigkeit, der andere als bewusst respektloses Verhalten empfinden. Deshalb steckt die Benediktregel einen gemeinsamen Rechtsraum ab, in dem Novizen probehalber leben können, dessen Regeln sie kennen und dem sie nach Ablauf eines Jahres in seiner Gänze beitreten. Manche angedrohten Folgen bei Übertretungen mögen hart klingen; es ist aber auf der anderen Seite fair, da jeder weiß, was auf ihn zukommt. Soll keiner sagen, er habe nichts gewusst.

Streit darf eine Führungskraft nicht aus dem Wege gehen: Die Fähigkeit, einen gewissen Pluralismus der Charaktere im Kloster zu akzeptieren und zu pflegen, ist das eine. Das Wissen um die Grenze, erst recht dann, wenn Fehler passieren, die dem Kloster – oder dem Unternehmen – schaden, ist das andere. Den Umgang mit Problemen im Kloster fasst Benedikt unter den plakativen Merkspruch: »Er hasse die Fehler, er liebe die Brüder.«

Wenn etwas schiefgeht, wenn ein Fehler passiert, ist das noch lange kein Grund, den anderen mit dem Fehler gleichzusetzen, also Sach- und Personenebene durcheinanderzubringen. Das muss man unbedingt verhindern. Wenn ich einen Mitbruder wegen eines verzeihlichen Fehlers persönlich angreife, ist der Schaden um ein Vielfaches höher, als es nötig wäre. Doch wenn ich ihn auf der Sachebene positiv kritisiere – etwa mit den Worten: »Das kannst du besser!« –, dann achte ich den Mitarbeiter und werde ihn durch mein Vertrauen zusätzlich motivieren.

Am besten geschieht das im Vieraugengespräch, das Benedikt dann empfiehlt, wenn ein Bruder »trotzig oder ungehorsam oder hochmütig ist oder dass er murrt«. Zweimal soll dann der Vorgesetzte mit ihm reden, dann noch eine weitere Vertrauensperson. Wie oft haben mir dagegen Besucher erzählt, wie demütigend sie eine öffentliche Kritik »aus heiterem Himmel« empfanden! Dies kann die ganze Unternehmenskultur vergiften. Gleichrangige Mitarbeiter ahmen das Verhalten des Chefs nach und treiben ihre Kollegen oft in die Verzweiflung.

Es ist erstaunlich, welche Bedeutung Benedikt dem Mitarbeitergespräch beimisst, das fast schon mehr individuelle Seelsorge ist. Welcher Chef kann das heute von sich behaupten? Behutsam soll der Abt seinen Untergebenen wieder auf den rechten Pfad bringen: Wenn er zurechtweist, dürfe er nicht zu weit gehen: »Sonst könnte das Gefäß zerbrechen, wenn er den Rost allzu kräftig auskratzen will.« Ein ohnehin schon ängstlicher Mitarbeiter wird wohl kaum so kraftvoll werden, wie ich ihn brauche, wenn ich ihn jedes Mal runterputze. Benedikt verlangt geradezu ein ärztliches Händchen, das »fremde Wunden heilen« kann – so wie Jesus, von dem es heißt: »Er heilte alle Kranken.«

Jahrhunderte bevor es solche Wortblasen wie »Ganzheitlichkeit« gab, sieht die Regel Zorn und Streit als Krankheit an, die so geheilt werden kann wie ein körperliches Fieber. Gutes Zureden, Liebe, Zuneigung heilen: »Lindernde Umschläge und Salben der Ermahnung«, »Arzneien der Heiligen Schrift«, als Letztes das Gebet: »Noch stärker wirkt: Der Abt und alle Brüder beten für den kranken Bruder.« Die Gemeinschaft, das Kloster, das Büro ist gemeinsam verantwortlich für ein gutes Klima, nicht nur der Chef, der eine Pseudoharmonie drakonisch durchsetzen könnte.

So sollte es auch in Unternehmen sein oder in Schulen. Egal wo immer, habe ich versucht, die ganze Gruppe einzubinden, wenn es Probleme mit einem einzelnen Mönch gab. In habe im Unterricht stets versucht, die ganze Klasse einzubinden, wenn es Probleme mit einem einzelnen Schüler gab. Das hat nicht immer geklappt. Aber man muss es ausprobieren: Wenn ein Lehrer überhart gegen einen noch so widerborstigen Schüler vorgeht, wird sich die Klasse letztlich doch mit dem Mitschüler, nicht mit dem Lehrer solidarisieren.

Bei aller Liebe, nicht immer ist ein Konflikt gütlich zu beenden. Deshalb kennt die Benediktregel weitere Eskalationsstufen, die nicht willkürlich, wie wir gesehen haben, sondern nur dann, wenn es nicht anders geht, betreten werden. Wer zu harmoniebedürftig ist, hat manchmal Schwierigkeiten, konsequent zu sein, auch wenn es weh tut. Wenn sich ein Bruder nicht bessert, soll er öffentlich zurechtgewiesen, dann ausgeschlossen, möglicherweise ganz aus der Gemeinschaft entfernt werden – »ein räudiges Schaf soll nicht die ganze Herde anstecken«. Selbst dann ist noch nicht alles vorbei. Der Abt muss so weit gehen wie der Gute Hirte, der neunundneunzig Schafe in den Bergen zurückließ und sich aufmachte, das eine, das verirrte Schaf zu suchen. »Mit dessen Schwäche hatte er so viel Mitleid, dass er es auf seine Schultern nahm und so zur Herde zurücktrug.«

Wenn jemand versagt hat, leidet er ja selber. Da wäre es viel wichtiger, ein Wort der Ermunterung zu geben. Man muss die Umstände in Betracht ziehen, nicht nur die messbare Leistung: Als Schüler hatte ich ein paarmal hintereinander erst eine 1, dann eine 6, dann wieder eine 1 und wieder eine 6 in Latein. Mein Lehrer sagte: »Du bist faul!« Ich wusste: Nein, ich bin nicht faul. Ich kann es mir bis heute nicht erklären, glaube einfach, dass es an der Pubertät lag. Es ist leicht, auf jemandem herumzutrampeln; es ist schwer, jemanden ernst zu nehmen und ihm zu helfen. »Wenn ich meine Herde überanstrenge, geht sie an einem Tag zugrunde«, schreibt Benedikt auch. Es ist bei einer Gemeinschaft ganz wichtig, die Menschen nicht zu überfordern. Wenn ich bei einer Herde meine, sie müsste auf 120 Prozent getrimmt sein, dann scheitere ich. Dann verzweifelt und verbittert auch die Führungsperson.

Mitarbeiter sind das wertvollste Kapital eines Unternehmens. Es lohnt sich, sich um sie zu bemühen und den Frieden zu wahren. Versöhnung sollte immer möglich, das Tischtuch nie ganz zerrissen sein. Dramatische Trennungsszenen, »Alles aus!« und »Auf Nimmerwiedersehen!«, das kann es zumal zwischen erwachsenen Menschen und langjährigen Kollegen nicht geben – im Kloster noch viel weniger, da wir, selbst wenn Konflikte bleiben, miteinander wohnen bleiben müssen. So erklärt sich das Bemühen um den Frieden im eigenen Haus.

Benedikt empfiehlt dem Abt, Momente gemeinsamer Vergebung täglich herbeizuführen. Er schreibt: »Die Feier von Laudes und Vesper gehen niemals zu Ende, ohne dass am Schluss der Obere das Gebet des Herrn von Anfang an so spricht, dass alle es hören können; denn immer wieder gibt es Ärgernisse, die wie Dornen verletzen. Wenn die Brüder beten und sprechen (Mt 6,12): ›Vergib uns, wie auch wir vergeben‹, sind sie durch dieses Wort gebunden und reinigen sich von solchen Fehlern.«

Mönche dürfen Fehler machen, ihr ganzes Leben lang, so wie jeder Mensch – doch sie bitten um Vergebung und gestehen im besten Fall Fehler ein. Auch in Unternehmen kann ein offener Umgang mit Fehlern Wunder wirken: Plötzlich werden die, die immer Supermänner oder -frauen sein wollten, zu nahbaren Menschen, die eigene Fehler verzeihen und deshalb auch fremde Fehler verzeihen können. Kürzlich habe ich davon gehört, dass manche Firmen sogar ihre Konferenzen damit eröffnen, dass jeder einen Fehler erzählt, den er gemacht hat. Ich finde das sehr innovativ. Solche Fehler-Konferenzen rücken die Maßstäbe wieder zurecht, man schenkt sich gegenseitiges Vertrauen, jeder lässt einmal die Maske des Perfektseins fallen. Es kann eine reinigende Erfahrung für alle sein – wie ein Vaterunser. In einer ganzen Reihe von Klöstern ist es üblich, einmal pro Woche oder Monat eine sogenannte »Culpa« zu halten, ein Schuldkapitel. Dabei klagen sich die Mönche vor den anderen Mönchen für Nachlässigkeiten und Vergehen gegen die Gemeinschaft selbst an, damit die unterschwelligen Spannungen wieder ausgeräumt sind.

Perfektionismus macht hart und unmenschlich: Benedikt sagt, der Abt solle den »Topf nicht so fest scheuern, bis er zerbricht«. Das Bild bedeutet: Wir wollen alles perfekt machen, aber am Ende schaden wir uns doch nur selbst. Bei der Musik geht es mir manchmal so, dass ich einfach nicht über eine Stelle hinwegkomme – dann muss man auch eine Pause machen, eine Nacht darüber schlafen. Dann müssen wir die Sorgen vor der Tür lassen und am nächsten Morgen weiterarbeiten, wenn wieder etwas geht. Ich neige auch manchmal dazu, bei einem Artikel, den ich schreibe, zwanzigmal herumzukorrigieren. Natürlich kann ich noch verbessern – aber es bringt nichts mehr. Der Zeitaufwand lohnt das nicht mehr – der Perfektionismus läuft sich zu Tode. Man muss auch mal fünfe gerade sein lassen und nicht alles totperfektionieren.

Sich beraten

Ein Kloster ist auch immer ein Spiegel der Gesellschaft ringsum: Da hat Benedikt in der Spätantike eine in unseren Augen revolutionäre Ordnung erlassen, die heutige demokratische Ideen in manchem vorwegnahm – doch wie sie letztlich umgesetzt wurde, das kam doch sehr auf den Zeitgeist an: Über Jahrhunderte konnten sich die Äbte der Klöster als kleine Fürsten fühlen, konnten sich auf den Gehorsam ihrer Mitbrüder fest verlassen. Widerspruch, Einwände waren Mutproben. Der Geist Benedikts, die Idee großzügiger, milder, aber doch eindeutiger Menschenführung, schien noch bis in unsere sechziger Jahre ausgesperrt. Doch die jungen Mönche brachten die Aufbruchsstimmung der Studentenrevolte mit in die Klöster. Auch ich selbst wollte etwas verändern und pochte darauf, die Benediktregel neu zu lesen und umzusetzen. So wurde der Abt langsam wieder vom Prälaten zum »Abba«, zum Vater der Gemeinschaft. Für die Äbte ist das Leben dadurch nicht einfacher geworden, denn Führung in Gemeinschaft ist anstrengend, aber unabdingbar, immer in die jeweilige Kultur eingebettet und von ihr beeinflusst.

Noch bis 1918 wurde in Preußen nach dem Dreiklassenwahlrecht gewählt. Die Benediktiner wählen seit 1500 Jahren ihren Abt in freier, gleicher und geheimer Wahl. Die Mönche hatten aber seit jeher nicht nur eine Stimme bei der Wahl, sondern konnten auch ihre Stimme erheben, wenn der Abt, wie es von Benedikt vorgesehen wurde, seine Mönche zur Beratung zusammenrief. »Sooft etwas Wichtiges im Kloster zu behandeln ist, soll der Abt die ganze Gemeinschaft zusammenrufen und selbst darlegen, worum es geht. Er soll den Rat der Brüder anhören und dann mit sich selbst zu Rate gehen. Was er für zuträglicher hält, das tue er.«

Benedikt hat wohl auch diese Regel nicht in idealistischer Absicht geschrieben, sondern mit dem Ziel, das immer drohende »Murren« zu verhindern. Indem alle zum Rat gerufen werden, trägt jeder Mönch Verantwortung für die Gemeinschaft. Der Gefahr, dass sich ein anderes, dauerhaft murrendes Gravitationszentrum neben der Autorität des Abtes bilden könnte, wird vorgebeugt. Im Rat wird keine Entscheidung per Handzeichen gefällt, es *entsteht* eine Entscheidung: Der Heilige Geist soll in wunderbarer Weise das Ansinnen unterschiedlicher Glieder der Kirche zu einem Konsens zusammenführen, nach dem Motto: »Der Heilige Geist und wir haben beschlossen.«

Was heute noch vielen schwerfällt, war für Benedikt selbstverständlich: seinen Mitmenschen auch brauchbare Einfälle zuzutrauen. Man nennt es heute »Meeting«, wenn man sich bespricht, Konferenz oder Sitzung. Beim Gedanken an solche Treffen beschleichen mich manchmal Zweifel, was sie bringen. Wer nicht *mehr* aus einer Beratung herausholen kann, als die körperliche Anwesenheit bestimmter Personen festzustellen, weil sie eben »sitzen«

oder sich »meeten«, der verkennt, wie kreativ Mitarbeiter sein können, die sich ernst genommen fühlen.

Wie oft habe ich nicht nur im Rat mit den Brüdern, sondern auch in anderen Gremien erlebt, wie gut es ist, ein Problem offen auszubreiten und zu besprechen. Doch wer als Chef ein Alleingänger ist, sieht in einem Rat eine bürokratische Hürde, ein künstliches Verlangsamungsgremium. Allenfalls haben die »Kompetenten«, die »Experten« das Recht, zu beraten. Sie formen dann ein »Expertengremium« oder ein »Kompetenzteam«. Doch wenn wir meinen, wir hätten in uns selbst allen Sachverstand beisammen, ist dies das beste Zeichen dafür, dass wir betriebsblind geworden sind. Gute Anregungen kommen oft von den Leuten, die man für unwichtig hält. Viele hätten im Jahre null auch ein kleines Kind einer ärmlichen Familie für völlig belanglos gehalten. Die Heiligen Drei Könige glaubten an das Unscheinbare und fanden den Heiland in diesem Kind. Wie oft laufen wir an einem Retter vorbei, ohne es zu wissen?

Ich kann Ihnen erzählen, was passiert, wenn man meint, man sollte sich doch besser nur mit vermeintlich kompetenten Leuten auseinandersetzen: In meinem Kloster Sankt Ottilien gab es den Wunsch, eine Sechs-Farbdruck-Maschine anzuschaffen, um viele Prospekte und Drucksachen im Haus herstellen zu können und die Aufträge nicht mehr für teures Geld nach außen geben zu müssen. Für mich schien das zunächst eine Sachfrage der Druckerei zu sein, bis der Elektriker in unserem Gremium die Frage stellte, ob wir auch genügend Strom für die Maschine hätten – hatten wir natürlich nicht. Wie dumm hätten wir dagestanden, wäre der einfache Elektriker damals nicht dabei gewesen? Oder: Wir, die Mönche, planten einen großen Gottesdienst, verbunden mit verschiedenen anderen Veranstaltungen. Das schien Sache der liturgischen Kommission zu sein. Doch dann stellte der Sakristan, der für den Unterhalt und die Pflege der Kirche und aller Nebenräume zuständig ist, die berechtigte Frage, wie er das alles unter einen Hut bekommen sollte. Fast hätten wir über seinen Kopf hinweg entschieden und dann festgestellt, dass die Realität mit unseren Vorstellungen leider nicht übereinstimmt.

Kommt Zeit – kommt Rat: Ich habe bei der Entscheidung darüber, wie wir unsere Klosterkirche renovieren sollten, elf Jahre aufgewandt; und um einen Managementvertrag für das Krankenhaus, das die Benediktiner mit den kommunistischen Behörden in China bauten, habe ich vier Jahre lang mit den Behörden gerungen. Die chinesische Seite wollte und sollte nicht unterliegen, wir aber auch nicht.

Junge Menschen haben neue Ideen und setzen sich für sie ein, ihnen fällt etwas ein, wo Ältere längst resignieren. Sie sind noch risikobereit, während wir bei zunehmendem Alter vorsichtiger werden und uns blockieren mit: »Das hat es noch nie gegeben«, »Das haben wir schon immer so gemacht« und »Da kann ja jeder kommen!«. Deshalb schreibt Benedikt: »Dass aber alle zur Beratung zu rufen seien, haben wir deshalb gesagt, weil der Herr oft einem Jüngeren offenbart, was das Bessere ist.« Er dachte dabei vielleicht an Jesus Christus, der kein weiser alter Mann, sondern jung war, als er seine Jünger um sich scharte. Oder er dachte an Beispiele aus dem Alten Testament, an den jungen David, der zum König gesalbt wird, als er noch als Junge die Tiere weidete, oder an den jungen Salomon, der durch sein weises Urteil in einer heiklen Frage so berühmt geworden ist, dass wir heute noch von einem »salomonischen Urteil« sprechen. Jedenfalls glaubte Benedikt, dass Christus nicht nur in jedem seiner Brüder ist, sondern dass er auch durch jeden seiner Brüder spricht. Es scheint so selbstverständlich zu sein, alle zu Rate zu ziehen, die es betrifft – doch die Wirklichkeit sieht ganz anders aus. In den Vorständen hat oft der Vorsitzende allein das Sagen, und keiner traut sich mehr, eine andere Meinung vorzubringen.

Schon das junge Mönchtum hielt den Rat und die Leitung der Älteren für unerlässlich, sie sollten »Übertreibungen« vorbeugen. Gleichzeitig erkannten schon die ersten Mönche an, dass der Geist vor allem in Jüngeren wirken könnte. So wird über einen frühen Abt Paphnutius erzählt, er habe von jungen Jahren an »durch die Gnade eine besonders wertvolle Kraft« gehabt, weshalb er »seiner Jugend zum Trotz« den Älteren gleichgestellt worden sei. Ich glaube, so ein Rat, in dem viele Generationen verbunden sind, bündelt die Kräfte, die es braucht, um Entscheidungen mit Weitsicht zu fällen: Junge Menschen, die vorpreschen, und Alte mit ihrem großen Erfahrungsschatz. Mönche aller Generationen sind nicht nur im gemeinsamen Ziel, sondern auch in der gemeinsamen Verantwortung miteinander verbunden: So entsteht wirklicher Teamgeist.

Alle, so die Idee Benedikts, sollten sich verantwortlich für das gemeinsame Haus fühlen, nicht nur »die da oben«. Das haben wir in Sankt Ottilien auch mit den Schülern gemacht: Im sogenannten »Schulbeirat« saß auch ein Vertreter der Schüler. Für mich ging es dabei aber nicht nur um neue Ideen, sondern ich wollte wissen, was diejenigen denken, für die wir die Schule schließlich unterhalten. Die zuständige Schulbehörde staunte nicht schlecht, als ich den Schüler hinzubat.

Wenn ich irgendwo auf der Welt ein Kloster besuche, dann komme ich mir auch manchmal vor wie ein solcher Schüler: Weil die Benediktinerklöster eigenständig sind, kann ich nichts anordnen, aber ich kann Rat geben. Ich kann Erfahrungen weitergeben, ich kann Rat erteilen, ich kann neue Ideen ins Spiel bringen. In manchen Klöstern bin ich dann jener fremde Mönch, von dem Benedikt schreibt, man solle seine Kritik ernst nehmen, wenn er sie äußere, denn vielleicht habe der Herr ihn ja gerade deshalb gesandt. Wenn mich jemand kritisiert, versuche ich auch, mich nicht gleich zu verteidigen und zu rechtfertigen – ich versuche mich zu fragen, ob Christus mich nicht durch den anderen auf etwas aufmerksam machen möchte, was ich selbst bei mir nicht erkenne. Sie werden erstaunt sein: Wenn man dem anderen so begegnet, führt das zu einem ganz neuen Umgang miteinander. Das mag zwar fromm klingen, ist aber in der Tat so.

Doch der Zeitdruck hindert uns oft daran, über den Tellerrand zu schauen, einmal nicht über das Tagesgeschäft zu reden, sondern über Wesentliches. Über ertraglose Konferenzen zu lästern gehört zum guten Ton von Angestellten ganz unterschiedlicher Unternehmen, die Müdigkeit gegenüber großen Runden wächst. Kürzlich las ich, dass Manager nichts mehr von Teamarbeit halten. Die Arbeit dauere zu lange, jeder wolle sich nur selbst behaupten, und am Ende komme nur der kleinste gemeinsame Nenner heraus. Mitarbeiter, die nach dem Motto handeln: »Es wurde schon alles gesagt, nur noch nicht von mir«, können einen quälen. Doch wenn man sie nicht einbinden würde, ließen sie hintenherum ihre Energien aus, stänkerten und störten den Frieden. In jedem Konferenzraum sollte in Eichenholz geschnitzt der Rat Benedikts stehen: »Die Brüder sollen jedoch in aller Demut und Unterordnung ihren Rat geben. Sie sollen nicht anmaßend und hartnäckig ihre eigenen Ansichten verteidigen.« Eine Führungskraft sollte trotzdem auf solchen Treffen beharren.

Eine Führungsperson muss auch erkennen, wann mehr Zeit vonnöten ist, wann gewisse Entscheidungen Zeit zum Reifen brauchen. Hierzu ist es gut, wenn man Beratungsgruppen hat, die sich unabhängig von der drängenden Tagesaktualität treffen und das Geschehen in einer Firma oder einem Kloster eher aus einer Vogelperspektive betrachten. Vielleicht hätte man auch die Finanzkrise verhindern können, wenn sich die Regierungen die Zeit genommen hätten, auch mal über den nächsten Wahltermin hinauszudenken. In solchen kleinen Gruppen, in einer vertrauensvollen Atmosphäre, können wir ohne den Zeitdruck einer Tagesordnung und fester Termine offen reden. Wir erkennen dann rechtzeitig, welche Sachverhalte neue Herausforderungen sind und was wir verändern müssen, um für sie bereit zu sein.

Zwischen Eheleuten sollte es auch so einen Ort geben, eine Art »WG-Abend«, in dem man mal nicht nur zwischen Tür und Angel fragt: »Wie geht's?« oder die Alltagsprobleme behandelt. Wenn man einmal den täglichen Kleinkram beiseitelässt, kann man wieder Anteil nehmen, was den anderen wirklich beschäftigt. Man kann sich selbst einen Tag in der Woche wählen oder, wie in Amerika, bei einem »Marriage Encounter«, einem »Ehegespräch« mit einer dritten Person, mal wieder offen miteinander reden. Da lernt man sich zurückzunehmen, dem anderen mal wieder richtig zuzuhören, sich offen zu äußern, ohne den anderen zu verletzen. Ich glaube, eine Ehe hält das Gleiche zusammen, was jede andere Form der Gemeinschaft auch zusammenhält. Wir müssen aufhören damit, Anerkennung einzuklagen, wir müssen sie auch schenken! Wie oft klagen mir Besucher, der oder die schenke einem viel zu wenig Aufmerksamkeit. Dann frage ich immer: »Und, was machen Sie?« Dann verstummen die meisten plötzlich schamhaft.

Wir müssen auch aufhören, uns immer gleich zu verteidigen, sondern zunächst einmal auf den anderen hören. Bei einer Abtswahl in Asien stand ein junger Mönch auf und fragte recht ungebührlich, was ich eigentlich hier suche. Ich war zuerst verstört und wollte ihn hinauswerfen. Doch dann fiel mein Auge auf einen Studienkollegen. Ihm gegenüber war ich mal ziemlich aus der Haut gefahren. Er hat mir dann später gesagt, ich hätte ihn sehr enttäuscht. Mir kam also diese Geschichte in den Sinn, und ich sagte zu dem aufmüpfigen Mönch: »Ich gehe hier meiner Pflicht nach und werde dann wieder zurückreisen.« Später bedankten sich die anderen Mönche bei mir, dass ich zurückgesteckt und keinen Eklat verursacht hatte.

Nicht alles muss bis zum Ende in der Konferenz durchdiskutiert werden. Es braucht auch ein Gremium, das schnell Entscheidungen treffen kann, etwa im Kloster den Rat der Älteren, mit denen das Kloster rasch handlungsfähig sein sollte. Regelmäßig müssen aber alle gehört werden. Ich empfehle, gelassen und mit einem klaren Ziel in solche Sitzungen zu gehen, aber bereit, die Argumente der anderen zu hören – vielleicht schlagen sich die mutmaßlichen Quertreiber von sich aus auf Ihre Seite? Fangen Sie nicht an, darüber nachzudenken, wie sich massiver Widerstand von der einen oder anderen Seite verhindern lässt! Wenn ein Vorgesetzter diese Angst hat, fängt er an, sich zu verschließen und autoritär zu werden oder insgeheim zu manipulieren: »Wie bekomme ich die anderen herum?« Sobald die anderen das merken, werden sie ihrerseits mauern und sich verschließen. Dann kommt auf einmal gar keine Idee mehr zum Tragen.

Ich behaupte, bei jeder Sitzung mit mehr als vier Teilnehmern gibt es Angst vor Offenheit. Sollten Sie zufälligerweise eine Führungsperson sein, werden Sie da vielleicht widersprechen. Doch, mit Verlaub, Sie unterliegen einer Selbsttäuschung. Selbst in einem gut arbeitenden Gremium kommt es irgendwann zum Stillstand. Nach einer gewissen Zeit denken alle dasselbe, sprechen alle dieselbe Sprache, jeder neue Gedanke stört. In Wirklichkeit brauchen wir die Querdenker. Sie sind deshalb nicht bequem, weil wir aus dem gewohnten Trott herausgerissen werden. Machen Sie doch einfach mal den Versuch und laden Sie *zu viele* Leute zu einer Sitzung ein oder, so wie Benedikt das dem Abt empfiehlt, gleich *alle* Ihre Mitarbeiter! In Afrika fallen Entscheidungen oft erst nach einem langen »Palaver«, einer gemeinsamen Beratung, die sehr lange dauert, bis zu sechs Stunden, und in der viel geredet wird. Aber am Schluss kommt eine Lösung heraus, die von allen mitgetragen wird.

Gemeinschaft pflegen

An sich arbeiten

Vorhin, als ich dieses Kapitel schreiben wollte, hat er mich erwischt, ich habe es gemerkt. Sie fragen: »Wer?« Ich kam vom Mittagessen und wollte mich noch einmal kurz an den Schreibtisch setzen und ein paar Gedanken zu diesem Kapitel niederschreiben. Ich starrte auf den Bildschirm. Nichts. Ich machte mir Notizen. Nichts. Stattdessen: Lustlosigkeit. Ich schaute mich um, sah den armdicken Stapel an ausgedruckten Mails, die ich noch zu beantworten hatte, dachte daran, morgen schon wieder diesen Vortrag und übermorgen jenen halten zu müssen, und glitt langsam in Selbstmitleid und Empfindlichkeiten ab. Schuld waren nicht die Termine und der tatsächliche Stress. Schuld war *er:* der Mittagsdämon.

Der Mittagsdämon, das weiß man seit der Antike, verführt zur Mittagszeit zu Trägheit (griech. »Akedia«) und zum Sich-gehen-Lassen. Kantinenköche und Lateiner glauben, dass der Dämon sich über ein zu schweres Mittagessen in den Körper einschleicht, weshalb sie ihre Speisepläne dem Motto »Ein voller Bauch studiert nicht gern« anpassen, damit die Arbeitsmoral an Nachmittagen nicht in den Sinkflug übergeht. Doch über diese rein äußerliche Beobachtung des Körpers hinaus glaubten die Menschen der Antike und des Mittelalters, dass mittags noch etwas anderes geschieht.

Vor allem in südlichen Ländern entwickelten sich aus der Beobachtung der kürzesten Schatten zur Mittagszeit und der gleichzeitigen Gefahr, sich einen Sonnenstich zu holen, sehr lebhafte Erklärungsmodelle. Nymphen, Nereiden und Sirenen, so meinte man, trieben um diese Zeit ihr Unwesen, die Totengeister kehrten wieder, die Sonne weckte sie auf. Sie finden das albern? Noch heute schließen fast überall in Rom mittags die Kirchen, obwohl man annehmen könnte, dass sich Berufstätige vielleicht gerade während der Mittagspause die Zeit nehmen könnten, für ein kurzes Gebet die Kirche zu besuchen. Wer weiß, vieles in dieser Stadt geht auf antike Traditionen zurück, und vielleicht ist es auch in diesem Fall so: das heidnische Gefühl, mittags das Heiligste, das Allerheiligste, vor den Dämonen schützen zu müssen.

Der Mittagsdämon, der mich nun vorhin übermannte, wurde bereits im vierten Jahrhundert vom Griechen Evagrios Pontikos beschrieben, der als Mönch in der ägyptischen Wüste lebte. Er schrieb, schon lange bevor Unternehmen ihre Mitarbeiter zum kraftspendenden »Power-Nap« ermunterten: »Der Dämon der Trägheit, der auch Mittagsdämon genannt wird, ist belastender als alle anderen Dämonen.«

Die meisten Menschen, die gehalten sind, während des Mittags zu arbeiten, werden dem guten Mönchsvater zustimmen. Die Zeit vergehe nämlich langsamer, so Evagrios, wenn sie erst einmal vom Mittagsdämon beschlagnahmt ist: Es treibe einen instinktiv heraus aus dem Büro/der Mönchszelle; man beginne, das eigene Leben und/oder die Arbeit zu hassen, und auf die vormittags noch freundlich gegrüßten Mitmenschen schaue man mittags mit Abneigung, werde empfindlich und schweife bei der Arbeit ab. Euthymios Zigabenos, ein griechischer Theologe des 12. Jahrhunderts, meinte gar, der Mittagsdämon führe – befördert durch einen vollen Magen – zu unzüchtigen Gedanken.

Gut ist, wenn der Dämon nur mittags kommt. Dagegen hilft ein Mittagsschläfchen, frische Luft, eine Pause, ein Gespräch. Doch die Akedia macht manchen Menschen nicht nur einige Mittagsstunden, sondern das ganze Leben sauer. Sie können die Akedia auch anders übersetzen: Melancholie, Burn-out, Midlife-Crisis, Depressionen. Vier Millionen Menschen, so las ich, sind in Deutschland depressiv. Depressionen gelten schon als Volkskrankheit. Diese Menschen können keiner geregelten Arbeit mehr nachgehen oder schleppen sich lustlos zu ihr hin, und der Umgang mit ihnen wird auch für Arbeitskollegen schwer. Das ganze Leben ist für die erkrankten Menschen eine Last.

Gerade Mönche wissen um die Gefahr, von der Akedia befallen zu werden, sosehr sie auch Trost im Glauben finden können. Denn natürlich fühlt man sich auch in einer Gemeinschaft manchmal einsam. An nichts zeigt ein solcher Mönch mehr Interesse, hängt ziellos herum, hat keinen Sinn mehr für die Schönheit dieser Welt, ja sogar keinen mehr für die Schönheit der Psalmen, die wir singen. So ein Mönch lebt nicht mehr asketisch – denn er ist satt von Selbstmitleid und Überdruss. Es sind unzählige Dämonen, die ihn plagen. Nietzsche hat die traurigen Gesichter der Christen beklagt, von Mönchen schrieb er nichts. Auch Mönche, die täglich die Benediktregel hören, in der so viel von der Liebe Gottes die Rede ist, können diese in ihrem Trübsinn nicht mehr wahrnehmen.

Der Beginn der Akedia ist die Vereinzelung – es fehlen Zuspruch, Anerkennung, Beschäftigung von außen. Zu sehr sind viele Mönche abgelenkt, die Arbeit lässt ihnen oft nicht genügend Zeit für Gebet und geistliche Lesung. Und sobald »ora et labora« nicht mehr gleichwertig gepflegt werden, wird man unausgeglichen, verflacht, wird lustlos. Mönche können »ausgebrannt« sein, leider auch schon junge Menschen, die eigentlich noch sprühen müssten vor Energie und Lebenslust. Die Null-Bock-Phase kann zu einem Null-Bock-Leben werden.

Meine Mutter bleute mir früher ein, ich hätte zuerst die Hausaufgaben zu machen und könnte dann spielen. So, wie es bei den Schulpflichten ist, ist es auch beim Erlernen eines Musikinstrumentes: Da braucht es ebenfalls eine Mutter, einen Vater, ein Geschwisterkind, die gut zureden. Wie oft gibt es Ermüdungserscheinungen, und wie oft war auch ich kurz davor, meine Geige, Gitarre oder Querflöte in die Ecke zu werfen. Da braucht gerade ein junger Mensch jemanden, der ihn nicht ausweichen lässt. Wenn jemand ein Musikinstrument spielen kann, wird ihm dies ein Leben lang helfen, auch über Phasen der Traurigkeit, über Momente der Akedia hinwegzukommen. Der Ehrgeiz, nun endlich eine schwierige Stelle eines Musikstückes zu beherrschen, und der Stolz, wenn man's geschafft hat, geben Selbstzufriedenheit und machen auch wieder Lust auf das Leben. Ganz Ähnliches gilt für das Erlernen von Fremdsprachen. Ich lerne zum Beispiel gerade Koreanisch und kann jetzt schon »Heute ist das Wetter schön« sagen. Das ist doch ein Anfang!

Wenn Mütter heute alleinerziehend sind und arbeiten müssen, fehlen den Kindern oft eine solche Wegweisung und der gesunde Druck. Dann sitzen sie zu Hause und versuchen, ihre Einsamkeit und Langeweile durch Fernsehen oder Computer zu überwinden. So geraten sie in den Teufelskreis der Lustlosigkeit, der Akedia, was bei Jugendlichen unter dem Begriff »null Bock« firmiert, aber letztlich dasselbe ist. Durch planloses Herumhängen verliert der

Mensch seinen Wert vor sich selbst, denn er merkt ja, dass er auf der Stelle tritt. Schnell kommen dumme Gedanken und die Ablenkung durch Drogen oder Alkohol. Nicht immer sind das psychisch labile Menschen, sondern es ist auch die Schnelligkeit unseres Lebens, die unsere Lebensgewohnheiten verändert.

Um die Akedia zu besiegen, muss man sich einen Ruck geben, etwas unternehmen, sich selbst herausfordern. Deshalb schreibt Benedikt zwar, dass der Sonntag ein Tag der Lektüre und der Einkehr sein soll. Wer aber dazu nicht in der Lage sei, dem gebe der Abt eine leichte Arbeit, »damit er nicht müßiggeht«. Der Mensch ist dazu gemacht, etwas zu tun. Arbeit sollte die Mönche wieder auf andere Gedanken bringen und ihnen am Ende durch Erfolgserlebnisse wieder einen Auftrieb geben.

Auch in den Ferien sollte man das tun. Natürlich, wenn man den ganzen Tag am Schreibtisch sitzt, träumt man vom Liegestuhl am Meer. Aber nur in der Sonne zu braten schenkt einem keine wirkliche Erholung. Der Mensch ist keine Maschine, die nach dem Ausschalten beliebig oft wieder eingeschaltet werden kann und dann auf Knopfdruck läuft. Zur Ruhe zu kommen heißt nicht, völlig untätig zu sein. Wenn man im Urlaub planlos in den Tag hineinlebt, erholt man sich nicht gut. Man muss sich Anregungen schaffen, kreativ werden, sich fordern. Also: vielleicht etwas handwerkeln, Radtouren machen, ins Museum gehen, Freunde besuchen und natürlich auch lesen und ausgiebig schlafen – nur nicht herumhängen! Pilgern ist in dieser Hinsicht der vollkommene Urlaub: Man bewegt sich in freier Natur, man läuft in der Gruppe, man singt, man betet, man schwingt in einem anderen Rhythmus.

Ich könnte mir auch vorstellen, dass Menschen in Pension, statt sich zu langweilen, Kranke besuchen könnten oder in den Pfarreien mithelfen. Eine solche ehrenamtliche Arbeit ist ein gutes Mittel gegen die Akedia. Solche Menschen, die einfach dort sind, wo Not am Mann ist, und die Hilfsbereitschaft nicht dem Staat überlassen, zeigen sich selbst und anderen die Freude am Leben. Wer hilft, wird auch selbst reicher, vor allem an Glück. Die einen sind dankbar, weil sie Freude schenken, die anderen, weil sie Freude empfangen. Solche Impulse sind der beste Schutz vor Depressionen.

Mancher wird mit seinem Missmut nicht alleine fertig. Dann braucht er Hilfe. Jeder von uns kann andere Menschen wieder aufrichten. Jeder kann auf den anderen zugehen und sich überlegen, wie er mehr Freude in dessen Leben bringen kann. Der Weg, anderen zum Segen werden zu können, ist manchmal nicht leicht zu finden. Einem Depressiven zu sagen: »Freu dich doch!«, wird ihm nicht helfen, im Gegenteil. Aber wir könnten ihm zuhören und ihm zeigen, dass wir bereit sind, seine Sorgen zu teilen, und ihm vielleicht ganz behutsam neue Perspektiven eröffnen.

In den Klöstern hat sich die Tradition entwickelt, Jahresexerzitien für das ganze Kloster abzuhalten. Die Ordensleute ziehen dann gemeinsam Bilanz und schauen gleichzeitig voraus, was einerseits Kritik, aber auch Ermunterung bedeutet. Das hilft, mögliche Erstarrungen aufzuweichen, wie sie nicht nur beim Individuum, sondern ebenso gut in einer Gemeinschaft eintreten können.

Schon seit dem Mittelalter gibt es auch die recht fortschrittliche Idee von »Visitationen«. Dabei kommt ein Abt mit anderen Mönchen eines fremden Klosters und redet offen mit den Mönchen einer Gemeinschaft. Der Vorteil: Der fremde Abt ist fast in der Rolle eines Unternehmensberaters, denn er ist nicht betriebsblind und muss keine Rücksicht auf bestimmte Empfindlichkeiten nehmen, weil er sie nicht kennt. Er ist nicht nur Zuschauer, sondern kann und sollte Veränderungen einfordern. Der Visitator kann unangenehme Aufgaben übernehmen, denn er lebt nicht mit der Gemeinschaft. Ich habe zum Beispiel einmal den Cellerar, den Finanzchef, eines Klosters abgesetzt, da war es besser, dass ich mir den Schiefer eingezogen habe und nicht der Abt. Nach einer solchen Visitation ist es, wie wenn jemand das Fenster aufgerissen und frische Luft hereingelassen hätte. Dann ist auch jede kollektive Akedia wieder weg.

Akedia, Lustlosigkeit, gibt es auch in anderen Gemeinschaften, nämlich in Ehen. Mir tut es immer leid, wenn ich höre, dass wieder eine Ehe auseinandergebrochen ist, die so glücklich, so prächtig begonnen hatte, und wo jeder dachte: »Die sind füreinander geschaffen.« Doch dann ist durch die Mühsal des Alltags, der Arbeit, den immer selben Trott und auch die Selbstsüchte aus der Liebe eine Akedia geworden, eine Gleichgültigkeit. Und dann dauert es nicht lange, und es scheint weniger anstrengend zu sein, den Scheidungsanwalt seine Arbeit machen zu lassen, als sich mit seinem Partner hinzusetzen und über den Vorrat an Gemeinsamkeiten zu reden, die man trotz allem noch hat.

Solche Gemeinsamkeiten muss man pflegen, denn sie helfen in der Krise und verhindern, dass man schon beim ersten oder zweiten Ehekrach kapituliert. Trotzdem kann es über die Jahre hinweg unmerklich zu einer Abkühlung der Liebe kommen, wenn man sich zu wenig Mühe macht, denn die Liebe fällt nicht täglich neu vom Himmel, sondern will – verzeihen Sie mir den Ausdruck – erarbeitet werden: Dann nutzt sie sich nicht ab, sondern wird durch das gemeinsame Bemühen beständiger und reifer.

Der Arzt, Psychoanalytiker und Schriftsteller Alexander Mitscherlich, der sich in der Lebensmitte scheiden ließ und eine neue Bindung eingegangen ist, wurde in einem Interview gefragt, ob er das auch anderen raten würde. »Keineswegs«, sagte er, »aber ich bin erst in der zweiten Ehe gereift.« Deshalb versuchen es wiederum andere in einer dritten oder vierten Ehe und wollen vielleicht die Reife ihrer Beziehung nachholen, die sie in der ersten Ehe versäumt haben. Aber wo soll das enden, und was ist mit den gemeinsamen Kindern? Es gehört für einen jungen Menschen zu den wunderbaren Erfahrungen, wenn er bei seinen eigenen Eltern und bei anderen erleben darf, wie sie im Laufe ihres Lebens zusammengewachsen sind.

Vielfach resultiert die Lustlosigkeit aus der Unzufriedenheit mit sich selbst, weil man etwas nicht hat oder nicht geschafft hat. Vor vielen Jahren habe ich das Buch eines älteren französischen Mönchs über seine Erfahrung mit Gott gelesen. Dem Autor konnte man nicht nur seine Reife anmerken, sondern auch eine faszinierende Heiterkeit. Sie gründete in der Distanz zu Besitz, zu Macht, zu Anerkennung und in einem tiefen Vertrauen zu Gott. Woher kam das Vertrauen? Ich glaube, ihm ist es gelungen, sich das Vertrauen, das aus den Psalmen spricht, zu verinnerlichen: Er hat nicht nur sein Leben lang »nachgebetet«, er ist selbst Autor der Herzensruhe geworden.

Einmal sagte ein buddhistischer Mönch zu mir, der mich in Sankt Ottilien besuchte: »Wissen Sie, wer uns am meisten beeindruckt hat?« Ich dachte nach und ging vor meinem geistigen Auge jene Mönche und Mitarbeiter im Kloster durch, von denen ich selbst beeindruckt bin. Schließlich gab der Japaner selbst die Antwort: »Euer alter Pförtner hat mir am meisten gefallen. Er hat Jahrzehnte an der Pforte gedient, den Armen das Essen gebracht, in aller Geduld die zahlreichen Fragen beantwortet. Er hat nie Karriere gemacht, und ist doch noch immer ein so froher Mensch.«

Feiern

Es gibt mehrere Benediktinerklöster in Tansania. Eines ist mir in besonderer Erinnerung wegen seiner langen Gottesdienste. Überhaupt, wie viel Zeit sich die Afrikaner nehmen! Sie verstehen es einfach, zu feiern. Ein Mitbruder in Afrika erzählte mir einmal, dass er für gewöhnlich eine Dreiviertelstunde predige. Auf meine Frage, was er dann sage, meinte er schmunzelnd: »Man muss eben so lange reden, bis einem ein guter Gedanke kommt.« Woanders wäre auch mir das zu viel; doch wenn ich dort bin, habe ich ein anderes Zeitgefühl. Gleichgültig, wie lange die Messe dauert: Alle sind dabei, die Kinder auf dem Rücken oder an der Brust der Mutter, die Jugendlichen, die Erwachsenen und die Trost suchenden Alten. Es wird gefeiert, gebetet, gesungen und getanzt. Der Gottesdienst ist der fröhliche Höhepunkt der Woche. In Deutschland kommt es sehr auf das Charisma des einzelnen Pfarrers an. Bei einer Jugendvesper habe ich einmal erlebt, dass Kardinal Volk eine Dreiviertelstunde predigte, aber die jungen Menschen hingen an seinen Lippen – trotz der langen Dauer.

Früher war das Feiern immer an ein religiöses Fest gebunden, die Feste prägten den Jahresablauf, und ich erinnere mich noch gut daran, wie ausgelassen es bei uns in der Gemeinde zuging, wenn zum Beispiel Kirchweih war und dann die Jahrmarktshändler aus der ganzen Umgebung kamen. Heute hat sich das Feiern von den religiösen Wurzeln gelöst: Ist ja schön, wenn die Menschen so viel zum Feiern haben. Wenn ich im Sommer durch Oberbayern fahre, sehe ich an jeder Ampel auf dem Weg Hinweise auf Partys, auf Open-Air-Konzerte, auf Weinfeste und viele andere Möglichkeiten, sich abzulenken. Für meine Generation ist das Ur-Fest immer noch Woodstock, das Festival, das sich über Tage hinzog und an das man heute schwärmerisch anzuknüpfen versucht. Römische Feste sind seit zweitausend Jahren eine Klasse für sich. Unter dem früheren Bürgermeister Veltroni gab es einmal im Jahr die »notte bianca«, die »weiße Nacht«. Ganz Rom war erleuchtet, sämtliche Museen waren geöffnet. Alle waren auf den Straßen und saßen vor den Bars und Trattorien.

Benedikt wirkt in seiner Regel nicht gerade wie jemand, der weltlichen Freuden besonders zugeneigt wäre. Im Kapitel 4, in dem er die »Werkzeuge der geistlichen Kunst« darstellt, widersetzt er sich den weltlichen Freuden der Ausgelassenheit mit der etwas griesgrämig anmutenden Empfehlung, die Brüder mögen »häufiges oder ungezügeltes Gelächter nicht lieben« und »sich dem Treiben der Welt entziehen«. Aus theologischer Sicht ist das völlig konsequent, denn Benedikt stellt sich als beste, als eigentliche Feier den Dienst am Altar vor, der in allen Abstufungen vom Fastengottesdienst bis zum kirchlichen Hochfest in Würde begangen werden soll. Aber Benedikt war Realist genug, um zu wissen, dass geistliche Freude den irdischen Menschen nicht allein nähren kann. Darum verstehen Mönche Feiern und kirchliche Feste als Momente, bei denen sich himmlische und irdische Freuden vereinen.

Für mich sind die schönsten Feiern im Jahr Ostern und Weihnachten. Wenn ich mich dann vor der Christmette oder der Osternacht noch einmal zurückziehe und ganz für mich bin und in diesen wunderbaren Stunden nachsinnen kann, dann ist das für mich die schönstmögliche Feier, ganz ohne laute Musik und Wein. »Suche den Frieden und jage ihm nach«, ermuntert Benedikt seine Mönche. Ich finde ihn vor allem im stillen Feiern.

Feiern ist ein zutiefst menschliches Bedürfnis, etwas echt Menschliches, denn ein Tier kann nicht feiern. Deshalb feiern auch wir Mönche und – eingedenk der benediktinischen Regel – natürlich maßvoll. Die Festmähler der Mönche sind nicht gerade karg, wie die geladenen Gäste immer wieder feststellen; aber sie gibt es eben auch selten. Feiern sind dann besonders schön, wenn sie echte Höhepunkte im Alltag sind und nicht Gewohnheit. Deswegen kann ich nicht verstehen, warum viele Menschen das Leben zur Dauerparty machen. Unser Leben besteht nicht nur aus Licht, sondern auch aus Schatten. Das ist die bekannte Geschichte mit dem halben Glas. Ich kann trauern, dass alles irgendwie begrenzt ist, aber ich kann auch die Möglichkeiten sehen; ich kann mich beklagen, dass ich nur 100 Euro habe; aber ich kann mich auch darüber freuen. Wenn wir nur Spaß und Annehmlichkeiten suchen, werden wir doch uns selbst nicht näherkommen. Die heilige Teresa von Ávila, die große Reformatorin des Karmeliterordens, hat das geflügelte Wort geprägt: »Wenn Fasten, dann Fasten; wenn Rebhuhn, dann Rebhuhn.« Soll heißen: Was immer du machst, mach es richtig, und dann darfst du es auch genießen.

In unserer säkularisierten Zeit wird oft vergessen, dass viele Feste einen religiösen Ursprung haben, eigentlich die meisten. Dieser Hintergrund sollte nicht vergessen werden, da er das Fest über das bloß Diesseitige hinausführt. Ich fand es daher sehr bedauerlich, dass in einem so katholischen Land wie Italien ein urkatholischer Feiertag wie Fronleichnam abgeschafft und auf den folgenden Sonntag verlegt wurde. Und so ist es daher auch etwas anderes, ob man auf einem Weihnachtsmarkt schon die weihnachtliche Vorfreude zu spüren versucht oder ob man darin nur einen anheimelnden Ort sieht, an dem es nach Bratwürsten und Glühwein riecht.

Auch Ostern erschöpft sich eben nicht in der Ostereiersuche: Die Feiern von Geburt, Tod und Auferstehung Jesu Christi führen uns an die Grundlagen unserer menschlichen Existenz. Und wenn ich eben feststellte, dass im Abendland auch heute noch die meisten Feste christliche Wurzeln haben: Ist es dann nicht ganz wunderbar, dass das größte Volksfest der Welt, das Münchner Oktoberfest, nicht einfach so aus dem Spaß am Biertrinken entstanden ist, sondern auf eine kirchliche Trauung zurückgeht. Nämlich auf die Hochzeit des bayerischen Kronprinzen und späteren Königs Ludwig I. und der Prinzessin Therese von Sachsen-Hildburghausen im Jahr 1810.

Hochzeiten sind der schönste, freudigste Ausdruck, wie sich Himmel und Erde berühren können: Erst versprechen sich zwei Menschen im Angesicht Gottes ewige Liebe – dann wird gefeiert. Jesus wirkte sein erstes Zeichen bei einer Hochzeit, und er hat die Freude des Himmels und das ewige Leben mit einer Hochzeit veranschaulicht. Von der Hochzeit des Lammes ist die Rede, von dem ewigen Gastmahl, von dem Hochzeitsmahl als Ausdruck des Reiches Gottes. Ich bin jedes Mal beeindruckt, wenn ich sehe, was sich junge Leute so für ihre Freunde ausdenken, die Hochzeit feiern. In Griechenland feiert das ganze Dorf oft tagelang, und im Vorderen Orient dauerten Hochzeitsfeste gar bis zu zwei Wochen.

Ich feiere mit noch mehr Freude, wenn ich dafür danke, diesen schönen Moment zu erleben. Wenn ich abends dann noch einmal den Tag vor Gott bringe, danke ich dafür, dass ich an diesem oder jenem Fest teilnehmen durfte. Für mich sind Feste nichts, was parallel zur normalen Welt passiert, sie sind Momente göttlicher Teilnahme. Bei einem schönen Fest ist »Er« wirklich unter uns. Nach katholischer Vorstellung wird der gekreuzigte Christus in den Gestalten von Brot und Wein selbst gegenwärtig und zum Mittelpunkt der Messfeier.

Feiern weist auf Gott hin, das zeigen uns die Feste des Kirchenjahres: Im Advent, der Zeit des Wartens, lernen wir wieder, sehnsüchtig zu sein. An Weihnachten versammeln wir uns in der Familie und finden einen neuen Anfang. In der Fastenzeit reinigen wir uns. Die Osterzeit mit der Auferstehung Jesu ermuntert uns dazu, ja zum Leben zu sagen. An Pfingsten feiern wir den Geist, der uns befreit, stärkt und neues Leben schenkt. Wenn ich diesen zutiefst natürlichen und geordneten Rhythmus des Kirchenjahres mitgehe, kommen auch mein Körper und meine Seele ins Gleichgewicht.

Vor vielen Jahren besuchte ich Klöster auf dem Berg Athos in Griechenland. Das ist jene Halbinsel, auf der nur orthodoxe männliche Mönche leben. Bei einem längeren Gespräch mit dem Abt des Klosters von Simonos Petras fragte ich ihn, mit welcher Vorstellung, welchem Glauben er und seine orthodoxen Brüder den Gottesdienst feierten. Er deutete auf ein Fresko: »Sehen Sie, das ist unsere Vorstellung bei der Feier der Gottesdienste: Nicht nur wir Anwesenden feiern. Nein, der Himmel öffnet sich, mit uns feiern alle Heiligen, feiern alle, die uns im Glauben vorangegangen sind.«

Die Mönche nehmen auch die Menschen der Gegenwart in diese geheimnisvolle, alle und alles umfassende Feier mit hinein. In vielen Klöstern werden als Zeichen der Gemeinschaft bei dieser Gelegenheit auch die Angestellten in den Speisesaal eingeladen. Die frühen Christen feierten das am Abend des Gründonnerstages, wenn sie zusammen die Agape, das »Mahl der Liebe«, verzehrten. Im gemeinsamen Mahl sind die Gemeinde und der Glaube miteinander verzahnt. Ich habe in armen Gegenden Lateinamerikas erlebt, dass jeder etwas von zu Hause mitgebracht hatte. Es wird dann geteilt, nicht nur, weil der Gastgeber vielleicht nicht die finanziellen Möglichkeiten hätte; sondern vor allem, weil ein eigener Beitrag das Fest noch viel schöner macht. Genauso ist es ja auch heute selbstverständlich, dass man zu einer Party Getränke oder etwas zu essen mitbringt. So trägt jeder etwas zum Fest bei.

Feiern Sie! Trommeln Sie die Familie zusammen! Feiern Sie mit den Menschen, die Ihnen wichtig sind! Pflegen Sie Ihre Freundschaften! Wenn wir ständig zu tun haben, dann haben wir nicht nur keine Zeit mehr für Freundschaften und die Sorge um andere, sondern wir werden auch unfähig dazu, jemandem Freund zu sein. Feiern ist eine Befreiung aus dem Alltag. Raus aus dem Zwang des Alltags, des Müssens! Und bedanken Sie sich bei den Menschen und bei Gott für die große Freude des Fests! Dann werden Sie es am meisten genießen.

Das gemeinsame Mahl

Nehmen wir an, Sie sehen einen Tierfilm: Tiger haben eine Antilope erlegt, Krokodile stürzen sich auf Flamingos, Haie zerreißen einen anderen Fisch. Was fällt ihnen dabei außer der Tatsache auf, dass es dabei grausam oder unappetitlich zugeht? Genau: Gegessen wird, sobald etwas Essbares erreichbar ist. Und: Jeder denkt nur an sich. Kein Tiger, kein Krokodil, kein Hai bedeutet dem anderen, nun, nachdem sich die Beute nicht mehr rührt, könne man doch zum gemeinsamen Mahl schreiten. Nein, jeder frisst, soviel er kann.

Auch wenn das mittlerweile nicht mehr nur im Tierreich so ist: Im Kloster ist es anders. Wenn Sie einmal zu Gast bei Benediktinern sind, werden Sie das schnell merken. Ob in Sant'Anselmo oder in Montecassino oder in irgendeinem anderen Kloster der Welt – wir essen an langen Tischen in einem langen Speisesaal –, alles folgt der Benediktregel. »Vom heiligen Osterfest bis Pfingsten halten die Brüder zur sechsten Stunde die Hauptmahlzeit und nehmen am Abend eine Stärkung zu sich«, schreibt Benedikt. Selbstverständlich immer zur gleichen Zeit. Und immer alle zusammen. Nach der Kirche ist der Speisesaal für die Mönche der zweitwichtigste Ort des Klosters, aber nicht wegen des Essens. Das gemeinsame Mahl erinnert uns einerseits an das letzte Abendmahl Christi mit seinen Jüngern, andererseits weist es bereits auf das Ewige Gastmahl voraus, das uns nach unserem Glauben im Paradies erwartet. Deshalb beten wir auch vor dem Essen, dass uns der König der Herrlichkeit zum »Gastmahl des Ewigen Lebens« führe.

Das gemeinsame Essen ist für uns darüber hinaus das

Erleben von Gemeinschaft, auch wenn wir beim Essen nicht reden, sondern der Lesung der Regel des heiligen Benedikt zuhören. »Es herrsche größte Stille. Kein Flüstern und kein Laut sei zu hören, nur die Stimme des Lesers«, schreibt Benedikt. So nehmen wir selbst einfache Speisen ganz anders wahr. Den ganzen Tag müssen wir schon so viel reden! Die Stille gibt dem Essen ein Maximum an Würde. Probieren Sie das aus: Ein Bekannter hat mir einmal erzählt, dass auf einem Seminar beim Essen allen die Augen verbunden wurden. Daraufhin erkannten die Gäste kaum mehr, was sie gerade im Mund hatten! Der eine aß Petersilie und konnte es nicht beschreiben, ein anderer kam beim Nachtisch nicht darauf, dass das, was er gerade aß, eine Pistazie war. Ich glaube, der Mangel der Wahrnehmung liegt daran, dass wir uns oft viel zu wenig auf das Essen selbst konzentrieren. Ich würde das gerne einmal mit meinen Mönchen machen: Ich glaube, sie könnten alles leicht bestimmen – denn wenn wir schweigen, essen wir bewusst.

»Wenn der Leib seine Nahrung nicht in Hast zu sich nimmt, dann wird er, außer bei entsprechender Veranlagung, auch nicht zu füllig oder zu dürr.« Auch hier erscheint die Benediktregel sehr modern, da auch die Ernährungswissenschaftler heute sagen: Wenn der Körper etwa durch Reden oder Lesen noch zusätzlich zum Essen unter starker Beschäftigung gehalten wird, dann weiß er am Ende nicht, was er zu sich genommen hat. Er nimmt es einfach nicht wahr. So kommt es dann, dass manche immer noch mehr in sich hineinschlingen, obwohl sie eigentlich schon satt sind. Doch sie gehen weder achtsam mit dem Essen noch mit sich selbst um.

Die Art und Weise, wie man Nahrung zu sich nimmt,

sagt viel über das eigene Selbstverständnis aus: Junge Frauen, die sich nicht angenommen und attraktiv genug finden, werden magersüchtig oder erkranken an Bulimie; andere wieder essen ihre Sorgen in sich hinein und werden fettleibig. Vor allem Kinder werden dicker: Zum einen, weil sie oft von ihren berufstätigen Eltern dazu veranlasst werden, sich nach der Schule selbst etwas zu essen zu besorgen und dann meistens bei McDonalds landen. Hinzu kommt aber, dass für sie Essen auch zu einem Ersatz für Zuwendung und Liebe wird. Gutgemeinte Ideen von Politikern greifen das Problem oft von der falschen Seite an: Sie glauben, Kinder müssten mehr Sport im Unterricht haben, und starten Kampagnen, die das ganze Land auf den Trimm-dich-Pfad schicken sollen. Doch sie vergessen, dass die Defizite ganz woanders zu suchen sind. Anders als das Tier will der Mensch das Essen als Ort der Gemeinschaft erleben – aber gerade daran fehlt es so häufig.

Bei aller Stille lassen wir es in unserem Speisesaal nicht an Aufmerksamkeit für den anderen mangeln. Im Gegenteil, wir dienen einander, und das ganz selbstverständlich. »Was sie aber beim Essen und Trinken brauchen, sollen die Brüder einander so reichen, das keiner um etwas bitten muss«, schreibt Benedikt und fährt fort: »Fehlt trotzdem etwas, erbitte man es eher mit einem vernehmbaren Zeichen als durch ein Wort.« Wir tragen die Speisen auf, achten darauf, dass jeder bekommt, was er braucht, und räumen hinterher wieder auf. Als Abt achte ich darauf, dass jeder seinen Gang beendet hat, bevor wir zum nächsten Gang übergehen. Erst wenn jeder zu Ende gegessen hat, stehen wir zum Dankgebet auf. Gäste tun sich damit nicht immer leicht und wir Mönche auch nicht. Denn da wir häufig das Essen schweigend einnehmen, sind wir gewohnt, kontinuierlich zu speisen. Gäste haben einen anderen Rhythmus. Sie sind gewohnt zu reden und legen längere Pausen ein. Mag sein, dass wir Mönche manchmal zu schnell essen. Aber wir gedulden uns dann und warten, bis auch der Letzte fertig ist.

Leider hat sich auch teilweise die Selbstbedienung beim Essen eingebürgert. Man geht mit einem Teller zum Nudeltopf, zur Soße, zum Salat und lädt sich auf. Da möchte ich dann am liebsten mit der Benediktregel drohen! Es mag zwar praktisch sein, aber wo bleibt da das freundliche Dienen? Um nicht missverstanden zu werden: Ich will mich nicht nur bedienen lassen, ich serviere auch selbst. Aber ich finde, es ist sehr gemeinschaftsstiftend, wenn man sich gegenseitig bedient. Auch in Filmen und in der Werbung wird es doch als besonderes Zeichen für Verliebtheit gesehen, wenn ein Mann für eine Frau kocht und sie bedient oder umgekehrt. Dienen wir mal wieder! Es erfreut uns selbst und den anderen.

Der gemeinsame Tisch, das gemeinsame Essen ist von uns Menschen in unserer Entwicklung zu einem Zeichen von Gemeinschaft und Liebe geworden. Denn gemeinsam zu essen bedeutet, die Nähe des anderen zu wünschen und sich Zeit zu nehmen. Deshalb finde ich es wichtig, dass Eltern gemeinsam mit ihren Kindern essen und dass zuvor gemeinsam gebetet wird. Die Kinder erfahren bei Tisch viel besser als vor dem Fernseher, dass sie in einer Familie aufgehoben sind. Sie lernen nicht nur den Genuss, das Schmecken. Sie lernen auch den Respekt vor den Gaben Gottes, die noch für ihre Großeltern alles andere als selbstverständlich waren, als jedes Essen noch ein Grund zur Freude und Dankbarkeit war.

Weil ich weiß, wie wichtig mir selbst das als Kind war

und wie es mir gutgetan hat, gemeinsam zu essen, versuche ich es, auch anderen Menschen zu ermöglichen. Wenn ich einen Wochenendkurs für Männer halte, achte ich darauf, dass sie am Sonntag zum Essen nach Hause zu ihrer Familie fahren können. Nein, ich meine damit nicht, dass ich erwarte, dass die Frau das Essen macht und der Mann sich an den Sonntagsbraten setzen kann. Ich will damit nur fördern, was ich für gut halte, was uns als Menschen entspricht. Ist es altmodisch, wenn wir uns daran erinnern, was uns von Natur aus gut bekommt?

Jugendliche wird das gemeinsame Essen manchmal stören, denn sie drängt es nach draußen. Kürzlich waren bei uns in Sant'Anselmo Jugendliche aus Deutschland zum Essen, die sichtlich überfordert waren mit unseren Riten. Sie schienen geradezu nervös. Offenbar konnten sie nicht schweigend essen, vielleicht fehlte der laufende Fernseher, das dudelnde Radio, der MP3-Player oder vielleicht das Handy am Ohr. Essen ist eine Kulturtechnik, die man lernen muss.

Hier in Italien kommt die ganze Familie zum Essen zusammen, es ist ein Gemeinschaftserlebnis, das zelebriert wird. Selbst einfache Arbeiter stehen an Käsetheken und wählen wie Gourmets ihren Käse aus. Außerdem wirkt das Essen automatisch friedensstiftend: Denn niemandem macht es Spaß, mit jemandem zu essen, mit dem man gestritten hat oder über den man verstimmt ist. Wenn das gemeinsame Mittag- oder Abendessen zur festen Gewohnheit geworden ist, ist man gezwungen, sich zusammenzuraufen, ja, sich im wörtlichen Sinne zusammenzusetzen.

Ich wünschte mir, auch getrennte Partner würden sich ab und zu mal wieder gemeinsam mit ihren Kindern zum Essen zusammensetzen, wenn die Wunden nicht zu groß sind. Für die Kinder wäre es bestimmt ein großes Fest. Muss alles ein für alle Mal so zerbrochen sein, als ob wir nie beieinander gewesen wären? Ist so etwas eine unrealistische Idylle? Mag sein. Aber wenn wir keine Idealvorstellungen mehr in unseren Herzen tragen, wie wollen wir dann ein Ziel für uns ausmachen? Ich sage also: Zurück zu dem menschlichen Urbedürfnis, gemeinsam zu essen. Denn nicht nur der ungespritzte Apfel tut dem Menschen gut, sondern auch die Geborgenheit einer Familie, die Erfahrung liebender Eltern und Geschwister.

Über alle Altersgrenzen hinweg

Es gibt im Fernsehen eine Sendung, in der Bauern eine Frau suchen: Sie wollen mit einer liebenden Gefährtin das Leben teilen und einem über Jahrhunderte von der Familie geführten Hof eine Zukunft schenken. Mit etwas Nachhilfe durch die Fernsehproduktionsgesellschaft klappt dies dann gelegentlich auch.

Wenn ich mich so in manchen Klöstern im Chor umschaue, wünsche ich mir eine ähnliche Sendung, um junge Mönche für das Kloster zu gewinnen. Denn ein Kloster lebt davon, dass Junge und Alte füreinander sorgend zusammenleben. Ein Mitbruder von mir in Sankt Ottilien war immer aus sich heraus vorbildlich, es war Pater Alkuin. Mit seiner hageren Gestalt und seinem schlohweißem Haar kam er mir vor, als wäre er schon immer über 80 Jahre alt gewesen, so viel Würde strahlte er aus. Er schrieb Gedichte und war stets aufgeschlossen für Neues. Er übersetzte sogar in seinem hohen Alter noch das Neue Testament aus dem Griechischen in Kiswahili, der

Sprache Tansanias. Wann immer junge Menschen für ein paar Tage in unser Kloster kamen, gesellte er sich zu ihnen, um zu ratschen. Als er starb, machten wir es so wie immer: Für 30 Tage standen an seinem Platz im Speisesaal ein Kreuz, eine Kerze und Blumen. Denn eine echte Gemeinschaft reicht über die Generationen, ja bis über den Tod hinaus.

Ich wünschte mir, auch in der Gesellschaft außerhalb des Klosters wäre öfter die Lebensweisheit der Alten gefragt. Stattdessen ist bei uns der Zusammenhalt zwischen den Generationen zu einer »Frage« geworden, über die sich Politiker Gedanken machen. So haben im Jahr 2007 über einhundert junge Abgeordnete ein Gesetz im Bundestag vorgeschlagen, das sie »Generationengerechtigkeitsgesetz« nannten. Sie forderten, im Grundgesetz zu verankern, dass die Generationen aufeinander Rücksicht zu nehmen hätten und insbesondere die ältere Generation den Staat nicht auf Kosten nachwachsender Generationen verschulden dürfe: »Der Staat hat in seinem Handeln das Prinzip der Nachhaltigkeit zu beachten und die Interessen künftiger Generationen zu schützen.« Ist es an sich schon tragisch, dass so ein Gesetz offenbar nötig ist, um die auf ihre kurze Wahlperiode fixierten Politiker mal zu einem Weitblick über ihren zeitlichen Tellerrand hinaus zu zwingen, ist es noch bezeichnender, dass bei der ersten Lesung des Gesetzes, abgesehen von den Antragstellern, nur wenige Abgeordnete im Bundestag zuhörten. Vielleicht sind sie sich auch bewusst, dass sich Moral schwer verordnen lässt.

»Der Mensch neigt schon von Natur aus zum Wohlwollen gegenüber Greisen und Kindern«, schreibt Benedikt in der Regel. Von beidem kann heute jedoch leider, jedenfalls in Deutschland, nicht mehr die Rede sein: Auf Spielwiesen zwischen Wohnhäusern stehen Schilder »Ballspielen verboten«, Anwohner beschweren sich über Kinderlärm und bemühen die Gerichte, um die Ansiedlung von Kindergärten in ihrer Nähe zu verhindern. Andererseits schwärmen wir nach der Rückkehr aus dem Urlaub, wie nett doch die Griechen, Italiener oder Türken zu unseren Kindern gewesen seien, wohingegen im eigenen Land die Kinder oft lästig sind und Eheleuten mit mehr als zwei Kindern gerne unterstellt wird, sie hätten beim dritten Kind wohl nicht aufgepasst.

Im Verhältnis zu den älteren Menschen sieht's nicht besser aus. Es sind nicht immer beengte Wohnverhältnisse, warum manche ihre alten Eltern in Pflegeheime abschieben und sich zu wenig Zeit nehmen, sie zu besuchen. Sie wissen gar nicht, wie wichtig es für die Entwicklung der Kinder ist, mit Großeltern aufzuwachsen, die Zeit für sie haben und zuhören können. Wenn die Gesellschaft ältere Menschen nur noch auf die Kosten reduziert, die sie verursachen, anstatt ihre Lebensleistung zu würdigen, trifft der Gedanke vom »sozialverträglichen Frühableben« den Nagel auf den Kopf. Dass diese ironisch gemeinte Äußerung eines Ärztefunktionärs seinerzeit so viel Aufregung verursachte, dass sie sogar zum Unwort des Jahres 1998 wurde, zeigt wenigstens noch, dass die Gesellschaft immerhin ein schlechtes Gewissen hat.

Auch in seinen Regeln zum Zusammenleben der Generationen zeigt sich die Weitsicht Benedikts: »Die Jungen sollen die Alten ehren, die Alten sollen die Jungen lieben«, schreibt er weiter und zeigt damit, dass er die Schwächen der Generationen kennt: Junge Leute benehmen sich – zumindest in den Augen der Alten – manchmal respektlos.

Alte werden grantig und selbstgerecht und sehen die Vergangenheit durch die rosarote Brille. Selbst Platon klagte bereits, Athens Söhne hätten keinen Respekt mehr vor ihren Vätern und Schüler nicht mehr vor den Lehrern. Aristoteles nennt die Jugend heftig, aufbrausend, schwankend und maßlos in all ihrem Tun.

Vater und Mutter zu ehren ist eines der Zehn Gebote, was zeigt, dass der Schutz der Älteren ein Fundament der Menschlichkeit ist. Die Alten zu »ehren« bedeutet für mich, sich in ihre Persönlichkeiten hineinzuversetzen, zu sehen, dass sie auch selbst einmal jung waren, und wir ihnen Respekt vor ihrer Lebensleistung erweisen. Nun sind sie Menschen, die unseren Zuspruch, unsere Liebe brauchen. Dass dies einer Gesellschaft schwerfallen muss, die das Älterwerden zwar nicht verhindern kann, aber das Älter-Aussehen mit »Anti-Aging-Programmen« bekämpft, liegt auf der Hand. Zum »Ehren« gehört aber auch, über die einzelne Person hinaus vergangene Generationen und ihr Denken zu begreifen. Da machen wir es uns manchmal ein bisschen zu leicht.

Bewundernd stehen die Rom-Touristen vor dem Petersdom, betrachten die Kuppel des Michelangelo und tuscheln über den Ablasshandel, der damals den Bau des Petersdoms finanzierte. Mit einem mit Geld erworbenen Ablass glaubte man sich selbst, aber sogar auch Verstorbene von einer zeitlichen Sündenstrafe freikaufen zu können. Der in unserem aufgeklärten 21. Jahrhundert so seltsam wirkende Ablasshandel zeigt, wenn wir dem damaligen Denken historisch gerecht werden wollen, nicht nur mittelalterliche Rückständigkeit, sondern andererseits auch die damals tiefe Verankerung der jenseitigen Welt im Bewusstsein der Lebenden, die so weit ging, dass man sich für die Seligkeit der Toten im Jenseits nach wie vor auf Erden verantwortlich fühlte: Wer damals einen »Gulden« zahlte, glaubte, dadurch einen geliebten Verwandten von den Qualen des Fegefeuers zu befreien und ihm oder ihr ohne weitere Umwege den Gang in den Himmel zu ermöglichen. Bei allen Abwegen des Ablasshandels: Das nenne ich einen echten Zusammenhalt der Generationen!

Angefangen von den Kreuzzügen bis zum Nationalsozialismus haben sich viele aus Unwissen oder Überheblichkeit angewöhnt, vergangenen Generationen das Recht auf ihre Zeit – und auch ihren Glauben! – abzusprechen. Wehe, wenn nachfolgende Generationen so über uns richten, wie wir über unsere Vorväter! Wir glauben, mit der Gentechnik die Erde neu erschaffen zu können und verleugnen die einst Adam und Eva gesetzten Grenzen der Erkenntnis. Den paradiesischen Apfelbaum, dessen Früchte den Menschen verboten waren, zerlegen wir in seine Chromosomen. Es war immer schon ein Teil der menschlichen Hybris, zu glauben, mit den Erfolgen der Wissenschaft die Existenz Gottes widerlegen zu können. Denn wenn wir die Welt auch ohne Gott erschaffen können, brauchen wir uns ihm gegenüber auch nicht mehr verantwortlich zu fühlen, sondern vergnügen uns mit den Möglichkeiten der Gegenwart ohne Rücksicht darauf, was spätere Generationen einmal von uns denken werden.

Wir Mönche haben nie geglaubt, dass wir im Diesseits radikal die Welt neu erschaffen müssen, aber wir sind aufgerufen, uns als Menschen stets neu zu erschaffen. Daran arbeiten wir in und mit allen Generationen unserer Mitbrüder im Orden.

Wenn Benedikt zufolge die Alten die Jungen »lieben« sollen, heißt das auch, dass sie ihnen mit der Weisheit und

Erfahrung ihres Alters dienen sollen. Und natürlich tun sie dies ebenso im Gebet und im vorbildhaft ertragenen Leiden. So tragen sie das Kloster mit, auch wenn ihnen ihre körperlichen Gebrechen ein »laborare« nicht mehr erlauben. Die Alten sammeln sich und werden zu einer Kraftquelle für die jungen Mitbrüder. Sie sollen Rat geben, sie sollen sie aber auch eigene Wege gehen lassen. So ist das auch in Unternehmen, wo alte Firmenchefs einsehen müssen, dass sie etwa die organische Weiterentwicklung einer Firma nur behindern, wenn sie nicht loslassen können. Dabei *sollten* sie das tun, auch als Zeichen innerer Freiheit und der Liebe zu den Jungen. Sie sollen da sein, aber nicht bevormunden.

Wie oft erlebe ich Eltern, vor allem Mütter, die mit dem Schicksal ihrer Kinder hadern oder überlegen, welche Fehler sie möglicherweise in der Erziehung gemacht haben. Eure Kinder sind alt genug, sage ich diesen Eltern, um für sich selbst zu entscheiden. Sie können ihre Kinder fragen, warum sie so oder so handeln, aber ohne Vorwurf. Vielleicht kommt es dann zu einem ehrlichen Gespräch, und wenn nicht, bleibt immer noch das Gebet. Eltern können manchmal einfach nur noch guten Mutes sein, dass der fruchtbare Samen ihrer Erziehung eines Tages aufgehen und Gott ihre Kinder nicht fallenlassen wird. Mehr können sie gar nicht tun.

In meinem Heimatkloster Sankt Ottilien gibt es einen sehr schönen Brauch: Wer die ewigen Gelübde ablegt, bekommt bei dieser Gelegenheit die rote Laterne. Ein Jahr später, oder eben dann, wenn ein Nächster die Gelübde ablegt, reicht er sie weiter. Es ist nur eine Laterne, aber ein schönes, leuchtendes Zeichen für die Verbindung zwischen den Generationen und die Pflege der Tradition.

Alte Menschen hält man schnell für verbittert. In Wirklichkeit muss man ihre Lebensfreude nur manchmal wecken und vor allem ihren Humor. Wir hatten damals zwei Mitbrüder, Pater Kallistus und Pater Sigismund. Diese beiden gingen stundenlang im oberen Bibliotheksgang auf und ab. Pater Kallistus, der das Konzentrationslager in Nordkorea überlebt hatte, war aufgrund eines leichten Schlaganfalls in seiner Beweglichkeit behindert. Wann immer sich die Tür zum Gang öffnete, fragte er, wer komme. Und Pater Sigismund drehte sich um und berichtete. Wir konnten natürlich an den beiden nicht vorbeigehen, ohne ein kurzes Schwätzchen zu halten, immer mit Humor gewürzt. Doch nicht nur das: Pater Kallistus war leider auch noch sehbehindert und konnte nur mehr ganz große Buchstaben lesen. Doch auch das nahm er mit Humor. Es gab damals zwei Messbücher mit großen Buchstaben, das eine war die Marienmesse, das andere das Requiem, die Totenmesse. Als ich ihn mal schelmisch an Ostern fragte, welches Messbuch er genommen habe, sagte er grinsend: »Heute zur Abwechslung mal das Requiem.« Auch wenn Sie diesen Witz vielleicht nicht so lustig finden – für mich war es immer wieder eine Freude zu sehen, wie man mit Humor und ohne Anti-Aging in Würde alt und auch gebrechlich werden kann.

Der Tod ist nicht das Ende

Es war in Kenia. Ein Anhalter winkte unseren Landrover zu sich heran: Er stand, dünn und ausgezehrt, vor dem Ausgang eines Krankenhauses. Sein linkes Bein fehlte, seine Hose war hochgekrempelt bis auf den Stumpf.

Wir hielten und fragten, wohin er wolle: »Ich will in mein Dorf zurück, in dem ich geboren bin«, sagte der Mann, »dort möchte ich mir ein Grab schaufeln.« Er stieg zu uns in den Kleinbus und erzählte: Über viele Jahre sei er Söldner bei den verschiedensten Kriegen afrikanischer Banden und Guerillas gewesen und nun, da ihm sein Bein amputiert worden sei, könne er nicht mehr kämpfen. Stattdessen wolle er sich auf seinen Tod vorbereiten. Ein zweites Mal könne er ihm wohl nicht mehr ausweichen. Er war als Lutheraner getauft, später Anglikaner geworden und wusste eigentlich nicht mehr genau, was er war. Aber er lebte auf den Tod als eine Heimkehr zu den Vätern hin.

Die Begegnung mit diesem verstümmelten Mann hat mich berührt, vor allem die Nüchternheit, in der er über den Tod sprach. Seine Ansicht über den Tod klang nicht einstudiert, nicht philosophisch, er lebte sie einfach und natürlich. Ohne sich dessen bewusst zu sein, hatte unser trauriger Anhalter indirekt den Philosophen Martin Heidegger zitiert: Dass der Mensch nur ganz ist, wenn er die Endlichkeit seines Seins bejaht, sein Da-Sein immer schon als Vorlauf zum Tod begreift. Als ich ihm über meinen Dolmetscher sagte, dass wir in unserer Gesellschaft den Tod verdrängen und sich nie jemand sein eigenes Grab schaufeln würde, zuckte er nur mit den Schultern.

In kaum einer Sache unterscheidet sich die mönchische Gesellschaft von der Gesellschaft draußen vor den Mauern so sehr wie im Umgang mit dem Tod. In manchen Klöstern überreichte der Novizenmeister früher einem Neuankömmling als Erstes einen schlichten Zettel, auf dem das Psalmwort zu lesen war: »Dominus custodiat introitum tuum et exitum tuum!« – »Der Herr segne deinen Eintritt und deinen Tod.« Es war die erste Lektion der Demut: Titel, Erfolge, alle Maßstäbe von draußen zählen hier nicht. Unsere Brüder in Afrika veranschaulichen in geradezu drastischen Bildern und Schauspielen den Kreislauf von Geburt und Tod.

Ich war einmal in Togo auf einer Feier, bei der ein Mönch seine ewigen Gelübde ablegte. Die Ordensbrüder und seine Angehörigen gingen zu einer Hütte, in der er sich in den letzten Tagen in Stille auf dieses Ereignis vorbereitet hatte. Sie geleiteten ihn in festlicher Prozession bis zum Eingang der Klosterkirche. Seine leiblichen Brüder legten ihn auf eine Bahre, bedeckten ihn mit einem Leichentuch, trugen ihn bis zum Altar und stellten ihn dort nieder. So verabschiedete sich seine Familie von ihm. Der Abt berührte ihn und rief: »Steh auf, du bist zu neuem Leben berufen.« Die Ordensbrüder deckten das Leichentuch auf, und unter großem Jubel und Klatschen richtete er sich auf. Am Ende des Professritus tätowierte der Abt ihm die drei Buchstaben des Benediktinerordens »O.S.B.« (Ordinis Sancti Benedicti) auf die Brust und den Namen seines Klosters. Dieser Brauch ist einem Hochzeitsritus in Togo nachempfunden, der vom Vater eines Bräutigams durchgeführt wird.

Früher starb man zu Hause, heute stirbt man meistens im Krankenhaus, oft alleine, selbst von der Familie alleingelassen. Ein Autor hat einmal die »Menschenrechte für Sterbende« zusammengestellt: »Ich habe das Recht, nicht allein zu sterben«, heißt es darin oder: »Ich habe das Recht, stets noch hoffen zu dürfen – worauf immer sich diese Hoffnung auch richten mag.« Doch wie oft verstoßen wir aus Unachtsamkeit gegen diese Menschenrechte, die wir doch alle einmal einfordern wollen, wenn wir selbst auf dem Sterbebett liegen. Hospizgruppen versuchen das zu leisten: Sie wollen da sein.

Der Tod ist ein Tabu, über das man kaum reden kann, vor allem nicht am Krankenbett. Einmal habe ich am Münchner Ostfriedhof einen guten alten Freund beerdigt. Mit den Ministranten ging ich zurück in die Friedhofskapelle, als uns ein anderer Leichenzug entgegenkam – dem allerdings kaum jemand folgte. Gerade einmal eine gutgekleidete Frau ging aufrecht hinter dem Sarg her, aber sie schien am Boden zerstört zu sein. Wir blickten uns an. Erst nickte ich ihr zu, dann sie mir, aber plötzlich mit einem Lächeln. Ich hatte den Eindruck, dass ihr etwas aufgegangen ist, als sie mich als Priester erkannt hat. Vielleicht hat sie den Tod ihres Mannes bisher hoffnungslos, weil glaubenslos, gesehen. Möglicherweise habe ich ihr durch meine bloße Anwesenheit gezeigt: Es gibt noch etwas anderes, etwas Größeres, als unsere bescheidene Gegenwart.

Seit der Aufklärung mögen wir vernünftiger sein, ob wir aber natürlicher und glücklicher sind als frühere Menschen, das frage ich mich durchaus. Im Spätmittelalter entstanden Schriften, welche die »Ars moriendi«, die »Kunst des Sterbens«, lehrten. Diese sollten die christliche Vorbereitung auf den Tod sein, um das Himmelreich zu erlangen. Auf einem Sarkophag in der Kirche Santa Sabina hier bei mir auf dem Aventin in Rom steht die Inschrift: »Ut moriens viveret, vixit ut moriturus« – »Damit er als Sterbender lebe, lebte er wie einer, der sterben muss.« Vor allem der elsässische Priester und spätere Prediger Johann Geiler von Kaysersberg schien gut zu wissen, wie es geht, zu sterben: 1497 verfasste er das Buch: »Ein ABC, wie man sich schicken sol, zu einem kostlichen seligen tod.« Der Tod konnte damals also »köstlich« sein, weil ja die Auferstehung folgte.

Um wirklich anschaulich zu machen, wie großartig die

Auferstehung Jesu Christi ist, musste der Prediger in der Osternacht versuchen, die Gläubigen zum Lachen zu bringen: So wie Jesus den Tod besiegt hat, so versuchten die Menschen durch ihr Lachen den Tod zu besiegen – und auch all das Belastende dieses Themas. Basilius der Große schreibt über den Wüstenvater Antonius, er habe alles verschenkt, seine Grabstätte bestimmt und sei dann »heiter« in den Tod gegangen. So wie wir heute versuchen, den Sommer durch gasbetriebene Heizpilze zu verlängern, die in den Straßencafés stehen, so glauben wir im blinden Vertrauen auf die Medizin auch, das Leben auf Erden ewig verlängern zu können. Aber die Medizin kann den Tod nur hinausschieben, nicht verhindern. Darüber hinaus verlagert sie den Ort, an dem er eintritt.

Denn der Tod findet heute in Alten- und Pflegeheimen statt. Wo wird denn noch in den Häusern, in den Familien gestorben? Wo werden Verstorbene noch aufgebahrt in einer Wohnung, damit man in vertrauter Umgebung Abschied nehmen kann? Wir haben stattdessen in Beerdigungsinstituten und auf Friedhöfen Aufbahrungsräume geschaffen, damit wir uns dem Anblick des Verstorbenen rasch wieder entziehen können.

Dabei ist es so wichtig für junge Menschen, gar für Kinder, schon an den Tod herangeführt zu werden. Denn Kinder haben ein ausgeprägtes Bewusstsein für die existentiellen Dinge des Lebens. Sie wird es verstören, wenn sie etwa in der Absicht, sie nicht zu belasten, sich nicht von ihrer Oma oder ihrem Opa verabschieden, ihnen vielleicht noch einen kleinen Brief oder ein selbstgemaltes Bildchen in den Sarg legen können. Es kann vielleicht auch für sie ein Trost sein, wenn die geliebte Großmutter eine Strickjacke angezogen bekommt, damit sie nicht frieren muss, wenn es kalt ist. Es führt schon in der Jugend zu einer ganz anderen Wahrnehmung, wenn ich mitleide, wenn ich erfahre, wie begrenzt menschliches Leben ist.

Wir alle müssen lernen, den Verlust eines Menschen, den wir lieben, anzunehmen, so schwierig diese Aufgabe ist. Wir müssen erkennen, dass wir nichts festhalten können und dass es Dinge gibt, die sich unserer Kontrolle entziehen, so verzweifelt wir auch versuchen mögen, Einfluss zu nehmen. Abschied und Trauer sind Themen, die früher oder später auf jeden von uns zukommen. Man muss die Grenze, die der Tod ist, kennenlernen. Als freiwilliger Helfer in Hospizen kann man das zum Beispiel lernen. Wer den Tod erfährt und an die Grenzen menschlicher Möglichkeiten gelangt, wird sein eigenes Leben anders wahrnehmen. Denn ganz automatisch beschäftigt man sich dann auch mit seinen eigenen Grenzen und den Fragen unserer Existenz: Was kann ich ertragen? Was kann ich leisten? Was kann ich aushalten? Wo sind in allem meine Grenzen?

Der Tod muss nicht »köstlich« sein, aber man muss auch keine Angst vor ihm haben. Wenn man sich den Tod vor Augen hält, ist man schon fast von ihm befreit. Noch heute könnte ich, könnten Sie sterben: Wenn es so wäre, was würde ich noch tun, für was würde ich mich entschuldigen, wem würde ich noch einmal sagen, dass ich ihn liebe?

Wir sollten jederzeit so sein, dass wir sterben könnten. Menschen, die schon einmal kurz davor waren, stimmen darin überein, dass sie keine Angst mehr vor dem Tod haben, weil es nichts Bedrohliches war, was sie gesehen und gespürt haben. Nun, da sie noch einmal ins Leben zurückgeschickt wurden, lebten sie anders, wachsamer und aufmerksamer. So wie Jesus vertrauensvoll in den Tod ging, so vertrauen wir darauf, ins Himmelreich zu kommen.

Das christliche Symbol ist das Kreuz, doch das Kreuz bedeutet nicht nur Tod. Denn es erinnert uns vor allem daran, dass Jesus, der an diesem Kreuz gestorben war, am Ostersonntag wieder auferstanden ist. Wir glauben: So wird es auch mit uns geschehen.

Was kann einem das hiesige Leben mit allen Qualen und Krankheiten anhaben, wenn man wirklich glaubt! Wir erwarten nach dem Tod ein Leben, wo es weder Trauer noch Klage gibt, ein Leben, von dem unser irdisches Leben nur ein schwacher Abglanz ist! Selbst wenn man nicht glaubt: Wäre es nicht schön, trotzdem so zu leben, als könnte es so sein? Für mich ist das der einzige Trost, wenn ich von tragischen Unglücksfällen höre, von Selbstmorden, oder wenn ich bei der Fahrt übers Land nach Sankt Ottilien die Kreuze mit den Fotos junger Menschen an der alten B 12 sehe, die verunglückt sind.

Ich habe später als Abt in Sankt Ottilien über 60 Brüder bei ihrem Sterben begleitet. Vor allem habe ich in ihren Augen Dankbarkeit dafür gesehen, in diesem Moment nicht allein zu sein. Wenn ich so bei einem Sterbenden stand, ging mir sein ganzes Leben durch den Kopf. Ich stellte mir vor, mit welchen Erwartungen er ins Kloster eingetreten ist, mit welchen Hoffnungen und Idealen, und ob er sie gefunden hat. Jeder ging ausgesöhnt in den Tod, in voller Hoffnung auf Gott. Jeder hatte erkannt, dass er letztlich Gott nichts vorweisen kann, aber dafür alles von ihm erwarten darf. Wenn der Mönch gestorben ist, geleiten ihn alle Brüder zum Grab. Dann singen wir: »In paradisum deducant te angeli«, ins Paradies mögen dich die Engel begleiten.

In England ließ sich kürzlich ein Mann nicht von Engeln, sondern von einer Videokamera in den Himmel begleiten. Craig Ewert, so hieß der unheilbar Kranke, ließ seinen Tod dokumentieren. »Seine persönliche Freiheit«, nennen das die Sterbehilfe-Aktivisten. Doch der Tod ist etwas viel zu Intimes, als dass man mit seiner Zurschaustellung die öffentliche Meinung beeinflussen sollte. Der Tod, sosehr er im Leben das Fremde schlechthin für uns ist, gehört doch wie nichts anderes sonst zu jedem Individuum. Müssen nicht andere Sterbenskranke, die ihr Leiden tapfer tragen, mutlos werden, wenn sie vom inszenierten Tod Craig Ewerts lesen, oder sich gar dazu genötigt fühlen, ebenfalls den raschen Tod zu suchen, um niemandem mehr zur Last zu fallen? Bislang gehörte die Gewissheit, aus der Hand Gottes zu kommen und das eigene Leben allein in Seiner Hand zu wissen, noch zum Grundkonsens unserer Gesellschaft. Jetzt, mit zunehmender Entchristlichung, stellen sich täglich neue Fragen, weil dieser Grundkonsens nicht mehr vorhanden ist.

Allein schon deshalb, weil ein Mensch sich genötigt fühlen könnte, andere durch seinen Tod zu entlasten, lehne ich aktive Sterbehilfe ab und bekomme beim bloßen Gedanken daran eine Gänsehaut. Manchmal haben mir schon kranke Mitbrüder gesagt, dass sie bald zu sterben wünschten. Aber wenn ich nachfragte, dann habe ich gemerkt, dass sie nur ihre Ängste formulierten: Ängste vor unerträglichen Schmerzen, dem Alleinsein, zu starker Belastung der Angehörigen und so weiter. Passive Sterbehilfe muss man differenzierter sehen. Wenn Menschen erklären, dass sie wünschen, der Natur ihren Lauf zu lassen, anstatt nur noch als Objekt an Maschinen und Schläuchen zu funktionieren, muss man das respektieren, weil es auch eine Frage der menschlichen Würde ist. Aber das darf natürlich kein Freibrief für unterlassene Hilfeleistung zur Kostendämpfung sein, wenn und solange noch reale Hoffnung besteht, das menschliche Leben zu retten. Dann muss alles versucht werden, und niemand darf sich zum Richter über Leben und Tod machen.

Wer sich wie Benedikt stets den Tod vor Augen hält, wird nüchterner. Wir sorgen vor, durch ein Testament, eine letztwillige Verfügung, wie es mit einer Firma im Falle eines plötzlichen Ausfalls durch einen Schlaganfall oder den Tod des Chefs weitergehen soll. Wie viele Firmen geraten ins Schwanken, weil ihre Chefs glauben, sie wären im Besitz des ewigen Lebens! Es ist vernünftig, die Bankkonten, Vollmachten, Kunden, Verträge, Passwörter und Schlüsselverzeichnisse der eigenen Firma schon zu Lebzeiten aufzulisten. Es könnte gar sinnvoll sein, schon jetzt die Kompetenzverteilung möglicher Nachfolger zu regeln. Am besten übergibt man schon zu Lebzeiten Verantwortung. Wer so sein Haus bestellt hat, zeigt den anderen nicht nur, dass er bewusst lebt, sondern er beweist damit auch seine Ehrfurcht vor Gottes unergründlichem Ratschluss, wenn der Herr über Leben und Tod einen Menschen plötzlich und unerwartet abruft.

Wenn Familien um den Nachlass streiten, zeigen sie wenig Respekt vor dem Toten, der mit seinem Testament sicher genau das vermeiden wollte. Diese Streithähne sollten sich klarmachen, dass sie von dem Erbe keinen einzigen Silberlöffel mit ins Grab nehmen können, durch ihren Streit aber den Zusammenhalt der Familie, auf den sie vielleicht noch einmal angewiesen sein werden, zerstören.

Da haben wir Mönche es mit unseren wenigen Habseligkeiten besser. Bei uns gibt es keinen Nachlass, und so wird sich auch niemand um ihn streiten – ein beruhigender Gedanke. Je mehr man hat, umso mehr muss man sich um seinen Besitz, den dann – wie Jesus sagte – doch nur die Motten fressen werden, sorgen. Die Schätze, die ich im Himmel erwerbe, machen mich sorgenfrei und glücklich. »Lehre uns bedenken, dass wir sterben müssen – auf dass wir klug werden.« Dieses alte Psalmwort ist tiefste menschliche Weisheit, die der Psalmdichter in ein Gebet fasst. Keiner kann sich vorstellen, wie es ist, nicht mehr hier zu sein. Nur weiß ich, dass die Welt auch ohne mich weiterlaufen wird. Der Tod ist und bleibt mir fremd, auch wenn er mein Ureigenstes ist.

Als Messdiener war ich bei etlichen Beerdigungen dabei. Ich habe mich sogar freiwillig zu ihnen gemeldet, schließlich fanden sie vormittags statt, was schulfrei bedeutete. Selbst im tiefsten Winter durften wir keine Handschuhe anhaben, wenn wir Leuchter oder Weihwasser trugen, aus Ehrfurcht vor dem heiligen Altargerät. Einmal haben wir einen Jäger beerdigt. Es waren schon einige ans Grab getreten und hatten ein Schäufelchen Erde hineingegeben, als ein stämmiger Jäger vor das Grab trat: »So Hannes, da liegst du nun und ziehst ein in die ewigen Jagdgründe«, sagte er zu seinem alten Jagdgefährten. Viele auf dem Friedhof haben da gelacht. Es war befreiend, zu lachen, aber auch sich vorzustellen, dass nun in einem anderen Leben für den toten Jäger gesorgt sein wird.

Doch so heiter wird es selten auf einer Beerdigung sein: Eine so tiefe Wunde wie die, die durch den Verlust eines geliebten Menschen entsteht, heilt nicht so schnell. Es ist wichtig, sich klarzumachen, dass Trauer und Abschied lange dauern. Jeder Mensch hat hier sein ganz eigenes Tempo – und so manch einer trauert Jahre.

WIR UND IHR:
Für die Welt da sein

Dorthin gehen, wo es weh tut

Kennen Sie Schwester Reinolda? Nicht? Da sind Sie nicht der Einzige. In Deutschland ist es vielleicht eine Handvoll Leute. In Südafrika hingegen kennen sie wahrscheinlich Zehntausende. Schwester Reinolda arbeitete bis vor wenigen Jahren als Hebamme in einer Abtei in einer sehr armen Region Südafrikas. Tausenden Frauen hat sie dabei geholfen, ihre Kinder auf die Welt zu bringen, und noch heute erzählen sich die Leute davon, mit wie viel Liebe und Gelassenheit die Schwester in mitunter brenzligen Lagen handelte. Auf ihrem Grab steht heute ein schlichter dunkelgrauer Stein. Für mich ist sie eine Heilige, ich besuche jedes Mal ihr Grab, wenn ich in Südafrika bin.

So wie Schwester Reinolda haben Orden, Mönche, Nonnen in den 1500 Jahren, seit Benedikt seine Regel schrieb, die Kulturlandschaft Deutschlands, Europas, ja der ganzen Welt geprägt. Im Glauben an Jesus Christus sind sie ausgezogen, die Welt nach Kräften besser zu machen. Über Jahrhunderte boten Klöster nicht nur, wie es heute oft verkürzend gesehen wird, gutgeführte Internate und Brauereien, sondern sie waren Träger und Vermittler der abendländischen Kultur.

In der Tat hat sich in den Augen vieler Zeitgenossen das Bild monastischen Lebens leider auf das Bräustüberl im Kloster Andechs oder das Kitschplakat vom Mönch mit Bierhumpen reduziert. Doch wie falsch: Klöster haben schon den Glauben bezeugt, als es noch nicht einmal Bistümer oder sonstige feste kirchliche Strukturen gab. Sie haben aus Analphabeten Schüler, Studenten und Gelehrte gemacht. Sie haben in Hospizen der Welt die Barmherzigkeit Christi vorgelebt und lange vor der Entwicklung des Sozialstaats Krankenhäuser, Altenheime, Schulen und Hilfseinrichtungen gegründet, unterhalten und finanziert. Was Jahrhunderte später auf den europäischen Universitäten gelehrt wurde, Theologie, Philosophie, Jurisprudenz und Heilkunde, war in den Klöstern vorgedacht worden. Durch die Abschriften klassischer Werke der griechischen Philosophie oder der römischen Geschichte sind uns durch fleißige Mönche wichtige Werke der klassischen Antike überhaupt erst überliefert worden. Mit einem modernen Begriff lassen sich die mittelalterlichen und barocken Klöster daher treffend als »Denkfabriken« bezeichnen.

Doch all dies kam fast zum Erliegen, als sich die deutschen Teilstaaten nach dem Verlust ihrer linksrheinischen Besitztümer im Rahmen der Säkularisation als Kompensation am kirchlichen Eigentum bedienten. Die Folge: Die Krankenpflege und das Schulsystem brachen zusammen, weltliches Dienstpersonal verlor seine Arbeitsplätze, wertvolle Kunstbestände, Bibliotheken und Archive wurden verschleudert oder durch unsachgemäße Behandlung zerstört. Der bayerische König Ludwig I. meinte daher später zu seinem übereifrigen Minister Montgelas, mit der Auflösung der Klöster habe man wohl »die falsche Sau geschlachtet«. Mehr gezwungen als reuig wurden manche Klöster wiedererrichtet, und 40 Jahre später im Jahr 1846 gründete Pater Bonifaz Wimmer aus dem Kloster Metten sogar das erste Benediktinerkloster in den USA.

In der Fußballersprache würde man sagen, Schwester Reinolda war eine, die dort hinging, wo es weh tat. Sie hätte gewiss in ihrer Heimat ein ruhiges, beschauliches Leben führen können. Immer hatten und haben Mönche und Ordensschwestern diesen Mut, für Jesus Christus eher den steinigen Weg zu gehen. Mönche und Nonnen sind die wandelnden Beispiele dafür, dass es auf der Welt noch etwas anderes gibt als den Shareholder-Value: Sie sind sozusagen das gesellschaftliche Gegenmodell. Darüber hinaus sind sie auch Hüter der positiven Bestandteile unserer Zivilisation. Sie bewahren die Schöpfung, die Schönheit der Künste und der Musik, und sie gestalten auch die Zukunft ihrer Außenwelt mit, ob in der Schule, den Krankenstationen oder im interreligiösen Dialog.

Die Schöpfung bewahren: Vom mönchischen Leben mit der Natur

Jede Führungskraft hat ihre Schwächen. Meine ist zum Beispiel, dass ich schlecht delegieren kann. So buche ich auch meine Flüge selbst, weil ich es mir selbst überlegen will, welche Anschlussflüge ich nehme und was sich überhaupt noch in den Terminkalender hineinpacken lässt. Deshalb kenne ich mich auch auf all diesen Buchungsseiten im Internet gut aus. Kürzlich wurde ich auf einer solchen Seite gefragt, ob ich nicht noch etwas für ein Klimaprojekt irgendwo auf der Welt spenden wolle, um mein schlechtes Gewissen zu beruhigen: Schließlich verbrauche das Flugzeug mit mir an Bord soundso viel Kerosin und blase damit soundso viel Kohlendioxid in die Luft. Eine gute Idee, dachte ich zunächst; doch bald schien es mir übertrieben. Muss ich wirklich ein schlechtes Gewissen haben, weil ich nicht Dutzende von Stunden von Rom nach Berlin mit dem Zug fahren, sondern meine Aufgaben schneller erledigen will? Außerdem sind heute die Fluggesellschaften auch darauf bedacht, sparsamere Flugzeuge einzusetzen.

Online-Spenden für den Klimaschutz? Ein Mausklick, das Gewissen ist beruhigt, und man kann seine Urlaubsreise antreten. Bei allem Respekt für den Umwelt- und Klimaschutz, aber ich glaube, da macht es sich mancher Zeitgenosse zu leicht. Derart finanzierte Klimaprojekte sind gut und nützlich, aber das Elend der Dritten Welt ist damit noch nicht behoben. Wenn wir Mönche im Flugzeug sitzen, dann fliegen wir nicht zu den Wellness-Resorts und den Badestränden der Dritten Welt, sondern zu den Aidswaisen, den Hungernden, Arbeitslosen und Kriegsopfern, oder wir fliegen, wie ich, zu Klöstern und internationalen Treffen, wo die Hilfe organisiert und für die Zukunft gesorgt wird. Ich habe daher kein schlechtes Gewissen, wenn ich ein Flugzeug besteige. Das schlechte Gewissen wegen des Klimas muss sich die Politik machen, die die Umweltschutzauflagen für die Fliegerei verstärken müsste. Dann wären Vergnügungsreisen mit dem Flugzeug vielleicht teurer, jedenfalls aber nicht mehr billiger als die S-Bahn-Fahrkarte zum Flugplatz.

Mich stört es seit geraumer Zeit, dass der Umwelt- und vor allem jetzt der Klimaschutz zu einer Zivilreligion geworden sind. Wenn es früher schon fast liturgische Züge hatte, wie manche Leute ihre Joghurtbecher ausspülten, so haben wir es heute aufgegeben, weil wir uns fragen, was der Einzelne angesichts der Klimaveränderung überhaupt noch ausrichten kann. Die globale Größenordnung dieses Problems macht es uns leicht, seine Bewältigung an die Regierungen zu delegieren. Oder an andere Institutionen, an Verbände, Banken, die Wirtschaft und so weiter. In Rom kann man hierzu noch eine spezielle Variante erleben, wenn man mal bei den Reisegruppen im Vatikan stehenbleibt und zuhört. Wie viel Geld, so der missgelaunte Einwurf manches Touristen, könnte der Papst nach Afrika überweisen, wenn er die Kunstwerke aus den Vatikanischen Museen verkaufen würde! Dann frage ich: »Und was machen bitte *Sie* für Afrika?« Fangen wir doch erst einmal bei uns selber an. Im Übrigen würde der italienische Staat einen Verkauf der Kunstwerke gar nicht erlauben.

Der Kirche wird häufig ein Satz aus dem Buch Genesis im Alten Testament verübelt: »Macht euch die Erde untertan!« Klingt nicht schon hier ein hemmungsloser Besitzanspruch an, ist die Brandrodung des Regenwaldes nicht schon hier vorweggenommen? Deshalb hat man verschiedentlich das Christentum für die ökologische Krise verantwortlich machen wollen und zwar nicht nur wegen dieser von Gott angeblich verliehenen Beherrschungsvollmacht, sondern auch im Hinblick auf die mit dem Christentum konsequent erfolgte »Entgötterung« der Natur, wie sie etwa durch die Bekämpfung der Naturgottheiten bei anderen religiösen Traditionen zum Ausdruck komme. Dieser Ansicht liegt im Wesentlichen ein Übersetzungsfehler zugrunde: Das hebräische Verb ›kabasch‹ (bisher übersetzt als »untertan machen«) hat auch die Bedeutung: »als Kulturland in Besitz nehmen«, »dienstbar oder urbar machen«. Das klingt dann ganz anders als das »untertan machen« im Sinne von »ausbeuten« oder »unterjochen«, mit dem wir in unserem Sprachgebrauch etwas Diktatorisches verbinden. Durch die differenziertere Übersetzung wird deutlich, dass die dem Menschen von Gott gegebene Vollmacht uns nicht zum Beherrscher, sondern lediglich zum Treuhänder machen will. So wie Benedikt den Leser am Anfang der Regel mit »Höre!« anspricht und ihn bittet, das »Ohr seines Herzens« zu neigen, so gibt uns Gott die Schöpfung und bittet uns, sie behutsam zu bewahren. Selbst wenn wir bei der üblichen Übersetzung bleiben: Die Welt ist auf den Menschen bezogen, doch kann er sie deshalb nicht ausnutzen.

Auch Benedikt von Nursia war seiner natürlichen Umwelt verbunden, seine ganze Regel stellte er in einen kosmischen Zusammenhang und orientierte die Gebets- und Essenszeiten der Mönche am Rhythmus der Natur. Nicht umsonst werden die Kirchen nach Osten ausgerichtet, von wo wir – wie die Morgensonne – den auferstandenen Christus erwarten. »Wenn die Sonne untergeht und der Tag sich neigt, muss man wieder beten. Denn Christus ist die wahre Sonne und der wahre Tag«, schrieb der frühchristliche Bischof Cyprian († 258) und fügte hinzu: »Wenn nun die sichtbare Sonne und der Tag weichen und wenn wir dabei beten und erflehen, dass es über uns wieder Licht werde, dann beten wir um das Kommen Christi, der die Gnade des ewigen Lichtes schenken wird.«

In der Eucharistie erleben wir die Vereinigung von göttlicher Schöpfung und menschlichem Tun, den perfekten Zusammenklang also: Irdisches Brot und irdischer Wein, von Menschen aus der Schöpfung gewonnene Nahrungsmittel, werden auf wunderbare Weise zu Leib und Blut Jesu Christi. Der Glaube und die Bewahrung der Schöpfung gehören zusammen. Im Vaterunser erbitten die Christen in größter Selbstverständlichkeit: »Unser tägliches Brot gib uns heute.« Doch existentielle Bedeutung hat die Bitte um das tägliche Brot in den industrialisierten Ländern des Westens längst nicht mehr, das Wort »Hunger« ist exotisch geworden. Trotzdem dankt die Kirche am ersten Oktobersonntag, am Erntedankfest, bis auf den heutigen Tag Gott für die Gaben der Schöpfung. Schon im 3. Jahrhundert soll Papst Calixtus, später im 8. Jahrhundert der Frankenkönig Pippin Dankgottesdienste für gute Ernteerträge angeordnet haben.

Die Erntedankgottesdienste haben mich als Kind immer in besonderem Maße berührt, wenn wir den Altar mit Feldfrüchten, Ähren, Trauben und mancherlei Schmackhaftem schmückten und in der Messfeier für die Gaben der Natur dankten. Wenn mich das schon als Landkind fasziniert hat, wie wichtig ist es dann für Stadtkinder, einmal zu erleben, dass das Essen, das Brot, die Milch keine Selbstverständlichkeiten sind, die im Supermarkt unerschöpflich bereitgehalten werden! Erst wenn man sich dessen bewusst ist, dass man dankbar sein sollte für die Gaben der Schöpfung, kann daraus auch ein Verantwortungsgefühl wachsen, diese Schöpfung zu bewahren, und zwar gerade angesichts des Hungers und Elends in vielen Ländern der Erde.

Noch als ich Kind war, war der rücksichtsvolle Umgang mit der Natur, zumal auf dem Land, selbstverständlich. Das befehlende Wort »Umweltschutz« war noch nicht erforderlich. So wie Benedikt seinen Mönchen rät, alle Geräte des Klosters als heilige Altargeräte zu betrachten, so gingen wir mit der Natur um. Wir hatten einen großen Gemüsegarten, allerdings nicht, um die Fahrt zum Markt zu vermeiden, sondern um Geld zu sparen. Ich bin mit meinem Vater in die Wälder gegangen. Da haben wir die abgestorbenen Äste abgerissen, denn das war Brennholz für uns. Aber es war auch gut für die Wälder, damit sie Luft zum Wachsen bekamen, und außerdem sank die Waldbrandgefahr.

In den sechziger Jahren haben die Klöster mit der Gesellschaft mitgezogen, haben Kunstdünger eingesetzt und eine sehr intensive Landwirtschaft betrieben. Mittlerweile hat sich der Trend wieder umgekehrt: Viele Klöster sind geradezu vorbildhaft ökologisch geworden, so auch St. Ottilien. Wenn ich dort bin, weiß ich, wie das Vieh gefüttert wird, wir haben unser eigenes Getreide und unser eigenes Obst.

In manchen Bistümern speisen Photovoltaikanlagen auf kirchlichen Dächern umweltfreundlichen Strom ins öffentliche Netz ein, Sonnenkollektoranlagen erzeugen Wärme ohne Freisetzung von Treibhausgasen. Durch Blockheizkraftwerke in Pfarreien und Bildungseinrichtungen werden gleichzeitig Strom und Wärme erzeugt. Seit Jahren handeln die Mönche im unterfränkischen Münsterschwarzach konsequent und stellen auf regenerative Energien um. Allein das Biomasse-Heizkraftwerk kostete rund 1,5 Millionen Euro. Nun aber können pro Jahr rund 500 000 Liter Heizöl eingespart werden, und 1400 Tonnen Kohlendioxid werden weniger in die Atmosphäre geschickt. In Sankt Ottilien haben wir eine Hackschnitzelanlage, wir brauchen jetzt nur noch 20 Prozent des bisherigen Ölbedarfs. Aber dazu werden wir auch aus ökonomischen Gründen getrieben, die herkömmliche Energie ist einfach zu teuer.

Mönche waren immer schon Tüftler, die daran gearbeitet haben, auf möglichst günstige Weise Werte zu erwirtschaften. In manchen afrikanischen Klöstern wird sogar mit Biogas gekocht.

Vor allem aber schaffen unsere Anlagen und die damit einhergehende Bildungsarbeit ein ökologisches Bewusstsein, auch im Orden selbst: Kürzlich erzählte ich bei einem Äbtetreffen in Amerika von unserem Wissen und den Bemühungen um Umweltschutz und Klimafreundlichkeit. Die Sitzung fand in einem durch eine Klimaanlage stark heruntergekühlten Kloster statt. Als ich meinen amerikanischen Mitbrüdern sagte, dass ich es aus ökologischen Gründen für nicht verantwortbar hielte, so viel Energie für die Kühlung des Klosters aufzuwenden, staunten sie nicht schlecht. Denn sie hatten sich bislang nicht anders verhalten als die amerikanische Gesellschaft um sie herum. Nun wissen sie, was in europäischen Klöstern in Sachen Umweltschutz so alles läuft, und wir konnten unser Wissen weitergeben. Das ist der Vorteil des starken globalen Verbundes der Benediktiner und ein schönes Beispiel für meine Aufgabe.

Wir könnten alles auf biologischen Anbau umstellen, aber wir müssen uns auch im Klaren darüber sein, dass die Ernte dann viel geringer ausfallen kann. Einmal ging ich mit einem Abt eines bayerischen Klosters über seine Ländereien, und er schilderte mir seine ambivalenten Gedanken dazu: »Einerseits sind wir ja stolz darauf, jetzt alles biologisch zu machen«, meinte er, »aber andererseits ...« Und dann wies er zum Nachbarfeld hinüber, wo ein örtlicher Bauer in herkömmlicher Weise anbaute: Dort drüben kam mir alles doch etwas kraftvoller und besser gediehen vor, auf unserem biologischen Feld sah es dagegen etwas kümmerlich aus.

Deshalb denken wir in Sankt Ottilien pragmatisch: Die Äpfel auf unseren Feldern werden einmal nach der Blüte gespritzt, damit sie nicht von Käfern befallen werden, und ein weiteres Mal vor der Lagerung gegen die Fäule – aber jedes Mal mit biologisch erzeugten Giften, die sich später selbst zersetzen. Deshalb bekommen wir bis in den Mai hinein jeden Tag zum Mittagessen einen Apfel von unserem eigenen Land. Die Klöster bauen auch ihre Kräuter selber an und stellen damit Medizin her. Die ist ebenfalls eine Einkommensquelle, und es erinnert auch ein wenig an die Wurzeln klösterlicher Arbeit in der Zeit Hildegards von Bingen.

Demut, Achtsamkeit, Behutsamkeit und Maßhalten sind auch im Umgang mit der Natur gefragt: Wir leben hinsichtlich der Natur und des Klimas über unseren wirklichen Bedarf hinaus. Doch die Grenzen zwischen einem vernunftgesteuerten Umwelt*schutz* und einer Umwelt*ideologie* sind fließend. In Deutschland haben wir uns jetzt die Ökologie um jeden Preis auf die Fahnen geschrieben und lassen uns in unserem missionarischen Eifer für den Klimaschutz von keinem Land übertreffen, geradeso, als sollte mal wieder am deutschen Wesen die Welt genesen. Da habe ich Bedenken.

Wir sähen es natürlich gerne, wenn die Afrikaner unsere klimapolitischen Vorstellungen übernehmen würden. Aber erst einmal haben die Afrikaner ganz andere Probleme: Sie wollen einfach überleben. Und zweitens werden sie durch unser besserwisserisches Verhalten fatal an die Kolonialzeit erinnert. Sie wollen nicht belehrt werden, sie wollen, dass wir auf sie und die Besonderheit ihrer sozialen und wirtschaftlichen Lage eingehen. Das können Ordensleute, die oft seit Jahrzehnten im Lande sind, manchmal besser. Vielleicht sollte mancher Ökologe einmal gelegentlich bei uns Mönchen landesspezifische Informationen einholen, bevor er sich als Oberlehrer auf die nächste internationale Konferenz begibt.

Seltsamerweise steht die eine Ausprägung amtlicher Pedanterie zuweilen der anderen im Weg: Ich würde zum Beispiel gerne hier in Sant'Anselmo alle Dächer mit Solarzellen ausstatten. Aber das würden wir nie vom Denkmalschutz genehmigt bekommen: Kürzlich mussten wir sogar das neugedeckte Kirchendach mit Farbe besprühen, damit es älter aussieht. Ich habe gesagt, das dauert fünf Jahre, dann hat das von alleine wieder die Farbe der anderen Ziegel. Doch das Denkmalamt drohte uns damit, die Zuschüsse zu streichen. Die Bürokratie steht uns auch in der landwirtschaftlichen Produktion im Wege: Wir hatten früher eine eigene Käserei, aber dann wurden die Hygieneauflagen so groß, dass wir auf die eigene Käseherstellung verzichten mussten. Die Umstellung hätte eine halbe Million gekostet. Da habe ich gesagt: Können wir vergessen, damit können wir eine Menge Käse kaufen – auch wenn der lang nicht mehr so geschmackvoll ist. Außerdem kann man in einer eigenen Käserei am Hof die nicht verkaufte Milch einer sinnvollen Verwertung zuführen. Da ging es uns so wie manchem braven bayerischen Wirtshaus, das zumachen muss, weil der Wirt nicht das Geld hat, alle Hygieneauflagen umzusetzen, die sich die Regierung so ausdenkt.

Wieder einmal gilt es, das rechte Maß zu wahren. Denn alles werden wir nie verhindern können.

Die totale Ausbeutung der Natur bis hin zur Ausrottung vieler Lebewesen war früher mangels Ausrüstung gar nicht möglich. Heute sind diese Barrieren gefallen: Wir können die Meere leer fischen und mit Schleppnetzen auf dem früher unzugänglichen Meeresgrund eine Schneise der Verwüstung anrichten. Angesichts des Einsatzes dieser Großtechnik klingt es wie eine Idylle aus vergangener Zeit, wenn ich auf die Mönche blicke – die haben nämlich früher Fischteiche angelegt, damit sie mehr Fisch essen können. Sie haben nicht die ganzen Teiche leer gefischt, sondern haben Fische eingesetzt. Dieses nachhaltige Denken haben die Mönche auch in die Mission mitgenommen.

Wenn ich nach Afrika komme, sehe ich, wie sehr sich dort die Klöster um einen verantwortungsvollen Umgang mit der Schöpfung bemühen und versuchen, den Landesbewohnern ein Vorbild zu sein. Die Mönche haben bessere Anbaumethoden und besseres Saatgut mitgebracht: Der Hybridmais in Tansania ist eine großartige Sache, da erwirtschaftet man bei gleicher Anbaufläche mehr und kann mehr hungrige Mäuler stopfen. Ein anderes Beispiel sind die Wälder, die dort stehen, wo immer Mönche hingegangen sind. Ganz im Sinne der Unabhängigkeit von lokalen Machtgrößen legten die Mönche ihre Wälder an, um Bauholz und Brennholz zu gewinnen. Waldnutzung und Forstwirtschaft sind für uns nicht nur ein Umweltgebot, sondern auch eine soziale Aufgabe. Bäume auf Jahre vorausschauend anzupflanzen war für viele Afrikaner neu, aber sie lernen aus dem behutsamen Vorbild ohne eingebauten postkolonialen Zeigefinger viel bereitwilliger, als sie es auf der Basis internationaler Vertragswerke täten. In Afrika können die Benediktiner ein Beispiel für langfristiges Denken geben, gegen die Tendenz der ansässigen Bevölkerung, die zwar Holz zum Kochen sammelt, aber dann nichts Neues mehr anbaut. Bei der früheren schwachen Bevölkerungsdichte hat das natürlich nachwachsende Gestrüpp ausgereicht, heute ist es zu wenig. In unserem Kloster in Sambia wohnen Schüler umsonst im Internat.

Dafür müssen sie einen Teil der Ferien im großen Garten und auf den Feldern arbeiten. Jetzt legen sie auch in ihren Familien zu Hause solche Gemüsegärten an.

Bei allem Interesse für den Umweltschutz sollten wir nicht vergessen, dass um uns herum nicht nur Tierarten, sondern vor allem Menschen sterben. Wir können uns zurückziehen, im schlechten Gewissen eingraben und uns dafür entschuldigen, dass wir leben. Doch Gott hat den Menschen mit der Schöpfung verbunden, der Mensch ist nicht der Feind der Natur. Ich bin irritiert über das weitverbreitete Ressentiment gegen den Menschen als den angeblichen Störenfried der Natur. Es hilft doch der Natur gar nicht, wenn der Mensch aus den Fugen gerät und sich selbst nicht mehr mag, ganz im Gegenteil: Je mehr der Mensch zu sich selbst findet, desto besser kann er ins Gleichgewicht mit der Schöpfung treten und sie mit ihm. Im Menschen und in der Natur gilt es, den Schöpfer und seine Schöpfung zu respektieren, dann finden wir ganz natürlich das rechte Maß für den Menschen – und für den Umweltschutz. Engagement für die Umwelt misst sich letztlich nicht nur am Einkauf im Bio-Laden oder am energiesparenden Kühlschrank, sondern an der Mitmenschlichkeit.

Viele Greenpeace-Anhänger haben zwar eine achtbare Einstellung gegenüber der Natur und scheuen sich auch nicht, mit spektakulären Aktionen auf ihre Anliegen aufmerksam zu machen. Doch von diesen Kreisen kommt wenig Unterstützung, wenn es um den Lebensschutz des Menschen geht. Ein Beispiel: Die Umweltschützer sind besorgt über das Aussterben der Tiger in Indien, sagen aber nichts über die Straßenkinder in Rio de Janeiro, Nairobi oder Manila. Deshalb sollte jeder, der den Umweltschutz als wichtig erachtet, gleichzeitig auch das geborene wie das ungeborene menschliche Leben verteidigen. Der Respekt vor dem Menschen und der Respekt vor der Natur gehören zusammen.

Angesichts der Wunder der Natur sollten wir staunen und lobend Gott danken, so wie in Psalm 104,1: »Mein Gott, wie groß bist Du!« Sobald dieses Staunen ausbleibt und wir die Welt nur noch als evolutionären Zufall betrachten, verliert unser Kampf um die Schöpfung seine ethische Dimension und einen Teil seiner Überzeugungskraft. Lebendig ist nur der, der sich ein kindliches Staunen bewahrt hat. Wenn wir daran glauben, dass Sein Geist, wie es in der Genesis heißt, über den Wassern schwebte, dann wissen wir, warum wir kämpfen. Aus dem ersten Ja ist alles Weitere entstanden, und da steht die darwinistische Theorie nicht im Widerspruch zum Glauben.

Natürlich ist die Welt nach dem modernen christlichen Verständnis nicht in sieben Tagen – einem menschlichen Maß – entstanden. Darauf kommt es auch gar nicht an, denn auch die Zeit ist relativ. Und wenn wir jetzt wissen, dass die Welt in einem sehr komplizierten Evolutionsprozess entstanden ist, erkennen wir, dass sie im Tiefsten eben doch von vernünftiger Hand geschaffen wurde und weiter gehalten wird. Die Schöpfung der Welt war nicht ein einmaliger Akt. Unser Glaube an das »Ja« Gottes zum Leben ist für uns Christen die beste Voraussetzung und der stärkste Antrieb, Gottes Werk zu achten.

Ich bin froh, wenn wieder bewusster wird, wie naturverbunden Mönche, Nonnen und Klöster leben. Über die uns ständig zuteilwerdende Anerkennung für unser Leben im Kreislauf der Natur und die Stille unserer Klöster hoffe ich, dass sich die Menschen auch für unseren eigentlichen

Auftrag, die Verkündigung des Glauben interessieren: Ein junger Mann, der mit uns Gott suchen möchte, ist mir hundertmal wichtiger als noch so viele Tonnen verkaufter klostereigener Kräutertee.

Musik als Antwort auf Gott

Die katholische Kirche steht nicht gerade im Ruf besonders großer Volksnähe, schließlich sehen viele in ihr doch eher eine große Spaßverderberorganisation. Doch im Sommer 2008 geschah etwas Außergewöhnliches, denn ohne Marketingkampagne und eigenes Zutun fand eine CD katholischer Mönche den Weg in den scheinbar glaubensfreien Bereich der Popmusik, in die »Charts«, in die »Schlager der Woche«. Über mehrere Wochen ließ die CD »Chant« mit Chorälen der Zisterziensermönche von Heiligenkreuz in der Liste der meistgekauften CDs Stars wie Madonna und Amy Winehouse hinter sich – so wie sich vor Jahren schon einmal die Gregorianik-CDs der Mönche von Silos in England reißend verkauft hatten. Ich staunte nicht schlecht: Hatte der Herr die Mönche auf einen neuen Weg geleitet, Geld für ihren Lebensunterhalt zu bekommen? Oder war der plötzliche Erfolg Zeugnis einer sommerlichen Sinnsuche, einer Rückkehr zum Glauben? Schön wär's.

Aber der CD-Erfolg steht wohl weniger für eine Rückbesinnung auf den Reichtum christlicher Spiritualität als für einen sehr leicht formbaren Zeitgeist: Es ist einfach kein Widerspruch mehr, einerseits poppige Diskomusik zu hören und sich andererseits gregorianische Choräle »reinzuziehen«. Sogar Eminem hat Choralmelodien, etwa gregorianische Kyrie-Rufe, in seine Musik eingebaut. Deshalb diagnostizierte eine Zeitung nüchtern, welches die »Einsatzgebiete« der Mönchs-CD sein könnten: »(...) es dürfte vor allem das private Chillen sein, wo sie sich gut zu tibetanischen Gebetsmühlen, Desertblues, Schamanentanz und Walgesängen fügt«. Und der »Spiegel« kommentierte unbeeindruckt, die CD sei »eine Akustikbrise, Töne halbfett, bestens geeignet für Fahrstühle, Massagepraxen [sic!] und Manager, die beim Feierabend-Rotwein die Stille nicht ertragen. (...) Die Choräle eignen sich als Hymne der großen Mach-dich-locker-Industrie, dem Hast-du-dir-ja-so-verdient-Gefühl, der Sich-so-entrückt-wie-im-Kloster-fühlen-Sehnsucht.«

So wie viele zwischen Buddha und Jesus keinen großen Unterschied sehen können, hatte sich erstmals der Klangsynkretismus des Pop die Gregorianik ausgesucht und verkaufte sie so sakralfrei wie eine CD mit Faschingsschlagern. Ausgerechnet Mönche profitierten nun von der »Diktatur des Relativismus«. Wie wenig dagegen für die Menschen des Mittelalters die Gregorianik eine Musik von vielen war, zeigt sich schon am Mythos ihrer Entstehung. Im »Antiphonar des Hartker«, einem liturgischen Buch für das Stundengebet im Kloster von Sankt Gallen aus dem Jahr 1000, sieht man, wie der zeitgenössischen Vorstellung zufolge die Gregorianik auf die Erde kam: Gregor I. diktiert dort einem Schreiber die Choralmelodien, der sie niederschreibt. Auf der rechten Schulter Gregors sitzt eine Taube, die ihren Kopf in Richtung Ohr des Papstes streckt – der Heilige Geist flüstert Gregor die Choralmelodien ein.

Welche Rolle Gregor I. tatsächlich dabei gespielt haben dürfte, einen verbindlichen Kodex von Melodien zu bestimmen, ist ungewiss; doch die Gregorianik wurde seither zum ästhetischen Gral, zur einzigen Form, Gott nachdrücklicher zu loben als durch das Gebet und das Schweigen. Sie wurde zum klanglosen Echo auf die Liebe Gottes. »Wer singt, betet doppelt!«, soll Kirchenvater Augustinus gesagt haben, und die Liste der prominenten Unterstützer dieser Ansicht reicht bis zu Martin Luther. Selbst ein buddhistischer Lehrtext teilt diese Ansicht: »Wenn Menschen mit freudigen Herzen durch Gesang die Verdienste der Buddhas gepriesen haben, wenn auch nur mit leiser Stimme, dann haben auch diese den Buddhaweg erreicht.«

Egal, wo wir sakrale Musik hören: Sie berührt uns. Eine gewisse Form der Musik hat auf Menschen aller Kulturen eine spirituelle Wirkung, was darauf schließen lässt, dass sich die Menschen aller Kulturen in ihrer Seele im Grunde sehr ähneln. Ich habe das mit den japanischen Zen-Mönchen erlebt: Wenn wir die Psalmen sangen, fanden sie über unseren Gesang den Weg in eine tiefe Meditation, und umgekehrt konnten mich auch ihr Gesang und der Klang ihrer Instrumente zur Meditation oder zum Gebet öffnen: In der Musik funktioniert die interreligiöse Begegnung bereits, nicht als Religionsvermischung, sondern fruchtbar als versöhnte Verschiedenheit. Wenn wir uns so begegnen, weckt die Kirche die Offenheit für das Fremde, ohne das Eigene preiszugeben. Und wenn in benediktinischen Klöstern in Afrika oder in katholischen Messfeiern in Indien ortsübliche Instrumente verwendet werden, zeigt das umso mehr, mit welch verschiedenen Klängen man schon in einer Religion das Gleiche sagen kann.

Für mich ist es sehr leicht, mich im Ausland zurechtzufinden. Wenn ich irgendwo auf der Welt unterwegs bin und dann in einem Kloster übernachte, dann kann mich nichts so gut auf den neuen Ort einstimmen wie das Singen der Psalmen mit den Brüdern. Schon als Jugendlicher hat es mir gutgetan, die Mönche beim Singen zu hören, und dieser Gesang war unter anderem auch etwas, das mich ins Kloster führte. Ich meine, es ist die reichhaltige Melodik selbst, die mich damals und die CD-Käufer heute zur Gregorianik zieht. Denn fast die gesamte Musik, die im westlichen Kulturkreis zu hören ist, basiert auf dem System von Dur und Moll. Wenn *wir* Mönche dagegen singen, bedienen wir uns der fremden, nicht alltäglichen Kirchentonarten. Ihnen fehlt es an jener Zwangsläufigkeit, die bei Melodien in Dur und Moll schon die folgenden Klänge vorwegnimmt. In ihrer Besonderheit haben sie auch Rock- und Jazzkomponisten inspiriert. Jedes Wort, jede Silbe, laden wir maximal mit Tönen zu einzigartigen Melodien auf. Weil es keinen festen Rhythmus und keine Takte gibt, vergisst unser Gehör die Endlichkeit anderer Lieder. Deshalb kann man über Stunden immer wieder dieselbe CD mit gregorianischer Musik hören. Der gregorianische Choral ist für uns mehr als die wohlklingende Vertonung und Interpretation alter Texte. Denn dieser Gesang trägt in höchstem Maße dazu bei, den menschlichen Geist und das Herz zum Übernatürlichen, zu Gott, zu erheben, mitten aus unserer Diesseitigkeit heraus. Für uns ist Gregorianik Gebet, wir bereiten mit ihr Gott den Weg, den er zu uns zu kommen wünscht. Johann Sebastian Bach hat wunderbare Kantaten geschrieben, Mozart und Haydn und Schubert haben wunderbare Messen geschrieben und somit ganz unterschiedlich Kyrie, Gloria und die anderen Elemente der Messe interpretiert. Doch am Anfang war der gregorianische Choral: Er steht nicht nur im Dienst des heiligen Geschehens, er ist schon selbst ein Gebet, er führt die Liturgie erst zu einem Höheren. Kein christlicher Gesang führt uns näher zu Gott als er.

Vielleicht haben auch die Käufer der CD etwas gesucht, das länger gültig ist als die Halbwertszeit eines Sommerhits. Dort, wo man so weit weg ist von Gott und Religion, bricht die Ursehnsucht besonders stark nach etwas Heiligem und Heilsamem auf, wie es in unserer Musik liegt.

Singen bewirkt etwas im Zuhörer wie im Singenden selbst. Viel Heilsames geht von einer singenden Mutter auf ihr Kind über. Sie lässt ihr Kind teilhaben an ihren Gefühlen und Träumen, an Vergnüglichem wie an Nachdenklichem, und das Kind spürt ganz genau, was in ihr vorgeht, selbst wenn es die Worte noch nicht rational erfassen kann. Singen ist die Ursprache des Menschen! Ehe ein Kind noch Worte nachspricht und denken lernt, verständigt es sich durch Laute und Töne. So machen wir uns auch später verständlich gegenüber Gott: Ob wir an Petrus und Silas denken, die sogar das Wunder erleben, dass sich durch ihren Gesang ihre Fesseln lösen und sich die Türe ihres Gefängnisses öffnet. Oder an die drei jungen Männer im Feuerofen, die erfahren, dass ihr Gesang die Engel herbeiholt, und sie unversehrt wieder aus dem Feuer steigen können.

Wenn ich im Chor eines Klosters stehe und die Psalmen singe, dann entschweben meine Gedanken förmlich zu Gott. Da ich selber vier Jahre, bis zu meiner Wahl zum Erzabt von Sankt Ottilien, neben meiner Lehrtätigkeit in Sant'Anselmo auch den Dienst des Chorleiters ausübte, habe ich den Anfang eines der schönsten Gesänge zur Gabenbereitung, »Jubilate Deo«, zu meinem Abtmotto gewählt. Es soll die Überschrift über all meinem Tun in diesem Amt sein. Ich habe 1974 mit der Choralschola von Sant'Angelo für den Vatikanverlag eine Schallplatte mit einfachen Choralmelodien eingesungen, von denen man hoffte, dass sie von allen Gemeinden eingeübt würden. Selbst in Kenia, in Chile und in Mexiko habe ich in religiösen Buchhandlungen diese Aufnahmen als Kassetten wiedergefunden. Der lobpreisende Gesang als Antwort auf das Gute, das Gott an mir und anderen getan hat, ist zum Inhalt meines Lebens geworden. Das Lob auf Gott, der mir das Leben geschenkt hat, der mich durch mein Leben begleitet, der mich zu meinem Dienst berufen hat, der mich tagtäglich aufs Neue beschenkt.

All die zahlreichen Nöte und Sorgen, die es in meinem Leben auch gibt, sogar meine Sünden, verblassen hinter der Liebe Gottes zu mir, zu den Menschen, zur Welt. Deshalb bezeichnen wir die gemeinsamen Gebetszeiten, das sogenannte Chorgebet, auch als Gotteslob. Damit bringen wir den Sinn dieses Betens zum Ausdruck: Es ist eine Antwort auf die Zuwendung Gottes zu uns, die zuerst da war. Das Gotteslob kommt aus der tiefen existentiellen Erfahrung heraus, von Gott angenommen zu sein. In diesem Lobpreis schließt sich der Kreis von Gott und Mensch und mit ihr die Schöpfung, die er uns Menschen gegeben hat.

Wie wir Gott loben können

Es ist ja mittlerweile weithin bekannt, dass ich E-Gitarre spiele. Mal heiße ich »der Abt, der AC/DC liebt«, mal bin ich »der rockende Mönch«. Und wenn ich mit meiner Band »Feedback« auf der Bühne stehe, im Mönchshabit und mit meinem Kreuz um den Hals, dann schaue ich nicht selten in ungläubige Gesichter. Kürzlich spielte Kardinal Miguel Obando Bravo aus Nicaragua auf dem Saxophon Jazz und riss das Publikum zu Beifallsstürmen hin. Dass sich ein Abt oder ein Priester selbst an einem Konzert beteiligen, ist vielleicht tatsächlich eher selten. Doch schon längst ist die Kirche kein Ort mehr, an dem unbeteiligte Gläubige den Gesängen der Mönche zuhören.

Wenn in Kirchen Jazz, Rock, Blues gespielt werden und Gospelchöre sich mit Konzertmessen abwechseln, dann wird etwas von der Vielfalt spürbar, die immer mehr kennzeichend sein wird für das Christentum. Die Zahl der Christen nimmt zu, die vor allem über geistliche Musik, sozusagen das Gospel-Konzert am nächsten Samstag, ihren Kontakt zu Gemeinde und Kirche halten. Menschen in kirchenmusikalischen Gruppen werden durch das bewusste Erleben des Kirchenjahres und seiner religiösen, feierlichen Höhepunkte in christliches Leben mit der Kirche eingebunden.

Weil in der westlichen Welt junge Leute wenig in den Gottesdienst gehen, fordern manche noch mehr moderne Lieder, immer mehr Gospels, immer mehr E-Gitarre und Schlagzeug. In manchen Ländern ist die Kirche in einen regelrechten Wettbewerb mit charismatischen Pfingstgemeinden darüber getreten, wie ein Gottesdienst lauter, attraktiver, fetziger gestaltet werden kann. In Brasilien ist der katholische Priester Don Fernando geradezu ein Popstar, Zehntausende Menschen kommen in seinen Gottesdienst, bei dem eine Band auf der Bühne steht, die E-Gitarre jault, und die Gottesdienstbesucher singen die Lieder in einer spirituellen Trance. Wenn es dann um die Feier der

Eucharistie geht, mahnt Don Fernando, ganz leise und andächtig zu werden, da die Anwesenden jetzt das Geheimnis des Glaubens erlebten. Kann man so schnell von Party auf Gott umschalten? Bei Don Fernando wirkt das Geheimnis des Glaubens wie ein Zaubertrick, umrahmt von der Musik der Zirkuskapelle. Die Kirche in Brasilien fühlt sich zum Spektakel gezwungen: Sie steht in einem spirituellen Wettbewerb mit charismatischen Pfingstgemeinden, die mit Mitmachgottesdiensten und Teufelsaustreibungen um Gläubige werben.

Die Grenze zum bloßen diesseitigen Konsum ist fließend: Freilich lassen auch wir uns von einer Konzertmesse begeistern und ins tiefe Gebet tragen. Aber man wird einem vertonten Gebet nicht gerecht, wenn man den sakralen Hintergrund der Kunst vergisst. – Ich finde es nicht angemessen, wenn man einer Mozart-Messe mit der Partitur in der Hand folgt, wie ich es früher in München erlebt habe. Und so finde ich es auch nicht richtig, wie sich manche Sänger und Musiker, sozusagen an Jesus Christus vorbei, in den Mittelpunkt der Aufmerksamkeit der Gemeinde drängeln. Diese völlige Freiheit der Musik, finde ich, ist im Wortgottesdienst möglich. Da kann man ordentlich in die Tasten oder die Saiten hauen, dort können sich auch die Musiker entfalten – ähnlich einem David, der vor der Bundeslade tanzte.

Aber pures Spektakel ist oberflächlich, es gefällt schnell, aber lässt nichts zurück. Vielleicht gelingt es auf diese Weise, kurzfristig junge Leute in die Kirche zu holen und vor allem nach außen hin moderner zu wirken. Doch sobald wir darüber nachdenken, ob unser Glaube überhaupt noch »zeitgemäß« ist, haben wir ihn schon verleugnet – denn schon zu Benedikts Zeiten war er ja nicht zeitgemäß. Ich glaube, wir gewinnen junge Menschen nicht für Christus, wenn wir die Kirche so gestalten, wie die Welt ist. Denn dann gäbe es eigentlich noch weniger Grund, sich für sie zu interessieren. Schließlich wäre ihr Angebot nicht mehr unterscheidbar. Ich glaube, wir unterschätzen junge Menschen, wenn wir glauben, sie wollten nur Halligalli.

Der Erfolg von »Chant« zeigt: In der unübersichtlichen und von Ablenkungen vollen Welt kann für junge Menschen der wunderbare Klang der Gregorianik ein Ort der Herzensruhe sein. Wir lassen uns einfach von den Gesängen tragen. Die Gregorianik erreicht Menschen in der Tiefe ihrer Person und beugt der emotionalen Verarmung vor. Selbst wenn wir die lateinische Sprache nicht verstehen, so berührt uns doch der Gesang in eigenartiger Weise. Ich war einmal mit einigen Benediktinern in dem berühmten Steingarten Rynji in Kioto. Wir saßen dort zur Meditation in einer Vollmondnacht im Oktober, einer Nacht, die den Zen-Buddhisten besonders heilig ist. Gegen Ende der Meditation kam der Meister und flüsterte mir zu, ich möge den Segen spenden und dann das wunderbare Lied anstimmen, das wir in Sankt Ottilien immer am Ende des Nachtgebetes singen: Das »Salve Regina«. Auch die buddhistischen Mönche führte unser Gesang zu einem anderen geheimnisvollen Ort, den wir uns nicht erklären können, zu Gott.

Die zweckfreie Schönheit der Kunst

Die Stadt Rom ist stolz darauf, dass jährlich mehrere Millionen Menschen kommen, um sie zu besuchen. Doch wenn man genauer hinschaut: Was besuchen sie eigentlich? Die meisten kommen, um den Vatikan zu besichtigen, ob als Pilger oder als Touristen. Oder warum zieht Florenz die Menschen an? Nur wegen der »Ponte Vecchio« oder nicht vielmehr wegen des wunderbaren Doms mit der rätselhaften Kuppel von Brunelleschi oder wegen des Baptisteriums? In allen Ländern dieser Welt sind doch jene Bauwerke und Kunstwerke die schönsten, die auf das Mehr hinausweisen, auf Gott. Kurz gesagt: Wo Gott ist, da blüht die Kultur auf. Das Schöne ist in Gott beheimatet.

Glaube und Kunst sind keine unvereinbaren Gegensätze – schon früh hat sich die Kirche über das Gebot »Du sollst dir kein Bild von mir machen« hinweggesetzt, allerdings erst nach einigem Ringen. Die Juden und die Muslime halten sich bis heute daran, gleichwohl sind Moscheen große Kunstwerke.

Im vierten Jahrhundert vertrat man in der Kirche die Auffassung, dass Maler und Schauspieler genau wie Dirnen, Bordellbetreiber und Faustkämpfer zuerst ihren Beruf aufgeben müssten, um in die Kirche aufgenommen werden zu können. Umgekehrt benutzten die frühen Christen bereits Bilder und Symbole, um ihren Glauben zu bezeugen, etwa indem sie Kreuz, Hirte, Lamm, Fisch, Schiff, Palme, Phönix, Taube oder Pfau auf die Wände ihrer Wohnungen, auf Gräber, Sarkophage und Geräte malten. Letztlich setzte sich die Ansicht durch: Wenn schon Gott seinen Sohn als lebendigen, sichtbaren Menschen in die Welt gesandt hat, dann müssten sich auch spätere Generationen ein Bild von diesem Gott machen dürfen. Sie waren sich dabei immer bewusst, dass sie nur Bilder und menschliche Hilfen sind, um sich dem göttlichen Geheimnis zu nähern. Der Mensch darf sich nicht auf die gleiche Stufe mit dem Schöpfer stellen, aber er darf sich ein Bild von ihm machen.

Benedikt hinterließ keine Anweisungen, in welchem Stil zukünftige Klöster gebaut werden sollten. Er dachte aber immerhin so praktisch, etwa anzuordnen, dass das Kloster alle notwendigen Bauten zu seiner Bewirtschaftung innerhalb seiner Mauern unterbringen solle – damit die Brüder nicht draußen umherstreunten. Benedikts Überlegungen waren eher zweckmäßig und nicht ästhetisch ausgerichtet, und doch ist er nicht nur Patron Europas, sondern auch Patron der Architekten.

Hinter jedem Baustil verbergen sich nicht nur neue Techniken, sondern eine ganz bestimmte Sicht auf die Welt. Die romanischen Kirchen entsprechen in besonderer Weise dem nüchternen Charakter der benediktinischen Liturgie. Die gotischen Kirchen der Zisterzienser ziehen den Beter himmelwärts, die Barockkirchen versetzen uns schon halb in den Himmel. Viele Menschen setzen sich gerne in solche Räume und lassen sie zunächst auf sich wirken, bis ihr Herz sich zum Gebet öffnet. Oder sie beten im Stillen mit den Mönchen mit. Selbst die lange geschmähten neugotischen Kirchen verstärken das Beten. Die Kirche von Sankt Ottilien bringt in ihrer Schlichtheit von lichtem Stein und hellem Holz Wort und Gesang zum Tragen. Doch gilt das nicht nur für Europa. In Afrika bauten die Benediktiner Abteikirchen im europäischen Stil, die aber später umgeformt und mit lokaler Kunst geschmückt wurden, zum Beispiel mit den wunderbaren Mustern der Zulus.

Oft haben sich die Klöster die besten Baumeister und Maler herangeholt. Der Gottesdienst wurde und wird zur Quelle der Kunst und Kultur. Alle Generationen haben daran weitergebaut. Nur die Denkmalämter heute wollen die Zeit festhalten und gestatten kaum mehr eine Weiterentwicklung. Man kann es den Beamten nicht verdenken.

Sind sie doch nicht Mitglieder einer lebendigen Gemeinschaft, die über Jahrzehnte und Jahrhunderte betet und weiterwächst und immer wieder mit neuen Ideen gespeist wird. Klöster sind von der inneren Dynamik ihrer Gemeinschaften geprägt. Hätten wir heute die Peterskuppel, wenn es damals ein Denkmalamt gegeben hätte?

Auch in der Buchkunst sind die größten Schätze heilige Schriften. Der Gebrauch dieser Bücher zum heiligen Tun hat eine großartige Buchkunst geprägt, die selbst noch moderne, säkulare Künstler wie Chagall animiert und inspiriert hat. Zwar können wir nur in wenigen Klöstern diese Bücher sehen. Selbst dort werden sie nicht mehr in der Liturgie verwendet, und sie sind wegen Diebstahlgefahr auch nicht in Bibliothekssälen zu betrachten. Sondern sie liegen verschlossen in Tresoren und werden nur noch zu Ausstellungen herausgegeben. Im Gottesdienst benutzen die Mönche auch die landesüblichen, nicht gerade animierenden Messbücher von heute. Vielleicht kommt wieder einmal eine Zeit, da Mönche wieder die Initialen der wichtigsten Feste ausgestalten oder ganze, handvergoldete Bildseiten einbringen. Freilich, solche Handschriften waren das Lebenswerk von Mönchen, und wer hat oder nimmt sich heute noch die Zeit dafür? Ich habe das einmal gemacht, in stundenlanger Arbeit, und meiner Schwester Rita zur Erstkommunion die Legende ihrer Heiligen in gotischen Lettern geschrieben und von der Heiligen ein Bild auf Goldgrund gemalt.

In ihren mittelalterlichen Schreibstuben fertigten die Mönche nicht nur Bücher für die Messfeier an, sondern sie kopierten auch die antike geistliche und weltliche Literatur. Benedikt hatte ja besonderen Wert auf die geistliche Lesung gelegt. Anhand der weltlichen Literatur erlernten die Mönche die lateinische und griechische Sprache, so dass sie frei damit umgehen konnten und auch Gedichte schufen. Mein Namenspatron Notker der Stammler schuf Sequenzen und vertonte sie.

Im Mittelalter und in der Barockzeit waren die Klöster Orte größter Kreativität. Die geistlichen und musikalischen Werke Hildegards von Bingen sind in den letzten Jahrzehnten wiederentdeckt und aufgewertet worden. Klöster, Mönche und Nonnen der Gegenwart haben die Tradition klösterlicher Literatur fortgesetzt, in Verlagen und Druckereien und eigenen geistlichen Werken. Die Bücher von Pater Anselm Grün finde ich heute bei meinen Reisen rund um den Globus, in Brasilien, Argentinien, den USA oder auch Kroatien und auf den Philippinen, übersetzt in die jeweiligen Landessprachen.

Doch Klöster sind nicht nur Horte der Musik und Buchkunst. Ich könnte auch die Steinmetzarbeiten erwähnen und denke dabei an den großartigen Kreuzgang des ehemaligen Benediktinerklosters Monreale. Oder ich nenne wunderbare Holzeinlegearbeiten, großartige Gold- und Silberschmiedekunst, vollendete schmiedeeiserne Gitter und nicht zuletzt die textile Kunst, die in herrlichen Messgewändern zur Geltung kommt und eine Domäne unserer Nonnen und Schwestern ist. Ein Mitbruder von mir fertigt einmalige schmiedeeiserne Grabkreuze für unsere verstorbenen Mitbrüder. Jedem fügt er ein Attribut bei, das den Verstorbenen besonders kennzeichnet: dem Bäcker eine Brezel, dem Bibliothekar ein Buch, dem Afrikamissionar eine Palme. Betrachten wir dagegen die »gottfreie Kunst«. Was hat die französische Revolution hervorgebracht? Die Aufklärung im Namen der menschlichen Vernunft hat wertvollste Kunst für immer vernichtet. Codices, die der

Vernichtung entgangen sind, werden heute für viele Millionen Euro gehandelt. Klöster wurden teils so total geschleift, dass kein Stein auf dem anderen blieb. Die Kulturrevolution in China hat mit der kulturellen Vergangenheit Chinas Tabula rasa gemacht. Und wenn wir an die primitiven »Kunstwerke« und monströsen Bauten der Nazizeit und der Kommunisten denken, können wir feststellen: So sieht »Kunst« aus von und für Menschen, die sich an die Stelle Gottes setzen wollten. In Pjöngjang in Nordkorea ist eine breite Straße mit seelenlosen Plattenbauten riesiger Art und einem 75 Meter hohen Obelisken mit einer Flamme »geschmückt«. Sie strahlt nichts aus als kalte Macht. Die Riesenbauten sollen so einschüchtern, dass man nie wagen würde, gegen die Staatsmacht aufzumucken. Wie bescheiden tritt da die Macht Gottes auf als Kind, das in einem Stall geboren wurde, oder in einem Menschen, der grausam am Kreuz umgebracht wurde. Wie kontrastreich ist da auch der Unterschied zwischen dem dornengekrönten Jesus und Pilatus in seinem Palast, der geistlichen und weltlichen Macht.

Kirche und Kunst sind deshalb wesensnotwendig aufeinander bezogen. Sie befruchten einander und geben sich wechselseitig Impulse, um dem Menschen zu helfen, sehen zu lernen und seine Empfindungen und Fragen nicht mehr zu unterdrücken. Trotzdem treten Kirche und Kunst auch in Konflikt, etwa als im Jahr 2008 im Kölner Dom neue Fenster aus buntem Glas gezeigt wurden: Traditionalisten waren empört, da sie das Farbenspiel für nicht spezifisch christlich hielten; andere finden die neuen Fenster nicht nur spirituell animierend. Sie meinen, man könne sich seine eigenen Gedanken machen und wäre nicht mehr festgelegt auf etwas, was man zu sehen habe.

Auseinandersetzungen zwischen Kunst und Kirche sind normal, und zwar deshalb, weil die Kunst eigenständig und autonom Aussagen macht zu Gott, Welt und Mensch, zur ganzen Bandbreite all der existentiellen Fragen, die uns als Menschen berühren. Und der Glaube tut das auf seine Weise, auch er macht autonome Aussagen zu Fragen menschlicher Existenz.

Willkommen heißen

Nie wieder Bethlehem!

Wie schön ist es, wenn ich sonntagnachmittags freihabe! Natürlich könnte ich tausend Dinge tun, es liegen immer Briefe herum, die noch nicht beantwortet sind, und E-Mails trudeln ohnehin jede Minute bei mir ein – manchmal bekomme ich pro Tag über fünf Anfragen zu Vorträgen. All das versuche ich zwischendrin einmal zu vergessen. Ich greife zu meiner Flöte und spiele ein bisschen drauflos – und dann klingelt das Telefon. Der Pförtner ist dran: »Eine Pilgergruppe aus Bayern würde Sie gerne sehen«, sagt er, und ich überlege, was ich tun soll. Dann reiße ich mich zusammen und stehe auf. Schließlich lege ich die Querflöte weg und gehe hinunter. War wohl doch nichts mit etwas Zeit für mich: Jetzt muss ich der Benediktregel gehorchen.

»Sobald jemand anklopft«, schreibt Benedikt in Kapitel 66 der Regel über die Arbeit des Pförtners, »oder ein Armer ruft, antworte er: ›Dank sei Gott‹ oder ›Segne mich‹.«

In der Praxis scheint das ein wenig übertrieben zu sein. Viel zu viele Menschen sind auch schon in früheren Jahren täglich ins Kloster gekommen. – »An unangemeldeten Gästen«, so schreibt Benedikt, werde es nie fehlen. Aber die Gastfreundschaft ist eines der ganz wesentlichen Kennzeichen der Benediktiner: Gästen, die zu uns an die Pforte kommen, soll es nicht so ergehen wie Maria und Joseph in Bethlehem, als sie abgewiesen wurden und schließlich im Stall übernachten mussten. Und Gottvater hat seinen Sohn unangemeldet in die Welt geschickt, um sie zu erlösen – und deshalb sollen auch Gäste des Klosters immer wie Christus selbst aufgenommen werden. Als ersten Punkt seines Kapitels über die Aufnahme von Gästen im Kloster schreibt deshalb Benedikt auch ganz programmatisch: »Alle Fremden, die kommen, sollen aufgenommen werden wie Christus, denn er wird sagen: ›Ich war fremd, und ihr habt mich aufgenommen.‹«

Verzeihen Sie, wegen der zahlreichen Besucher können wir natürlich heute nicht mehr die Anweisungen Benedikts wörtlich umsetzen. Nicht immer werden Ihnen »in dienstbereiter Liebe der Obere und die Brüder entgegeneilen«; nur selten werden Sie als Gast bei den Mönchen mit diesen den »Friedenskuss austauschen«; nicht immer wird man sich vor Ihnen »ganz zu Boden werfen«, wie es Benedikt empfiehlt. Und dass der »Abt und die Brüder allen Gästen die Füße waschen«, wie es weiter heißt, wird ebenfalls nicht bei jedem Besuch praktiziert.

Doch in all diesen Anweisungen lässt sich erkennen, welche große Bedeutung Benedikt dem gebetenen wie dem ungebetenen Besuch beimisst. Gastfreundschaft ist für ihn eine Grundtugend. Als ich vor Jahren einmal in Tansania auf eine Missionsstation kam, empfing mich der alte Stationsbruder und sagte: »Setzen Sie sich erst mal, und wir trinken ein Stamperl Kirschwasser miteinander. Denn der heilige Benedikt hat ja von der Fußwaschung gesprochen, und das ist meine Fußwaschung.«

Die fast schon manische Gastfreundschaft ist kein Widerspruch zur andererseits von Benedikt empfohlenen Abschirmung der Brüder von der Welt, über die wir schon weiter oben sprachen. Benedikt wollte kein Kloster, das nur Selbstzweck ist, ein Meditationszentrum abseits der Welt. Er wollte, dass die Brüder – mit der Kraft der Ruhe – Zeugnis ablegen, in die Welt hinausgehen, die Welt zu sich lassen.

So festlich der Gast empfangen wird, so nachdrücklich wird ihm auch gleich klargemacht, wer die eigentliche Hauptperson hier im Kloster ist. Deshalb bestimmt Benedikt: »Hat man die Gäste aufgenommen, nehme man sie mit zum Gebet!« Er lädt sie damit ein, am Wertvollsten der Gemeinschaft teilzuhaben. Insofern geht die Gastfreundschaft der Benediktiner weit über die einer Jugendherberge hinaus, wo man günstig übernachten und essen kann: Wer in ein Kloster kommt, kommt nicht nur zum Schlafen oder Essen, sondern auch, um Christus zu begegnen. Es ist so ähnlich, wie wenn wir als Privatpersonen Gäste haben: Wir werden auch nicht damit zufrieden sein, dass unsere Freunde gesättigt und ausgeschlafen am Morgen abreisen. Zum einen wollen wir, dass sie sich wohl gefühlt haben und sich unsere Freundschaft vertieft hat. Und zum anderen sind wir ihnen dankbar für die Geschenke, die sie uns mitbringen, und die Gespräche, die wir hatten. So wollen auch die Benediktiner die Freundschaft ihrer Gäste mit Jesus Christus stärken. Das ist das Wichtigste, was ein Kloster schenken kann: keine Wellness, keine ätherische Ruhe, sondern gelebten Glauben.

Ich bin skeptisch, was die Welle des »Kloster-Urlaubs« angeht; doch andererseits verstehe ich, dass die Klöster auch zusätzliche Einnahmequellen aufbauen wollen, um Gebäude und die vielen Kunstwerke zu erhalten und das Personal zu bezahlen. Denn wird der Nachwuchs weniger, will doch das Kloster gepflegt sein. Für alle, die kommen, wollen wir Familie sein und den Gästen, aus welchen Gründen sie auch kommen, ein Zuhause bieten. Ich habe immer wieder die Erfahrung gemacht, nach ein paar Tagen Kloster entdecken selbst diejenigen, die ursprünglich nur zum Urlaub kamen, eine andere Dimension ihres Lebens. Es bleibt freilich die Mahnung des heiligen Benedikt: »Vor allem bei der Aufnahme von Armen und Pilgern zeige man Sorge – denn besonders in ihnen wird Christus aufgenommen. Das Auftreten der Reichen verschafft sich ja von selbst Beachtung.«

Ich finde, in Sachen Gastfreundschaft kann man wirklich viel von Mönchen und Nonnen lernen. Bei uns steht der Gast in seiner Ganzheit auch als sinnsuchender Mensch im Mittelpunkt der Aufmerksamkeit. Vor allem die Armen, denn die Reichen, so Benedikt, schaffen sich ja von selbst Beachtung.

Woanders ist der Fernseher wichtiger als der Gast. In Italien ist es selbst in Familien, die man »gutbürgerlich« nennen könnte, üblich, dass der Fernseher weiterläuft, wenn Gäste kommen, ja sogar während des Essens. Es klingt spießig, wenn man sich zum Verfechter von Stil und Tischkultur macht, aber letztlich stört es doch jeden, wenn man zu Besuch kommt, und der Film, das Gedudel, die

Show im Hintergrund ist fast so wichtig wie man selbst. Im Kloster gibt es kein Nebeneinander, nur ein Miteinander.

Krankenpflege als Dienst an Christus

In der Stiftsbibliothek des schönen Sankt Gallen in der Schweiz liegt unter der Bezeichnung »Codex Sangallensis 1092« und der Nummer »Ms. 1092« eine der größten Kostbarkeiten des Mittelalters, aufbewahrt hinter einer Platte aus Sicherheitsglas und in einem Rahmen aus rostfreiem Metall. Es handelt sich um ein 77,5 mal 112 Zentimeter großes Pergament aus dem neunten Jahrhundert, das auf der einen Seite die Vita des heiligen Martin von Tours zeigt und auf der anderen Seite den Grundriss eines Klosters aus dem frühen neunten Jahrhundert. Der Plan – die einzige architektonische Zeichnung vom Ende des Römischen Reiches bis zum 13. Jahrhundert – beschreibt ein idealtypisches Benediktinerkloster mit Kirchen, Häusern, Ställen, Küchen, Gärten, Werkstätten, Brauereien – und mit Krankenstationen. Just neben den Krankenstuben sind die Gebäude für die Novizen eingezeichnet. Zufall?

Nein! Junge Mönche sollten offenbar sofort in die so wesentliche Aufgabe der Krankenpflege eingeführt werden können. Denn die Krankenpflege gehört zum Benediktinerorden wie das »ora et labora« und hat von unserem Orden aus zahlreiche spätere Ordensgründungen inspiriert. Auch ich wurde als junger Mönch zur Krankenpflege bestimmt: 1962, ich hatte gerade erst meine ersten zeitlichen Gelübde auf drei Jahre abgelegt, da wurde ich mit einem Kurskollegen beauftragt, bei der Pflege von Erzabt Chrysostomus mitzuhelfen. Der hatte eine unglaubliche Lebensgeschichte.

Bis 1930 war Chrysostomus Prior der Abtei Tokwon in Nordkorea. Dann kam er nach Sankt Ottilien, das damals finanziell am Boden war. Ein Rückschlag folgte dem anderen: Erst hoben die Nazis unser Kloster auf, dann beendeten die Kommunisten in China die Mission, schließlich sperrten die Kommunisten in Nordkorea die Missionare in Konzentrationslager. Es war eine Qual für den Erzabt zu wissen, dass seine Brüder gestorben oder inhaftiert waren. Nun war er bettlägerig geworden und geistig nicht immer ganz da, wenngleich er uns immer wieder durch lustige Bemerkungen überraschte. Weil der Krankenbruder Walto etwas streng war, hat er ihm den Spitznamen »Hitler« gegeben; meinen Noviziatskollegen rief er »Schlitzohr«. Stunden saß ich an seinem Bett, und wenn er aufstehen musste, war er auf Hilfe angewiesen. Er konnte nicht mehr alleine auf die Toilette, und ich musste ihm bei allem helfen. Ich hatte etwas Scheu bei einer für einen jungen Mönch so hohen Persönlichkeit. Wenn ich ihm auf der Toilette half, dann fiel sozusagen alle Hoch- und Höchstwürdigkeit ab. Damals lernte ich zwischen einem Titel und der wahren Würde eines Menschen zu unterscheiden, die immer viel größer ist.

Die Pflege der kranken Brüder ist für Benedikt selbstverständlich: Denn in der Sorge um einen Kranken zeigt sich wahre christliche Nächstenliebe. Jesus heilte Stumme, Mondsüchtige, Blinde, Besessene, Aussätzige und führte sie so zurück ins Leben: »Man brachte Kranke mit den verschiedensten Gebrechen und Leiden zu ihm, und er heilte sie alle«, heißt es im Evangelium. Nie machte er Kranken Vorhaltungen, so wie eine deutsche Prominente afrikanischen Aidskranken vorhielt, sie »schnackseln halt gern«. Jesus nahm die Kranken nicht nur mit ihrem Leiden an; zum Entsetzen der Pharisäer suchte Jesus die »schlechte Gesellschaft« der Kranken geradezu und sagte den entsetzten Schriftgelehrten: »Nicht die Gesunden brauchen einen Arzt, sondern die Kranken.«

Die Mönche folgen als »barmherzige Brüder«, die Nonnen als »Schwestern« Jesus darin nach, weil er den Aposteln die Vollmacht gab, »alle Dämonen auszutreiben und die Kranken gesund zu machen«. Denn die benediktinische Suche nach Gott, das dominikanische Setzen auf die Verkündigung des Evangeliums, die franziskanische Liebe zum gekreuzigten Herrn oder das ignatianische »Gott in allen Dingen finden« hat doch letztlich immer das gleiche Ergebnis: die entschiedene Hinwendung zum bedürftigen und hilfesuchenden Menschen.

»Die Sorge für die Kranken muss vor und über allem stehen: Man soll ihnen so dienen, als wären sie wirklich Christus.« Ich habe auch immer versucht, die Brüder in den Krankenhäusern zu besuchen und einen eigenen Besuchsdienst eingerichtet, so dass der Spruch umging: Bei uns muss man ins Krankenhaus kommen, um mal die Gelegenheit zu haben, mit dem Erzabt zu sprechen. Einmal habe ich einen Bruder besucht, der im Krankenhaus lag, und als ich gehen wollte, sagte er: »Du, hast du noch ein bisschen Zeit?« – »Natürlich!«, sagte ich und setzte mich noch einmal. Dann hat er sein ganzes Leben ausgebreitet. Er brauchte einfach jemanden zum Reden. Ich habe den Eindruck, so konnte er sich wieder mit seinem Leben versöhnen.

Für mich selbst war es so etwas wie eine kopernikanische Wende. Denn ab diesem Moment lernte ich die Menschen von einem anderen Standpunkt aus zu sehen, von ihrem ganz eigenen.

Benedikt spricht in seiner Regel nur von der Pflege kranker Brüder: Seine Anweisungen zur Krankenpflege hatten aber auch praktische Gründe. Denn private oder gesetzliche Kranken- und Pflegeversicherungen mit hundert verschiedenen Tarifmodellen gab es damals noch nicht. Es war die Gemeinschaft selbst, die sie pflegen musste. »Der Abt sehe es als eine Hauptsorge, dass die Kranken (nicht) vernachlässigt werden. Auf ihn fällt zurück, was immer die Jünger verschulden.« In jüngerer Zeit bildeten Klöster einen Solidarfonds, aus dem Ärzte für die Kranken bezahlt wurden. Doch mit den rapiden Kostensteigerungen im Gesundheitswesen konnte es die Gemeinschaft kaum mehr tragen, wenn sich zwei oder drei Brüder einer größeren Operation unterziehen mussten.

Wegen der enormen Spezialisierung und der ständig wachsenden technischen Möglichkeiten der Medizin ist es uns heute nicht mehr möglich, kranken Brüdern eine medizinisch perfekte Krankenpflege zu Hause zu garantieren. Deshalb sterben leider auch Mönche in Krankenhäusern, wenngleich wir immer versuchen, die Mitbrüder zum Sterben noch ins Kloster heimzuholen. Es gibt aber auch Krankenhäuser, die uns rechtzeitig benachrichtigen, wenn es bei einem Mitbruder zu Ende geht.

Ich saß einmal in Sankt Ottilien noch um halb ein Uhr morgens am Computer, als mich der Pförtner anrief, ob ich noch wach sei. Man habe aus dem Krankenhaus angerufen, Bruder Kallistus liege im Sterben. Ich nahm das Auto und fuhr umgehend ins Krankenhaus. Die Schwestern hatten ihn schon aus dem Zimmer in die Apotheke gefahren. Als ich eintrat, schaute er mich kurz an, sah mein Brustkreuz und nickte. Ich nahm seine Hand und betete langsam und deutlich den schmerzhaften Rosenkranz. Beim letzten Gesätzchen »Der für uns gekreuzigt worden ist«, verschied er. Als ich mich umdrehte, bemerkte ich, dass die Nachtschwestern das Zimmer betreten und mitgebetet hatten. Wir nickten einander zu. Jedes Wort wäre jetzt zu viel gewesen. Dann fuhr ich zurück und betete auf dem Weg nach Hause für meinen Mitbruder.

Doch die Pflege hat sich schnell auch auf Menschen von außerhalb ausgedehnt. Denn was sollte man tun, wenn ein Gast kam und erst im Kloster erkrankte? Auch für ihn musste es Möglichkeiten der Pflege geben. Erst später entwickelten sich dann Hospize und Krankenhäuser der Benediktiner und anderer Orden, zu denen die Menschen bewusst auch von weit her anreisten. Schon viele Jahrhunderte bevor allumfassende staatliche Sozialversicherungen begannen, sich um Kranke und Bedürftige zu kümmern, stellten die Mönche und Nonnen die Gesundheitsfürsorge in den Mittelpunkt ihrer Arbeit. Medizin war angewandte Theologie.

Die Heilkunst der Mönche war mit die wichtigste Grundlage für die Entwicklung des abendländischen Gesundheitswesens. Vom 8. bis zum 12. Jahrhundert lag die medizinische Versorgung in Europa ausschließlich in den Händen von Mönchen und Nonnen. Vor allem zu Äbtissin Hildegard von Bingen pilgerten im 11. Jahrhundert viele wichtige Persönlichkeiten Europas. Erst in der Zeit der Renaissance verlor die Klostermedizin allmählich ihre Vorrangstellung gegenüber Laienheilern.

Benedikt hebt die Kranken von der niedrigsten sozialen Stufe auf die höchste und stellt sie den Gästen gleich. Wie sie sollen die Kranken einen eigenen Raum und Krankenpfleger haben, die sich Zeit nehmen, auch wenn die Kranken sie noch so bedrängen, ja manchmal ärgern. Benedikt fordert auch die Kranken zur Geduld auf: »Die Kranken sollen ihre Brüder, die ihnen dienen, nicht durch übertriebene Ansprüche traurig machen.« Das ganze Leben fürchten wir uns davor, hilfs- und pflegebedürftig zu werden, es geht gegen unsere Ehre, auf die Hilfe anderer angewiesen zu sein. Doch wenn wir auf Hilfe angewiesen sind, verlangen wir oft zu viel, dann können wir nicht allein sein.

Wir haben das Leiden verlernt, dabei gehört es zum Leben. Wer nicht annimmt, dass wir begrenzt sind, wer mit seiner Krankheit nicht zu leben lernt, wird noch kränker werden. Der Mensch muss mit dem Leiden fertig werden, und wir werden nur damit fertig, wenn wir es annehmen. Mit einer guten Schmerztherapie können wir das Leiden verringern; doch wir müssen letztlich annehmen, was das Geschick des Lebens bereithält. Ich bin davon überzeugt, dass auch Leidenszeiten, die wir natürlich alle nicht ersehnen, gleichwohl wichtig sind für unsere menschliche Entfaltung. Leiden bringt zur Reifung. Wir sollten uns hüten, uns um diese Reifung zu prellen. Ein Geschäftsmann, der nach einem Herzinfarkt im Klinikum Großhadern in München lag, erzählte mir, sein Leben habe sich total geändert. Er habe auf einmal erkannt, welche Werte im Leben wirklich wichtig seien.

Wer das Kreuz annimmt, der lebt nach Jesu Wort und Beispiel wahrhaftig. Das meint kein Märtyrertum oder Masochismus, denn auch Jesus hat gebetet, dass der Kelch an ihm vorübergehe. Allerdings kommt man in der Annahme zu der je größeren Bestimmung seiner selbst. Der Tod ist doch immer auch die große Herausforderung zum intensiveren Leben. Doch stattdessen »murren« wir genau so, wie es Benedikt nicht wollte. Und auch dinglich nehmen wir das Kreuz als Zeichen des Leidens und der Hoffnung nicht mehr wahr. Das Kreuz ist oft zu einem reinen Schmuckstück degradiert worden.

Schon vor Benedikt mahnte der Mönchsvater Basilius die Kranken, sich willig betreuen zu lassen; auch Petrus hätte den Dienst des Herrn bei der Fußwaschung nicht verweigert. Andererseits entlässt er die Pflegekräfte nicht in die herzlose Selbstgerechtigkeit, selbst nicht bei anstrengenden Kranken: »Doch auch solche Kranke müssen in Geduld ertragen werden.« Heute gelingt das nicht mehr vielen Pflegern und Schwestern: Sie haben einfach zu viel zu tun. Dann noch ein frohes und aufmunterndes Gesicht zu machen fällt nicht leicht, auch wenn es besser heilt als so mancher Tropf.

Die Rückkehr der Klostermedizin

Der alte Klosterplan von Sankt Gallen zeigt nicht nur, dass die Novizen in der Nähe der Kranken wohnen sollten; er zeigt auch die ideale Anlage eines Klostergartens: Für jede Heilpflanze wurde ein eigenes Beet angelegt. In länglichen, rechteckig angelegten Beeten wurde jeweils nur eine Pflanze kultiviert, um die Reinheit des Krauts zu gewährleisten und die Verwechslungsgefahr zu vermindern. Außerdem konnten heilkundige Mönche und Nonnen nun auch Laien oder Botenjungen zum Ernten schicken. Statt des komplizierten lateinischen Namens nannten sie die Lage des Blumenbeets zum Beispiel »das letzte Beet an der rechten Mauer«. In diesen Beeten pflanzten die Mönche jene 24 Pflanzen an, die der Abt Walahfrid Strabo (808–849) in seinem Lehrgedicht Hortulus beschrieb. Zu den Heilpflanzen gehörten unter anderem Wermut, Fenchel, Schlafmohn, Liebstöckel, Rettich, Minze und Salbei. Über den Salbei schrieb mein Mitbruder Walahfrid damals:

»Leuchtend blühet Salbei ganz vorn
am Eingang des Gartens,
süß von Geruch, voll wirkender Kräfte
und heilsam zu trinken.
Manche Gebresten der Menschen zu heilen,
erwies sie sich nützlich,
ewig in grünender Jugend zu stehen
hat sie sich verdient.
Aber sie trägt verderblichen Zwist in sich selbst:
denn der Blumen Nachwuchs, hemmt man ihn nicht,
vernichtet grausam den Stammestrieb,
lässt gierigem Neid die alten Zweige ersterben.«

Die Weisheit dieses und der anderen Texte von Walahfrid Strabo ist zeitlos, so wie alles, was Schwestern und Mönche über Jahrhunderte in aller Ruhe hinter Klostermauern ausprobierten. Manche Klöster wurden berühmt für ihre heilenden Säfte, Salben und Pillen. So entwickelte die Krankenschwester aus dem Annunziaten-Orden Maria Clementine Martin Anfang des 19. Jahrhunderts das »Ächte Carmeliter- oder Melissenwasser«, das noch heute verkauft wird. Die Kartäuser entzifferten im 17. Jahrhundert eine alchimistische Geheimschrift und kamen dem legendären »Wasser des Lebens« auf die Spur, das sie »Élixir végétal« nannten. Heutzutage setzt in unseren Breiten jedes Kloster seinen eigenen Likör an – erst heute Mittag bekam ich wieder einen aus Mariazell geschenkt.

Zweifellos die größte medizinische Forscherin des Benediktinerordens war Hildegard von Bingen (um 1098 bis 1179). Sie schrieb über »Ursachen und Heilungen« von Krankheiten und über das innere Wesen von Kreaturen und Pflanzen. Heute stehen Bücher zu ihrer Heilkunde nicht in den mit »Theologie« überschriebenen Regalen der Buchhandlungen, sondern in jenen, die mit »Esoterik« beschriftet sind. Doch selbst wenn Hildegard auch Edelsteine und Metalle in ihre Behandlungsempfehlungen mit einbezog, gab es für sie doch keinen Zweifel daran, dass Heil und Heilung des kranken Menschen allein von der Hinwendung zum Glauben ausgehen kann, der allein gute Werke und eine maßvolle Lebensordnung hervorbringt.

Für Hildegard sandte Gott seinen Sohn als Heiland in eine kranke Welt – und so geht sie auch davon aus, dass nur der Glaube an den heilenden Gott gesund macht. Eine Heilung ohne Gottes Hilfe schien ihr undenkbar. Dies ist der Schlüssel zu den natur- und heilkundlichen Schriften der Hildegard von Bingen. Auch wenn manche esoterischen Bücher Hildegard auf eine Wunderheilerin reduzieren wollen, freut es mich, dass nach einer Phase des grenzenlosen Vertrauens in die Apparatemedizin, in Pillen und Spritzen offenbar viele Menschen wieder im Sinne von Hildegard die Heilung ihrer Leiden suchen – wenn sie es sich leisten können. Heilpraktiker haben sich über unsere Städte ausgebreitet und versprechen, über die eigentlichen inneren Ursachen nicht nur die Symptome, sondern den ganzen Menschen heilen zu können. Doch wem die Krankenkasse alternative Heilmethoden nicht bezahlt und wer obendrein ohne Familie und ohne Glaube im Krankenhaus liegt, dem hilft die Ganzheitlichkeit neumodischer

Behandlungen auch nicht weiter, weil man letztlich innerweltlich gefangen bleibt.

Ich bin mir sicher: Das Gebet und Gott heilen nicht allein, aber Gott heilt mit. Die Medizin hat lange den Glauben für irrelevant gehalten, weshalb die urchristliche Vorstellung von einer ganzheitlichen Heilung und Versöhnung nun für eine esoterische oder fernöstliche Entdeckung gilt. So wie es noch heute für Menschen aus anderen Kulturkreisen undenkbar ist, so war es auch hierzulande einmal undenkbar, sich eine Medizin und eine Heilung vorzustellen, die sich vollkommen unabhängig von Gott vollzieht und sich nicht auch auf der Ebene des Glaubens mit dem erlittenen Schicksal, der Krankheit, auseinandersetzt.

Die Kirche setzte für die innere Heilung die Beichte ein, die heute immer weniger gesucht wird. So ungesund frühere Generationen lebten, mit Vitaminmangel, kalten Häusern und harter Arbeit, so reinigten sich die Menschen mit der Beichte von den krankheitbringenden inneren Verwundungen. Heute ist es umgekehrt: Wir können schon beim Frühstück mit probiotischem Joghurt die Gesundheit des Körpers fördern, doch unseren inneren, seelischen Ballast laden wir nicht mehr ausreichend ab. Dafür suchen die Menschen in Psychotherapien und Talkshows Schuldgefühle zu bewältigen. Mehr und mehr wird Schuld anhand von Erziehung, Milieubedingtheit und unbewussten Motivationen wegpsychologisiert.

Ordenskrankenhäuser und kirchliche Sozialdienste erfreuen sich immer noch hoher und sogar steigender Beliebtheit. Daraus spricht die Sehnsucht nach dem Heiligen und einer Heilung, die den ganzen Menschen in seiner Würde und Einzigartigkeit erfasst. Die hingebungsvolle Krankenpflege durch Brüder und Schwestern hat den Benediktinern immer zu großer Akzeptanz auch in schwierigen Erdteilen verholfen. Der Bürgermeister einer chinesischen Stadt, in der wir gemeinsam mit den kommunistischen Behörden ein Krankenhaus gebaut haben, sagte einmal anerkennend hinter meinem Rücken zu meinem Dolmetscher: »Es ist doch eigenartig. Wir arbeiten fürs Geld. Die Schwestern im Krankenhaus arbeiten für die Menschen.«

Auch in Pfarrgemeinden gibt es Gruppen, die sich um alte Menschen kümmern, die sogenannte Besuchsdienste organisieren. Gerade vielbeschäftigte Menschen nehmen sich da Zeit, um einsame und kranke Gemeindemitglieder zu besuchen. Diese Menschen bewundere ich sehr. Denn sie besitzen die Gabe des Zuhörens, wo andere die Kranken häufig mit Ratschlägen überschütten. Sie wissen um die Heilkraft der Liebe, wo andere glauben, letztlich müsse doch vor allem die Medizin ihre Arbeit leisten. Sie handeln ganz nach dem Wort Jesu, das Benedikt zitiert: »Ich war krank, und ihr habt mich besucht.«

Als meine Mutter im Krankenhaus lag, war neben ihr eine begüterte Frau, die sich in dieser Zeit einen guten Pflegeplatz aussuchte. Einmal kam ihre Tochter und forderte, die Mutter solle mehr Rücksicht auf die Familie nehmen. Die Mutter antwortete bitter: »Wie bitte, Familie? Niemand von euch hat mich bisher besucht. Meine Nachbarin hat zwei vielbeschäftigte Kinder, und doch kamen sie regelmäßig zu ihrer Mutter. Zu mir ist niemand gekommen.« Wo ist der Zusammenhalt in unserer Gesellschaft, wenn kranke Menschen solch bittere Erfahrungen machen müssen? Wer zeit seines Lebens für andere gearbeitet hat, für seine Familie und viele andere, hat einen Anspruch darauf, dass er oder sie dann von anderen getragen wird, so hart es manchmal für die Angehörigen ist.

Zeit für jemanden haben ist manchmal besser als die beste Medizin. Doch viel zu viele Kranke sind allein. Sie schalten den Fernseher an, um sich von ihren Fragen und ihrer Not abzulenken. Es ist diese seelische Dimension des Krank- und des Gesundwerdens, an der heute gespart wird. Dabei ist es gerade der Gemütszustand, der zu einem Gutteil über den Krankheitsverlauf entscheidet. Medikamente, technische Geräte, pharmazeutische Forschung sind zweifellos enorm wichtig, aber ich glaube, dass auch ein gutes Wort, eine Umarmung heilen können. Zumindest tun sie dem Kranken gut und geben ihm neuen Lebensmut. Wenn schon allein die Vorstellung, die Imagination – ein Placebo –, heilen kann, wie viel mehr dann erst die Zuwendung eines Menschen? Krankheit ist nicht einfach ein rein physischer Defekt unseres Leibes. Selbst ein Knochenbruch hat seine seelischen Auswirkungen auf den Kranken. Er muss mit dieser plötzlich eingetretenen Situation fertig werden – und er oder sie wird mit sich hadern: Wie hätte ich den Unfall verhindern können? Sobald der Kranke mit dieser Seite seines Krankseins umzugehen lernt, wird auch der medizinische Heilungsprozess besser verlaufen.

Ich besuchte einmal in einem Münchener Krankenhaus eine Frau aus meiner Heimat. Man hatte ihr den Kehlkopf entfernt, die Frau war untröstlich. Was immer ich auch sagte, ich konnte nichts ausrichten. Da kam eine Frau herein, ging direkt auf sie zu, nahm sie in die Arme und weinte mit ihr. Und auf einmal wurde die Kranke ruhiger. Menschliche Nähe und Mitgefühl vermögen mehr als jedes noch so gut gemeinte Wort. Diese Erfahrung hat mich sehr berührt.

Hinausgehen

Jemand, der mich in meinem Leben sehr beeindruckt hat, war Pater Philipp Lenz. Er wohnte in Sankt Ottilien im Kellergeschoss wie ich, immer wieder kreuzten sich unsere Wege. Einmal blieben wir stehen und kamen ins Gespräch. Und der Sohn aus einer einfachen Familie berichtete mir aus einem Leben, das man heute als ein »Globetrotter«- oder »Aussteiger«-Leben bezeichnen würde, das aber ganz normal für Mönche ist, die in die Mission gehen.

Pater Philipp Lenz war Missionar in China. Der damalige Erzabt schickte ihn als jungen Mann in eine chinesischsprachige Pfarrei in der Gegend von Yanji, wo aber ein Teil der Bevölkerung Koreanisch sprach. Doch damit nicht genug: Die Mandschurei stand damals unter der Hoheit der Japaner, weshalb er gezwungen war, zunächst in Japan auch noch Japanisch zu lernen. Anschließend lernte er Koreanisch und Chinesisch, und nach kurzer Zeit predigte er sogar in diesen Fremdsprachen. Drei schwere Sprachen musste sich mein Mitbruder aneignen, eine sagenhafte Leistung, so ganz ohne Sprachschulen und moderne Sprachkurs-Technik.

Ich bewunderte diesen Mann. Sein Leben lang hing sein Herz an China und seiner Aufgabe, die dortigen Katholiken als Seelsorger zu begleiten. Das merkte ich, wenn er mit mir sprach: Er wollte mich auch für China interessieren, vielleicht weil er glaubte, ich würde später einmal wichtige Entscheidungen treffen können. Er hatte Erfolg: Nach meiner Wahl zum Erzabt von Sankt Ottilien nahm er mich beiseite und sagte: »So, nun kann ich gut sterben.« Das tat er auch, drei Tage später. Und tatsächlich sollte mich dann China seit den achtziger Jahren intensiv beschäftigen, bis heute.

Als der Beuroner Benediktiner Andreas Amrhein im Jahr 1884 in der Oberpfalz und zwei Jahre später im bayerischen Voralpenland die Erzabtei Sankt Ottilien gründete, da war die Welt noch groß, und es gab noch unerforschte Regionen. Dem Kolonialgeist jener Zeit folgend, wollte er benediktinisches Leben mit der Missionstätigkeit verbinden, sein Vorbild war das Mittelalter. Und wie einst Mönche dem Abendland das Evangelium und die Kultur geschenkt haben, so sollten die Benediktiner, diesem Beispiel folgend, auch in andere Länder und Kontinente ziehen.

Und so zogen Dutzende Male ein paar hundert Männer von hier los in alle Welt und legten Zeugnis ab für ihren Glauben. Einige wurden umgebracht, andere starben in den Anfangsjahren an Tropenkrankheiten, andere später in Gefangenenlagern, viele lebten bis zu ihrem natürlichen Tod in ihrem Missionsgebiet, einige schickten den Zuhausegebliebenen Ansichtsmaterial aus ihren jeweiligen Ländern: Übervoll von diesen Zeugnissen ist unser Missionsmuseum, von Masken und Werkzeugen aus Afrika, von Alltagsgegenständen aus Korea und der Mandschurei, ausgestopften Tieren aus Süd- und Ostafrika bis zu einer immer wundervoll schillernden Schmetterlingssammlung. Heutige Missionare bringen dergleichen nicht mehr nach Europa, keine Sorge. Das Museum in Sankt Ottilien ist ein Museum für sich, wie man nämlich in den zwanziger und dreißiger Jahren andere Völker gesehen und verstanden hat.

Ich bin kein mutiger Missionar wie unsere ersten Mitbrüder von Sankt Ottilien, die in die unbekannte Welt Afrikas oder Asiens vorstießen. Ich evangelisiere nicht in der

Steppe, sondern bringe die frohe Botschaft und die christliche Lebensfreude ins Fernsehstudio, von »Maischberger« bis »Beckmann«, oder auf die Bühne: Meine Gitarre lässt selbst bei den hartgesottensten Agnostikern das Eis schmelzen. Als ich im Sommer 2008 in Benediktbeuern mit Deep Purple auf der Bühne stand und wir »Smoke on the Water« spielten, kamen die Leute zu mir und sagten: »Jetzt haben wir gesehen, dass wir *auch* einen Platz in der Kirche haben.«

Die spirituelle Welt ist derzeit so bunt wie die Welt der Völkerwanderung, doch die Klöster bilden darin Inseln der Ewigkeit und der Kraft. Wir Benediktiner, die in der Nachfolge der Apostel den Glauben globalisiert haben, sind auch jetzt dank unserer vielen kleinen Zentren in den Wirren der Globalisierung gesuchte Inseln der Beständigkeit. Wir beschränken uns auf das simple »Te Deum«, auf das Lob Gottes – und kommen gerade deshalb besonders gut mit den Brüchen unserer Gegenwart klar.

Die stabilitas loci *als Ausgangspunkt der Mission*

Wissen Sie, worin der Erfolg von McDonald's oder Burger King begründet liegt? Dass es überall auf der ganzen Welt bei McDonald's gleich aussieht. Sie können davon ausgehen, dass ein Burger in Kuala Lumpur genauso aussieht und auch so schmeckt wie in Moskau oder in New York, auch wenn sich die Restaurants an die örtlichen Geschmäcker anzupassen versuchen. Bei den Benediktinern ist es ähnlich: Auch wir haben quasi nach dem Franchising-System mit der Benediktregel in der Hand überall in der Welt unsere Filialen aufgemacht. Überall beten wir die gleichen

Psalmen, beten zu ähnlichen Stunden und sind in den gleichen Strukturen organisiert. Und doch unterscheiden wir uns zum Glück noch von den Fastfood-Restaurants. Denn bei aller Gemeinsamkeit in der »Firmenkultur« leben die Benediktinerklöster in aller Welt davon, dass sie von ihrer Umgebung geprägt sind. Sie sollen, anders als die Burger-Filialen, eben gerade nicht wie von außerirdischer Hand in eine fremde Umgebung eingepflanzt wirken. Sondern sie sollen in ihr wachsen und sich verwurzeln und in eine Osmose, einen ständigen Austausch, mit ihrem Umfeld treten.

Im Übrigen wurde auch noch nie irgendein Kloster wie eine schlechtgehende Filiale geschlossen oder von den dort lebenden Mönchen verlassen. Denn für uns gilt die *stabilitas loci* – wir sind zeitlebens nicht einfach an den Orden, sondern an ein ganz bestimmtes Kloster gebunden. Und das Kloster bleibt, wo es ist. Welch ein Unterschied zur heutigen Arbeitswelt, in der selbstverständlich von jedem die Flexibilität erwartet wird, innerhalb von zwei Wochen einen neuen Arbeitsplatz in einer neuen Stadt anzutreten und dafür die Heimat zu verlassen.

Manchmal werden allerdings Klöster verlegt, weil sich die Stadt um sie herum entwickelt hat und keine Stille mehr ermöglicht. Ich habe selber bei einem Besuch unseres Klosters in Caracas in Venezuela darauf gedrängt, das Kloster auf das Land zu verlegen, weil es praktisch auf einer Verkehrsinsel gelegen war. 70 Jahre zuvor hatte noch der Chronist geschrieben, wie idyllisch dieses Kloster außerhalb der Stadt liege und am Sonntag viele Besucher kämen, um sich im großen Park zu erholen. So wie wir in unserem Alltag dürfen auch die Klöster nicht zu nostalgisch sein. Inzwischen müssen auch Klöster aus Nachwuchsmangel geschlossen werden und Mönche und Nonnen in ein Altenheim umsiedeln, um noch menschenwürdig die letzten Lebensjahre zu verbringen. Das kann für Nonnen, die 50 Jahre nie ihr Kloster verlassen haben, genauso hart sein, wie für einen alten Mann oder eine alte Frau, die ihre Wohnung für ein Pflegeheim eintauschen müssen.

Die Zeit, die verfließt, die Menschen, die hinein- und hinausgehen, all das wird das Kloster prägen und einzigartig machen. Die Mönche lassen die Kultur und die Spiritualität des Ortes auf sich wirken; junge Männer treten ins Kloster ein und bringen ihre Kultur mit; das Kloster strahlt nach außen ab. Wenn Sie sich in Sankt Gallen oder in Bobbio die alten Evangeliare ansehen, wird Ihnen auffallen, dass die Muster irisch wirken – denn die Klöster sind von irischen Mönchen gegründet worden. So entsteht in der Einheit des Glaubens und des Ordens eine wunderbare Vielfalt, die ich – dafür bin ich dankbar – auf meinen Reisen immer wieder erleben darf. Selbst in Deutschland sind die Klöster ganz unterschiedlich. Schon Sankt Ottilien in Oberbayern ist ein ganz anderes Kloster als Münsterschwarzach in Franken. In unserem Orden gibt es kulturelle Unterschiede, die manchmal ähnlich vorsichtig zu behandeln sind wie der Dialog zwischen deutschen Benediktinern und buddhistischen Mönchen aus Japan.

Auch bei mir in Sant'Anselmo geht es kulturell im wahrsten Sinne des Wortes sehr bunt zu: Dreißig bis vierzig Nationen leben und studieren hier zusammen, was der Anpassungsfähigkeit des Einzelnen oft nicht gerade wenig abverlangt. Manche meinen, hier in der »Zentrale« müsse es besonders streng und einheitlich zugehen. Mit der Zeit lernt aber jeder, dass er seine Eigenarten hier nicht zu verstecken braucht. Viele finden hier ihre Heimat auch erst durch das Gebet.

Als die Benediktiner nach Afrika gingen, waren die Klöster am Anfang natürlich sehr europäisch geprägt. In Togo gibt es eine von französischen Benediktinern gegründete Abtei, die war bis vor kurzem so etwas wie ein Klein-Frankreich in Afrika, mit französischem Essen und französischen Gesängen. Aber derartige, etwas künstlich wirkende Klöster gehören der Vergangenheit an, allein schon deshalb, weil der Nachschub aus Europa fehlt. Ein südafrikanischer Abt wagte damals den mutigen Schritt hin zu einem kulturell vielfältigen Kloster. Er meinte, die Benediktiner könnten ihre Klöster nicht mehr zu einem Abbild der Rassentrennung machen. Natürlich gab es Unruhe in den Gemeinschaften, denn plötzliche Veränderungen sind dem Klosterleben eigentlich wesensfremd. Aber als die ersten afrikanischen Mönche in die Klöster kamen, zog mit ihnen auch ein besonderer Geist des Neuanfangs ein wie in den ersten Zeiten der Mission. Natürlich gab es auch Alltagsprobleme: Die Brüder in Tansania diskutierten etwa darüber, ob jetzt die Psalmen auf Deutsch oder Kisuaheli zu singen seien. Anderswo einigte man sich nicht immer leicht, etwa in Korea, auf einen gemeinsamen Speiseplan. Für die europäischen Mönche war das psychologisch auch nicht einfach: Ein ganzes Leben hatten sie dafür gegeben, gerade darin wertvoll zu sein, dass sie durch ihre Arbeit am Standort Afrika ein wenig von ihrem europäischen Wissen schenken – und jetzt sollten sie dieses durchaus vorhandene Überlegenheitsgefühl aufgeben. Bei meinen Besuchen habe ich um Verständnis und Offenheit geworben.

Zu den normalen Missverständnissen und Konflikten, die es zwischen älteren und jüngeren Mitbrüdern geben kann, kommt hier noch hinzu, dass alle bei einem Streit sofort denken: Das ist ein Problem zwischen Schwarzen und Weißen, ein Problem zwischen unterschiedlichen Rassen. Ich sage dann immer: »Liebe Mitbrüder, die gleichen Probleme, die ihr hier habt, haben wir doch in unseren Klöstern auch, wo wir nur Weiße sind.« Aber es gibt eben kulturelle Unterschiede, die bleiben, sosehr wir uns ein friedliches Multikulti wünschen. Ein Zurück kann es nicht mehr geben: Wir müssen wagen, zusammenzuleben, zusammenzuarbeiten und füreinander da zu sein. Unsere Klöster in Afrika sind wahre Versuchslabore für die interkulturelle Begegnung.

Das Großartige an meiner Arbeit ist, dass ich so viele Klöster sehen kann und dabei verfolge, wie sie sich entwickeln. Unvergessen ist mir mein Erstbesuch in einem neuen Kloster in Togo. Wir hatten keinen Speisesaal, sondern aßen unter einem Mangobaum. Sie hatten kaum Fleisch, aber die Brüder haben mir zuliebe ein Huhn geschlachtet. Als ich mich wunderte, woher dieses seltsame Geräusch kam, das sich anhörte, als würde jemand Kieselsteine kauen, merkte ich, dass ein Mitbruder die Hühnerfüße knackte. Was habe ich nicht schon alles gegessen: Hirsebrei, Kochbananen, Ugali-Brei, einen Brei aus Maniokwurzeln, der mir drei Tage lang im Magen lag. Nachts schlief ich in einer Hütte auf dem Boden, geplagt von den Mücken und so manchem Rumoren im Bauch. Auf einer Bananenplantage in Tansania habe ich bei einem Bischof mitgearbeitet, der nach seiner Resignation ins Kloster eingetreten war. Allerdings wollte der Bischof nicht, dass ich schmutzige Hände bekäme. So standen wir in dem großen Bananenhain des Klosters. Er erklärte mir die verschiedenen Sorten und wie man Bananen pflegen muss, und vor allem wie man sie gut düngt. Er hatte diesen Hain hinter dem

Schweinestall angepflanzt. Von Kochbananen bis zu roten Bananen weiß ich jetzt alles, so dass ich heute fast ein Bananenspezialist bin.

Weil es – anders als bei McDonald's mit den Burgern – außer der Regel keine Vorgaben gibt, sehe ich auf meinen Reisen natürlich auch Dinge in Klöstern, die mich verstören. Zum Beispiel ist die Beziehung zwischen Familie und Mönch in Afrika immer noch enger als die zwischen dem Mitbruder und seiner eigentlich neuen Familie, der klösterlichen Gemeinschaft. Ein zimbabwischer Jesuit sagte mir einmal: »Ihr könnt euch gar nicht vorstellen, wie uns die Familienbande in den Knochen sitzen.« Oder die ganze Autoritätsstruktur: Benedikt hatte eher einen vom Evangelium geprägten geistlichen Vater vor Augen, in Afrika hat der Abt aber auch weltlich die allerhöchste Autorität. Wenn ich nach Afrika gehe, bin ich dort so etwas wie ein Stammeshäuptling. Damit tue ich mich schwer, weil ich als Europäer einfach viel demokratischer denke.

Nicht alles, was von der Umgebung aufgenommen wird, ist also gut und sollte fraglos übernommen werden. Die bayerischen Benediktiner laufen ja auch nicht in Lederhosen rum. Doch wegen der ehemaligen Kolonialisierung Afrikas durch die Europäer glauben wir aus einem schlechten Gewissen heraus, nun müssten wir als Kompensation alles Afrikanische prima finden und kritiklos übernehmen. Früher war die europäische Zivilisation der Maßstab, heute ist es der Klimaschutz, den wir afrikanischen Ländern mit erhobenem Zeigefinger predigen. Gleichzeitig sind wir aber auch übertrieben vorsichtig geworden und glauben, für die Afrikaner wäre es am besten, wir würden uns ganz heraushalten, die »edlen Wilden« wären ohne uns doch viel glücklicher.

Doch auch dieses Ideal ist verfehlt. Ich finde, es ist eher ein Zeichen europäischer Arroganz und Überheblichkeit, wenn wir wieder einmal zu wissen glauben, was für Afrika besser ist – und ernsthaft damit rechnen, diesen Kontinent nach unseren Vorstellungen verändern zu können. Eine solche Umgestaltung schaffe ich als Abtprimas noch nicht einmal in Italien, obwohl uns die Italiener kulturell doch viel näher sind! Am Anfang dachte ich mit meiner deutschen Sichtweise, Verträge und Besprechungen mache ich in Rom im Büro. Heute weiß ich, man muss hier mit den Menschen essen gehen, um etwas zu erreichen. Das bedeutet: Nicht *ich* habe Italien *deutscher* gemacht, sondern die Kultur vor Ort hat *mich verändert*.

Ich bin davon überzeugt, dass wir für unsere Werte – wie etwa für die Würde des Menschen – werben müssen. Alles andere wäre verantwortunglos. Wir Benediktiner sind nicht globale Ethiklehrer, sondern Missionare, die die Botschaft Jesu als ein frohmachendes Angebot sehen, die den ganzen Menschen heilt. Wo wir hingehen, das entscheidet man heute nicht mehr in Europa, sondern vor Ort. So hat kürzlich der Erzbischof von Havanna gebeten, dass wir in seiner Diözese ein Kloster errichten. Vielleicht haben Sie ein unangenehmes Gefühl, wenn Sie das lesen und an Missionierung, Taufen mit dem Gartenschlauch, hitzige Bekehrung denken. Es ist natürlich wahr, dass Missonare früher auch nach dem Grundsatz gehandelt haben, »je mehr Taufen, desto besser«.

Aber bei »Mission« darf man nicht daran denken, dass hier naiven Menschen der Kopf verdreht wird, dass wir Werbung machen wie politische Parteien. Nein, die Apostel haben nach dem ersten Pfingsten begonnen, Zeugnis abzulegen und begeistert von Jesus Christus zu sprechen.

So kam der Glaube in die Welt, und so tragen auch wir das Zeugnis weiter. Ich sage gerne: Ja, ich glaube, dass das Christentum ein wunderbares Geschenk für die Menschheit ist. Ich beleidige niemanden, wenn ich sage, dass ich das Christentum für die menschlichste Religion halte. Davon möchte ich Zeugnis ablegen, aber ich möchte niemandem seine Kultur rauben – das werde ich auch gar nicht können: Die Kultur bleibt, wie die eigene Haut. Das, was wir tun können, ist zum Beispiel Bildung weitergeben.

Denn wenn wir wegschauen, dann versiegt genau das, was wir eigentlich bewahren wollen: die besondere afrikanische Kultur. Heute beeinflusst mehr als jedes Kloster, mehr als jede staatliche Hilfsmaßnahme der technische Fortschritt das Miteinander der Menschen. Ich glaube, genau darum sind wir hier. Die Missionare in den Klöstern sind heute die Wächter der afrikanischen Kulturen, wenn sie Völkern wie den Marakwet in Kenia Lesen und Schreiben beibringen. Das Vordringen der modernen Technik verändert die afrikanischen Kulturen weit mehr als die christliche Botschaft und im Gegensatz zum Evangelium bei weitem nicht nur positiv.

Kennenlernen, nicht gleichreden

Auf jener Reise, bei der die Fotos in diesem Buch entstanden sind, fuhr ich bei einer Zwischenlandung in Bangkok in die Stadt. Wir waren von San Francisco gekommen und warteten auf den Weiterflug nach Indien. Also setzten wir uns in ein Taxi und fuhren zum »Tempel des liegenden Buddha« im Zentrum der historischen Altstadt, die Einheimischen sagen Wat Pho zu ihm. Mehr als 40 Meter lang liegt der Buddha ausgestreckt auf der Seite, 15 Meter ist er hoch, ich war wirklich fasziniert. Und obwohl mir die Buddhastatue und die Formen der Verehrung fremd blieben, besitzt dieser Ort doch fraglos auch für Nichtbuddhisten eine besondere Ausstrahlung. Es war genau das Richtige, um auf der langen Reise rund um den Globus einmal zur Ruhe zu kommen.

Ich bin mit dem buddhistischen Glauben mittlerweile ziemlich gut vertraut. Anfang der achtziger Jahre kam ein japanischer Zen-Mönch zu uns nach Sankt Ottilien und fragte, ob er bei uns eine Zeitlang leben könnte. Schließlich blieb er zwei Jahre und studierte Theologie an der Münchner Universität. Bei den Mahlzeiten saß er an meinem Tisch, also an dem des Abtes, so wie es sich laut Benedikt gehört, wenn Gäste in ein Kloster kommen. Dieser junge Mann hat mich bei allem Tun genau beobachtet, und wir haben uns sehr angeregt unterhalten und uns über den Glauben ausgetauscht. Durch sein Studium lernte er den katholischen Glauben kennen und ist heute gleichwohl buddhistischer Priester eines Tempels in Japan, den schon sein Vater geleitet hat. Ich war überrascht, als er betonte, er habe im Grunde zwei geistliche Väter, seinen leiblichen und mich.

Der Anlass zu dieser Begegnung war eigenartig. 1979 kam über das Ostasien-Institut in Bonn die Anfrage an mich, ob wir Benediktiner bereit wären, an einem spirituellen Austausch zwischen Japan und Europa mitzuwirken. Gesponsert wurde dieser geplante Austausch von japanischen Firmen. Sie wollten erkunden, worin der Grund für die einmalige wissenschaftlich-technische Entwicklung Europas liege. Das, so glaubten sie, müsse weltanschauliche Wurzeln haben, des Pudels Kern müsse im Christentum liegen. Deshalb sollten wir nach Japan und buddhistische Mönche nach Europa. Vier Wochen war ich dann in japanischen Zenklöstern, habe an deren »Gebetszeiten« teilgenommen und an den Sutra-Rezitationen im Tempel, an ihren Zazen-Sitzungen. Ich hatte wie die andern meinen Platz zwischen den Zen-Mönchen, habe dort meditiert, gegessen und geschlafen. Zum Schlafen hat man dort wenig Platz. Auf der schmalen Matte kann man sich kaum umdrehen und stößt schon an seinen Nachbarn. Ich erinnere mich an einen französischen Mönch, der klagte: »Ich kann seit Tagen nicht schlafen, mein Nachbar schnarcht unglaublich laut.« Ich schmunzelte und sagte: »Ja, ich höre ihn auch, ich liege auf der anderen Seite. Aber ich freue mich jedes Mal, wenn er schnarcht. Denn dann schläft er gut. So bin ich selber gut gelaunt und schlafe ein.«

Durch unseren regen Austausch lernten wir Mönche uns kennen und schätzen, ohne vom anderen irgendetwas zu erwarten oder unseren Glauben zu vermischen. Das ist für mich die Grundregel jedes Dialogs: neugierig zu sein, lernen zu wollen, aber nicht alles gleichzureden. Am Anfang des Dialogs müssen wir uns ein gegenseitiges Nichtverstehen einräumen und viel fragen. Wer glaubt, er habe die Weisheit mit Löffeln gefressen und brauche sowieso nichts dazuzulernen, der wird auch keinen Dialog führen können. Zur eigenen Entschuldigung wird man dann den anderen für nicht dialogfähig erklären. So ist das im Dialog westlicher Staaten mit China: Erst wenn ein Land wie China merkt, dass es respektiert wird, erst dann ist es überhaupt fähig, sich unseren Anliegen und Wünschen zu öffnen, und seien sie noch so selbstverständlich wie die Menschenrechte.

Mit den Buddhisten hat das ausgezeichnet geklappt.

Unsere Gruppe hat jeden Tag die Messe gefeiert. Die Zen-Mönche saßen dabei, ohne allerdings die Kommunion zu empfangen: Es gilt, den Respekt vor den anderen Auffassungen und Traditionen zu bewahren. Sie haben in tiefer Ehrfurcht beigewohnt. Denn sie wussten, dass diese Feier für uns das heiligste Geschehen überhaupt ist. Umgekehrt versuchte ich, ihnen meine Anerkennung für *ihren* Glauben und *ihre* Tradition zu zeigen. Eines Abends ging ich mit dem Abt des Klosters zu den Gräbern der Gründer und zündete ein Räucherstäbchen an. Dieses Zeichen wurde von den buddhistischen Mönchen sehr geschätzt. Es sind die kleinen Gesten, die uns zusammenbringen können. Ich tat es aber nicht mit besonderer Absicht, sondern folgte meiner Tradition aus Sankt Ottilien, wo ich auch täglich nach dem Nachtgebet zu den Gräbern meiner Vorgänger ging, für sie betete und ihnen meine Ehrerbietung erwies. Denn wer ein Kloster gründet, gründet ein Zentrum des geistlichen Lebens und verdient in jedem Falle hohe Achtung.

Die Begegnungen und der Umgang mit unseren buddhistischen Freunden haben mich wesentlich geprägt. Wo immer ich heute Menschen begegne, achte ich sie, gleich welcher Religion oder Weltanschauung, als Geschöpfe Gottes, die von Gott geliebt sind. Diese Sichtweise hat mir immer geholfen, etwa wenn ich mit den chinesischen und nordkoreanischen Kommunisten verhandelte. Sie haben dann offenbar meine Achtung gespürt und waren wesentlich offener als in sonstigen politischen Verhandlungen. Nur so war es möglich, alle Projekte im Nordosten Chinas und in Nordkorea zu realisieren. Eine Professorin der Universität Peking sagte nach einem Vortrag von mir, sie habe noch nie jemanden reden hören, aus dessen Worten so viel Liebe zum chinesischen Volk durchgeklungen sei.

Den Religionen kommt eine große Rolle dabei zu, den Frieden der Welt auch in der Zukunft zu ermöglichen: Religionen haben die Macht, Menschen zum Frieden zu führen, doch sie besitzen auch das gefährliche Potenzial, Menschen aufzustacheln und zu vergiften. Deshalb sehe ich alle Religionen in der Verantwortung, nichts unversucht zu lassen, um die friedlichen Seiten der Religionen zu fördern und zu verbinden. Das Ziel muss darin bestehen, nicht nur die andere Religion theoretisch zu durchdringen und ihre Bücher zu studieren, sondern die Gläubigen selbst in ihrer religiösen Wirklichkeit kennenzulernen. Man lernt dabei nicht nur den anderen kennen, sondern sich auch selbst besser verstehen. Das nennen wir den existentiellen Dialog im Gegensatz zum theoretischen.

Ergebnisse wie den ökumenischen Dialog wird er nie hervorbringen: Als sich Katholiken und Protestanten in langen Verhandlungen auf eine Erklärung zur Rechtfertigungslehre einigten, da konnte man zu einer gewissen Einheit gelangen, weil dahinter das gleiche Gottesbild stand. Doch der interreligiöse Dialog kann das nicht leisten: Kein Katholik, kein Buddhist, kein Moslem wird bereit sein, auf einen Teil seines Glaubens zu verzichten, damit dem anderen die eigene Religion besser gefällt.

Den japanischen Mönchen ist nicht geholfen, wenn sie in mir einen Pseudobuddhisten entdecken, der sich anbiedert, sondern sie wollen einen überzeugten Christen – so wie ich von ihnen nicht verlange, sich als Pseudochristen zu verhalten. Bei der Leitung eines Unternehmens verhält es sich doch auch nicht anders: Wenn ich ein Personalgespräch führe, und mein Gegenüber weiß selbst nicht, was er will und wer er ist, dann wird das Gespräch so höflich wie oberflächlich sein, herauskommen wird jedoch nichts. Ein harmonieversessener Diskussionspartner ohne Ecken und Kanten ist unerfreulich und langweilig. Das Ziel reifer Menschen sollte doch sein, auch dann friedlich zusammenleben zu können, wenn man ganz unterschiedlicher Auffassung ist. Wer einen festen Standpunkt hat und in sich selbst ruht, der kann sich auch kritischen Fragen stellen – er wird einen Ausweg finden, der über das Beschwichtigen des Diskussionspartners hinausgeht.

Benedikt will, dass wir in unserem Gast Christus sehen. Bei Pilgern und Armen geht das noch. Können wir in den Vertretern anderer Religionen, die zu uns kommen, ebenfalls Christus erkennen? Wir können sie als suchende Menschen begreifen und schätzen lernen, als Menschen, die eine Bindung zum Transzendenten haben und darin ein sehr aufrichtiges Leben führen. Romano Guardini hat einmal die These geäußert, man könne in Buddha einen ähnlichen Vorläufer für Christus sehen, wie Johannes der Täufer einer war. Vielen mag das sehr gewagt erscheinen. Jedenfalls sind Anhänger anderer Religionen genauso Kinder Gottes wie ich selbst, von Gott geschaffen und geliebt.

»Warum sind christliche Mönche so frohe Menschen?«, fragten mich mehrmals japanische Mönche. Ich war überrascht und dachte an den Philosophen Nietzsche, der den Christen ihre angeblich traurigen Gesichter vorwarf. Ich dachte nach und antwortete: »Vielleicht, weil wir einen Gott haben, der uns liebt und Geborgenheit schenkt.« So komme ich auch Menschen anderer Religionen mit Achtung entgegen und sehe in ihnen Wanderer auf ihrem religiösen Weg. Letztlich sind sie, nachdem sie die Botschaft Jesu nicht kannten, einen Weg gegangen, der auch sie tief religiös gemacht hat. Warum sollte ich dahinter nicht den Weg Gottes selbst erkennen?

Ich will kein Laisser-faire und kein Multikulti. Das macht alles auf den ersten Blick ganz einfach, aber übertüncht mit rosaroter Farbe alle Unterschiede. Über religiöse Grundentscheidungen kann es keinen wahren Dialog geben, wenn wir nicht unseren eigenen Glauben in Klammern setzen wollen. Was soll dabei herauskommen, wenn man alle Unterschiede einebnet? Scheinfrieden bringt nichts, genauso wenig wie kultureller Einheitsbrei. Ich will vertraute Verschiedenheit und gegenseitige Anerkennung, wie sie vielerorts auf der Welt gelebt werden.

Auch wenn in manchen Teilen Indiens zurzeit die Christenverfolgung dramatisch ist, gibt es andere Landesteile, wo sich Menschen unterschiedlicher Religionen nicht argwöhnisch beäugen, sondern sich neugierig und vertrauensvoll begegnen. Als ich auf meiner Weltreise das Kloster von Vijayawada im Bundesstaat Andhra Pradesh besuchte, fuhren wir einmal zu einem Marienheiligtum, das italienische Mönche vor vielen Jahrzehnten begründet hatten: Es war ein Heiligtum zu Ehren der Muttergottes von Lourdes. Bevor wir das Heiligtum betraten, machte mir eine junge Frau ein »Bindi« auf die Stirn, einen roten Punkt – der das Auge der Weisheit darstellen soll und offenbar auch Katholiken nicht schadet. Im Tempel dann sprach mich eine Frau an, ob ich sie segnen könne. Ich machte ihr ein Kreuzzeichen auf die Stirn – dann kam ich aus dem Segnen gar nicht mehr heraus: Von überall her strömten plötzlich Menschen, die sich von mir segnen lassen wollten, was ich gerne tat. Später sagten mir die Mönche, die mich begleitet hatten, dass viele der Besucher des katholischen Heiligtums Hindus gewesen seien. Ich mag diese im religiösen Sinne so plurale Welt Indiens, jedenfalls dort, wo es friedlich zugeht. Gläubige verschiedener Religionen leben Tür an Tür, zwar in ihrem Glauben fest, doch neugierig für Elemente des anderen Glaubens: Das ist ein Dialog der wechselseitigen Bereicherung.

Diese Offenheit des Herzens pflegen die Mönche unterschiedlicher Religionen in allen Teilen der Welt. Die Menschen, die kommen, sind nicht nur aufgenommen, sondern angenommen. Klöster sind daher zu Begegnungsstätten für den ökumenischen und interreligiösen Dialog geworden. Buddhisten wie Shintoisten aus Japan fühlen sich in solchen Klöstern wie daheim. Der Respekt, den man uns entgegenbringt, ist vorbildhaft. Wir bedrängen einander nicht, sondern erweisen uns gegenseitig menschliche Achtung.

In dieser Hinsicht ist das Kloster eine ideale Welt, vielleicht aber zu sehr ein Paradies hinter Mauern. Denn draußen wird Religion mit Politik vermischt, und das erzeugt Hass und Intoleranz. Hier darf die Politik nicht kapitulieren und die Konflikte nicht vorschnell als kulturell bedingt und deshalb für unlösbar erklären. Intoleranz kommt auch von Unwissenheit und verstärkt sich selbst. Wie unser Dialog mit den Buddhisten weitergehen wird, möchte ich als gläubiger Christ dem Wirken des Heiligen Geistes überlassen. Denn ich bin überzeugt, dass erst durch ihn diese Wege initiiert worden sind. Johannes Paul II. hat in einer Enzyklika die Missionare darauf hingewiesen, sie mögen bedenken, dass der Heilige Geist schon an anderen Orten gewirkt hat, bevor sie dorthin gelangten.

Dialog mit dem Islam

Wenn ich von meiner Wohnung im Kloster Sant'Anselmo in Rom 20 Minuten mit dem Auto nach Norden fahren würde, dann wäre ich zunächst den Tiber entlang unterwegs, würde dann auf das moderne römische Konzerthaus, das Auditorium, stoßen und dann zu einem Gotteshaus kommen. Das klingt nicht sehr überraschend, schließlich gibt es in Rom so viele Kirchen wie wohl in kaum einer anderen Stadt der Welt. Doch das Gotteshaus ist keine Kirche – es ist eine Moschee, eine der größten Europas.

Und das im Zentrum der katholischen Welt, in Rom! Dieses Beispiel zeigt, dass wir kein schlechtes Gewissen haben müssen, wenn es darum geht, wie *wir* mit der Religionsfreiheit umgehen. – Ganz anders sieht es aber in den muslimischen Ländern aus, durch die ich auf meinen Reisen komme. Wer hier als Christ Gottesdienst feiern will, muss das häufig im Geheimen tun, und wer vom Islam zum Christentum übertreten will, muss um sein Leben fürchten. Eine Kirche in Mekka so wie eine Moschee in Rom bauen zu können, bis dahin ist es wohl noch ein weiter Weg, wenn überhaupt. Im Weg stehen dabei nicht baurechtliche Fragen, sondern ein ganz anderes Verständnis von der religiösen Freiheit des Menschen. Der Dialog mit dem Islam ist daher heikel, aber gleichzeitig für den Frieden in der Welt so wichtig.

Als ich in den fünfziger und sechziger Jahren groß wurde, war dies die Zeit der »Gastarbeiter«. Ich erinnere mich noch gut daran, wie ich immer wieder, ob in München oder in Ulm, neugierig den fremdländisch aussehenden Menschen hinterherschaute, die da nach Deutschland kamen, um bei uns zu leben und zu arbeiten. »Gastarbeiter«:

Wir stellten uns vor, diese Männer wären zu Gast hier bei uns und würden dann nach getaner Arbeit wieder zurück in ihre Heimatländer gehen. Doch sie blieben und holten ihre Familien nach. Viele von ihnen haben sich wunderbar integriert und eine fast deutsche Identität angenommen. Andere wiederum, und vor allem die zweite und dritte Generation der Einwanderer, tun sich manchmal schwer, verständlicherweise.

Junge Leute sind zerrissen zwischen zwei Heimaten, ein Wort, das es eigentlich nur in der Einzahl gibt. Deshalb entdecken die Nachkommen von Familien aus muslimischen Ländern ihre Religion als Ort, an den sie sich in ihrer Orientierungslosigkeit halten können. Für sie ist ihre Religion nicht eine Religion unter anderen, sondern die eine und wahre, die ihr ganzes Leben und ihre gesellschaftlichen Traditionen durchdringt.

Wir haben die nach Deutschland kommenden Muslime zu lange nur als Arbeitspotenzial gesehen, nicht aber als glaubende Menschen. Ich meine, dass wir die »Gastarbeiter« zu sehr als »Arbeiter« und zu wenig als Gäste im benediktinischen Sinne empfangen haben. Als spirituell suchende Menschen, die von einer anderen Kultur und von einer anderen Religion geprägt sind, die ihnen teuer ist. Die Arbeiter aus westlichen Ländern hatten es da leichter: Sie pflegten in bestehenden oder neuen Kirchengemeinden ihre Sprache und Kultur. Doch den türkischen Vätern und Müttern gaben wir möglicherweise zu wenig Raum, ihre Religion leben zu können. Sie stellten damals keine Ansprüche. Doch vielen der heutigen Nachwachsenden genügt zum Beispiel ein bisschen türkische Folklore nicht mehr. Wir haben ihren Eltern zu wenige Möglichkeiten gegeben, ihren Glauben auch in unserer Gesellschaft »normal« zu leben.

Für den Dialog mit dem Islam ist es wichtig, dass auch uns junge Muslime als religiöse Menschen erfahren. Nur so wird auch von ihrer Seite her Respekt wachsen. Wir sollten uns den tiefen, selbstverständlichen, friedfertigen Glauben von vielen Muslimen, die zu uns kommen, zum Vorbild nehmen. Auf diese Weise hat auch mich einmal ein Mathematikprofessor auf einer Fahrt durch Marokko zum Beten angeregt. Er fuhr mich zum Flughafen Fes, wir unterhielten uns bestens über unseren Glauben. Als wir im Flughafen einen Kaffee einnahmen, entschuldigte er sich kurz und ging in die Gebetsecke. Er hat mir ein Beispiel gegeben, und ich habe daraufhin mein Brevier herausgezogen und ebenfalls in den Psalmen Gott die Ehre gegeben.

Haben wir die religiöse Dimension nicht zu sehr aus unserer Gesellschaft entfernt? Eine Rückkehr hierzu wäre dann ein ganz und gar benediktinisches Lernen: Eine solche Art des Lernens ereignet sich etwa dann, wenn ein fremder Mönch ins Kloster kommt und den Abt in »begründeter Kritik« auf etwas aufmerksam machen will. Wir müssen die religiöse Sprache wieder neu erlernen, dann fällt uns die Kommunikation leichter. Wenn wir aber eigentlich selbst nicht mehr so genau wissen, ob und was auf dem Spiel steht, dann lassen wir alles geschehen, dann ist alles irgendwie gleich gut und richtig, dann haben wir unseren Kompass verloren. So wie wir selbst nicht mehr genau wissen, was wir wollen, so wenig wissen das auch unsere Regierungen, vor allem die Regierungen Europas: Wenn wir nur noch ein Wirtschaftsverbund und keine Wertegemeinschaft mehr sind, dann können wir auch nicht die Herausforderung meistern, etwa den Beitritt eines ganzen islamischen Landes wie der Türkei. – Andererseits ist eine Diskussion darüber sinnvoll, da wir dadurch gezwungen werden, darüber nachzudenken, welche Werte uns wirklich wichtig sind. Und ob unsere Wertordnung durch Zufall entstanden ist oder ihre Wurzeln nicht doch im Christentum hat.

Wir können trotz aller Bemühungen um Integration die unterschiedlichen Glaubensüberzeugungen nicht kleinreden, so wünschenswert es vielleicht auch wäre, wenn sich kulturelle Unterschiede irgendwann in Luft auflösten. Wenn wir unsere eigene aufgeklärte Vorstellung von Religion auf den Islam übertragen, bleiben wir in der Theorie verhaftet. Unsere tolerante Einstellung ist uns vom christlichen Gottesbild geschenkt, demzufolge der Mensch Gottes Abbild ist und von Gott seine Freiheit erhalten hat. So wie für viele Christen zumindest noch das Privatleben vom Glauben getragen wird, so sind andernorts ganze Staaten, in denen Religion, Politik und Kultur untrennbar miteinander verbunden sind. Weder Zen-Mönche noch Muslime werden sich verhalten, wie wir es nach unserem aufgeklärten Religionsbegriff voraussetzen.

Was können wir nun tun? Wir Benediktiner sind dabei, einen existentiellen Dialog mit dem Islam zu suchen. Wir hoffen auch hierbei darauf, dass der Geist Gottes uns einen Weg eröffnen wird. Die Trappistenmönche in Algerien sind ihn aufopferungsvoll gegangen. Sie haben sich bestens mit den Muslimen ihrer Umgebung verstanden. Doch musste das Kloster geschlossen werden, nachdem Fundamentalisten sieben Mönchen die Kehle durchgeschnitten hatten, übrigens nicht nur ihnen, sondern auch weiteren 53 Sheiks, die den Fundamentalisten zu konziliant waren. Die Überlebenden haben in Marokko ein Kloster gegründet und genießen dort ein hohes Ansehen. Dabei tun sie nichts Besonderes, sondern leben mit der Bevölkerung und unterhalten eine Ausbildungsstätte für marokkanische Frauen, in der das Weben traditioneller Muster erlernt werden kann. Ihre eigentliche Bedeutung besteht aber darin, dass sie eine betende Gemeinschaft mitten unter den Marokkanern sind.

Wir müssen jenen Menschen einen Raum geben, die ihre Religion in friedlicher Absicht leben wollen: Wir müssen als Bürger die religiösen Gefühle der anderen anerkennen, auch wenn wir mit unserer eigenen Religiosität im Alltag nicht mehr viel anfangen können. Aber auch bei der Toleranz ist Augenmaß gefragt: Wenn es etwa darum geht, einer Kirche gegenüber eine monumentale Moschee zu errichten, kann man sich schon fragen, ob damit nicht islamischerseits auch ein Zeichen der Macht errichtet werden soll. Machen wir uns doch nichts vor: Ein solcher Bau wäre sehr wohl ein starkes Symbol. Da müssen wir uns überlegen, wie zuträglich es für die Dialogbereitschaft der Mehrheitsgesellschaft ist, wenn wir eine solche Konkurrenz von Symbolen zulassen. Da es fundamentalistische Kreise gibt, die ganz offen ihre Zielvorstellung ausgeben, Europa islamisieren zu wollen, sollten wir bei aller politischen Korrektheit und allem multikulturellen Gutmenschentum zumindest aufmerksam bleiben. – Möglicherweise werde ich nun in eine fundamentalistische Ecke gestellt, nur weil ich die christliche Tradition Europas für keinen beliebigen Wert halte und meine eigene kulturelle Herkunft nicht verleugne.

Wir müssen den Muslimen in Deutschland ihr religiöses Leben ermöglichen. Wir werden allerdings auch darauf bestehen müssen, dass sie unsere rechtlichen und ethischen Grundwerte respektieren. Es ist eine der Herausforderungen unserer Zeit, den Zusammenprall der Kulturen vor unserer Haustür zu vermeiden. Wir schulden ihnen Toleranz, sie uns aber auch. Wenn wir das beherzigen, ist ein friedliches Zusammenleben möglich.

Doch noch wichtiger ist es, uns selbst wieder zu finden, die Wurzeln der Werte, die unsere freie Gesellschaft erst ermöglicht haben. Das sind nicht immer christliche, kirchliche Werte, aber solche, die aus dem Geist des Christentums entstanden sind. Denn, wie der ehemalige Verfassungsrichter Ernst-Wolfgang Böckenförde in einem gerne zitierten Ausspruch sagte: »Der Staat lebt von Voraussetzungen, die er selbst nicht schaffen kann.« Der Staat kann Gesetze entwickeln, die den Rahmen bilden, aber nicht die Werte begründen, auf denen sie beruhen. Doch das wahre, friedvolle Zusammenleben kann auch keine Regel garantieren. Da kommt es auf die Menschen an.

Das wusste auch schon Benedikt. – Deshalb gibt er zwar eine »Regel« vor, aber lädt uns vor allem dazu ein, uns selbst zu prüfen, zu uns und zu Gott zu finden. Wenn wir ihn suchen, im Gebet oder in der Diskussion, wenn wir auf ihn vertrauen, wenn wir lernen, uns zurück- und unser Leben anzunehmen, dann leben wir nicht nur unser eigenes Leben in Fülle, sondern können auch für unseren Nächsten, egal, wer es ist, und im Zusammenleben der Menschen zum Segen werden. Das Leben ist uns geschenkt, wir haben nichts dafür getan. Wir sollten die kurze Zeit nutzen, die wir haben.